Werner Vogel

PRODUKTSTARS

Erfolgsgeheimnisse großer Weltmarken

Werner Vogel

PRODUKTSTARS

Erfolgsgeheimnisse großer Weltmarken

mowe

Die Deutsche Bibliothek – CIP-Einheitsaufnahme

Produktstars: Erfolgsgeheimnisse großer Weltmarken /
Werner Vogel. – 1. Aufl. – Idstein: Möwe, 1993
ISBN 3-925127-39-9
NE: Vogel, Werner

1. Auflage 1993

Satz: Möwe-Verlag GmbH, Idstein
Druck: oiro-concept, Berner Straße 91-95, 6000 Frankfurt am Main 56
Redaktionelle Mitarbeit: Peter P. Talkenberger, Martina Weiss
Umschlaggestaltung: Helmut Schaffer

ISBN: 3-925 127-39-9

Möwe-Verlag GmbH, 6270 Idstein, In der Ritzbach 13
Telefon: 0 61 26 / 5 10 38, Telefax: 0 61 26 / 13 25

Inhalt

Gründungsjahr der hier vorgestellten Produktstars

Aachener Printen- und Schokoladenfabrik Henry Lambertz	1688
Eckes AG (hohes C)	1857
Märklin	1859
Pfanni	1868
Coca Cola	1886
Gerolsteiner	1888
Odol	1888
Vivil	1902
Dr. Scholl's	1904
Schwarzkopf	1904
UHU	1905
Melitta	1908
Bauknecht	1919
Wasa	1919
Südmilch	1926
Quelle	1927
Hakle	1928
Hipp	1932
Grohe	1936
Xerox	1938

VOM FEIGENBLATT ZUR HAUTE COUTURE

Es war einer jener Tage, wo man keinen Hund aus dem Hause treibt. Wo man sich an die jeweilige heimische Therme kuschelt mit einem guten Buch. Wo man schlicht darauf wartet, daß draußen wieder humane meteorologische Zustände herrschen. An einem dieser Tage kam Eva auf die folgenschwere Idee, etwas gegen die Empfindlichkeit gewisser Stellen an ihrem Leib zu unternehmen und dies auch ihrem Adam anzudienen. Es sollte etwas werden, was man auch draußen tragen konnte, wenn mal wieder der Ostwind heulte. Und es sollte dem Träger natürlich auch noch eine gewisse Aura verleihen. Chic sollte es halt sein.

Der Leser wird schon erraten haben, um welche Erfindung es sich in unserem paradiesischen Beispiel handelte. Richtig: es war der Moment, in dem die Mode das Licht der Welt erblickte. Etwas allgemeiner formuliert: Das erste Produkt der Menschheitsgeschichte stand kurz vor seiner Fertigstellung. Denn aus dem Rohstoff Feigenblatt zauberte Eva mittels eines dünnen Lianengeflechts in wenigen Minuten ein passendes Etwas der Größe S für sich selbst, den Prototyp sozusagen, und eines der Größe XXL für ihren Gatten Adam, der dafür mit Äpfeln zahlte (und wie wir wissen, mit der gemeinsamen Vertreibung aus dem Paradies und den daraus resultierenden dramatischen Folgen für die Menschheit, die für uns heute auch schon wieder Geschichte sind: Massenproduktion und Individualverkehr, Verbraucherverbände und Unternehmerschicksale, Vollbeschäftigung und leere Gläser, Überflußgesellschaft und Untergrundbahnen).

Einmal in Gang gesetzt, konnte niemand mehr das Rad der Produktionsgeschichte aufhalten. Niemand war da, der ihm in die Speichen greifen konnte oder wollte. Und warum auch? Adam fand nicht nur Gefallen an seinem ersten Feigenblatt, nein, er ging sofort kreativ einen Schritt weiter und funktionierte einen kleineren Bären zu einem flotten Regencape um, verkaufte die Rechte an seiner treffsicheren Speerspitze an Nachbar Steinbrecher und erstand von ihm für seine Angebetete den state-of-the-art Getreide-Mörser inländischer Produktion. Nach und nach füllten sich die Adam'schen und alle nah und fernliegenden Höhlen mit Faustkeilen aus Neandertal (mit ergonomischer Griffmulde), mit eleganten Wandbehängen aus exotischen Tieren, Sitzmöbeln aus Edelhölzern, Trinkbechern aus Feind-Schädeln und vielen anderen derlei wichtigen und nützlichen Dingen mehr. Und als dann noch ein pfiffiger Straßenräuber auf die Idee mit dem Geld als universelles Tauschmittel kam, stand dem Anbruch der Neuzeit nichts mehr im Wege.

Lassen wir das Rad nun die nächsten Jahrtausende unbeachtet weiterrollen. Jahrtausende, in denen sich unsere Spezies langsam an den aufrechten Gang gewöhnte, das Essen mit Messer und Gabel en vogue wurde, sich aber trotzdem nicht weltweit durchsetzen konnte, Jahrhunderte, in denen produziert und wieder zerstört wurde, in denen produziert wurde, um zu zerstören, in denen Zerstörung produziert wurde. Kurz, es vergingen aufregende Zeiten. Zeiten, die als gemeinsames Merkmal eine einzige herausragende Eigenschaft der menschlichen Rasse über allem Zweifel etablierte: Die Produktion.

Produktion für den täglichen Bedarf. Produktion für wenige und viele. Produktion für Arme und Reiche. Da wurden notwendige Produkte geschaffen und überflüssige, hilfreiche und nutzlose, ästhetische und kitschige, brauchbare und überflüssige. Allen Produkten gemeinsam aber war: Sie wurden erdacht, hergestellt, beworben, angeboten, verkauft und verbraucht. Und an diesem Kreislauf konnte jeder teilnehmen. Und daran gewinnen. Materiell oder ideell. Das Produkt schaffte Beschäftigung, Einkommen, Vergnügen, Freizeit, Altersversorgung, nervöse Gastritis und funktionierende Staaten.

Wieder einige Jahrhunderte später sehen wir unsere Produkte schon weltweit verbreitet. Der gesamte Planet genießt in seltener Einigkeit eine dunkle, klebrige Flüssigkeit aus der neuen Welt, raucht glückliche Striche, ernährt sich hauptsächlich von Brötchen mit aufgeklebter Blindenschrift und holt sich seine Bildung allabendlich vor einem bläulich schillernden Schimmerschirm. Unschwer zu erraten: Wir sind im Jetzt und Heute. In der Hoch-Zeit der Produktion, im Hayday der Produkte. Und was es da nicht alles zu bestaunen und zu bewundern gibt: Da protzen Prunkkarossen und Panzer, da feilschen Fliegenfallen und Flohbänder, da kämpfen Computer und Kastanieneis um Marktanteile. Und in diesem Kampf um die Gunst des Käufers, des Konsumenten, des Verbrauchers passen sich die Produkte in Sinn, Wesen und Zweck, aber auch im Aussehen immer mehr einander an. Sehen sich gleich. Werden austauschbar. Wenige Ausnahmen nur blinken wie Leuchtfeuer aus dem Meer der Gesichtslosen. In diesem Meer aber toben Stürme und Orkane. Lauern Untiefen und Untiere. Fressen sich die Produkte gegenseitig auf. Das richtige Biotop also für gesunden Wettbewerb.

Viele kamen, viele gingen und gehen jeden Tag. Wer kennt die Produkte, wer nennt die Namen? Man könnte fast wie Goethe sprechen, zieht man die Gewaltigkeit der Größenordnung in Betracht, die Jahr für Jahr erreicht wird bei der Aufzählung neu eingeführter und kurz darauf wieder abgeführter Produkte, im Branchen-Jargon auch Flops genannt. Spitzenreiter hier, wie übrigens in vielen anderen Bereichen auch, die pharmazeutische Industrie. Da wird jede kleine Änderung in der Zusammensetzung als neues Produkt vermarktet und kurz darauf wieder abgeschrieben. Da ist die Zahl gleicher und ähnlicher Produkte so hoch wie nirgends sonst auf der Welt. Da richten sich aber auch die Preise an der Zahl aus. Hoch eben.

Doch will ich nicht von all jenen Flops künden, die stündlich um uns herum stattgefunden haben und immer wieder stattfinden, noch will ich ergründen, warum sie zu solchen wurden. Ich möchte auch nicht länger als der Erwähnung halber bei den Verlierern verweilen, deshalb sei nur kurz an einige spektakuläre Flops und Kurzatmer im Produktleben erinnert: Die Zigarettenbranche trauert um KIM, PEER und WEST (die ja erst nach einer Preisbrecheraktion beim Relaunch Fuß fassen konnte), die Trinkergemeinde weint um KOSAKENKAFFEE und LUFTHANSA-COCKTAIL, PERSICO und SAURER FRITZ. Vom Mode-Karussell wurden geschleudert SCHWARZE-ROSE-Hemden und PEPITA-Hüte, BELL-BOTTOMS und Papierunterwäsche, natürlich nur so lange, bis sie im 50-Jahre-Rythmus wieder aktuell an die Reihe gemodet werden. Motor-Enthusiasten vermissen klagend das GLASS COUPE, den BORGWARD ISABELLA und die HOREX mit der Federgabel. Von den Pharmazeuten wollen wir aus Platzmangel, wie schon erwähnt, hier erst gar nicht berichten. Aus ähnlichen Gründen wollen wir auch aus der Phalanx der Lebens-, Wasch- und Spülmittel-Produkte nur einige bekannte herausgreifen wie zum Beispiel den TOP-SET Schokoriegel, die HERRENTORTE, MUSTANG, MOTIV und HEAD & SHOULDERS.

Vermutungen anerkannter Koryphäen auf dem Gebiet der Produktforschung gehen bei der Schätzung aller jemals erfolglos lancierten Produkte in die Hunderttausende. Das würde bedeuten, daß für jedes erfolgreiche Produkt etwa zehn bis zwanzig Flops kalkuliert werden müssen. Wobei ich jetzt natürlich zum Flop auch all jene Prokukte zähle, die schon nach dem ersten Probelauf im Testmarkt wieder aus dem Verkehr gezogen wurden. Wenn man diese Betrachtung nun auf den gesamten produzierenden Planeten ausdehnt, wird die Zahl der Versager und Schlaffis im Produktbereich gar astronomisch. Was aber macht diese ‚sans fortunes' so erfolglos? Warum scheitern sie in ihren jeweiligen Märkten? Was läßt sie so schnell wieder vom Markt verschwinden?

In diesem Buch werden Sie die Antworten finden. Nicht in der Analyse von Fehlschlägen, nicht in der Auflistung von Expertenmeinungen, sondern in der Betrachtung und Auswertung von veritablen Success Storys. Denn nichts ist so aufschlußreich für das Finden von Fehlerquellen am Flop-Produkt wie der direkte Vergleich mit dem Bestseller, der sich unter ähnlichen Gegebenheiten und Umständen im Markt durchsetzen konnte. Der sich also nicht nur erfolgreich etablieren, sondern auch fest im Produktangebot einer Konsumgesellschaft verankern konnte.

Solche Produkte werden Sie auf den folgenden Seiten erleben. Produktstars, die ihren Weg gingen und immer noch „still going strong" als Motto auf den Fahnen tragen. Produkte, die auf ihrem Weg zu geläufigen Haushaltsnamen wurden, zu Markennamen, zu Synonymen für ihren gesamten Produktbereich. Die Beschreibung und Analyse ihres Erfolges ist aber nur die eine Seite unserer bekannten und berühmten Stars; ebenso interessanten und packenden Lesestoff bieten geschichtliche Besonderheiten, historische Marktentwicklungen, Marktsituationen und Chancen vergangener Tage aus dem Umfeld unserer Berühmtheiten, und natürlich auch die Gegenüberstellung von Problemen gestern und heute, die es zu bewältigen galt und immer wieder gilt, um eine neues Produkt zu einem Gewinner werden zu lassen.

Daß ich unsere Produktstars in der Reihenfolge ihres Auftritts im imaginären Geschichtsbuch der Produkte aufgelistet habe, hat zwei Gründe: Erstens soll Ihnen der zeitgeschichtliche Faden nicht aus der Hand gleiten, und zweitens war es mir sowieso unmöglich, auf andere Weise eine gerechte, und der Bedeutung des jeweiligen Produktes entsprechende, Reihenfolge zu finden. So lasse ich also dem ehrwürdigen Alter den Vortritt. Und Sie werden mir da sehr weit zurück in die Zeit folgen müssen. Denn einer unserer Stars erblickte am 16. September 1688!! das Licht der Konsumwelt und ist damit heute der älteste Markenartikel des deutschen Lebensmittelhandels (übrigens ohne je Werbung für sich betrieben zu haben). Mit über 300 Jahren Erfolg im Gepäck gebührt ihm natürlich ein ganz besonderes Podest. Doch nicht weniger piedestal kann ich andere Diven präsentieren, mit über 100 und 200 Jahren auf der Straße der Publikumsgunst.

Doch will ich nicht versäumen, darauf hinzuweisen, daß es auch in der Produktneuzeit spektakuläre Auftritte gab, die heute immer noch in schöner Regelmäßigkeit auf dem Spielplan stehen. Weniger als 50 Jahre steht allerdings keines der vorgestellten Produkte im Rampenlicht der öffentlichen Wertschätzung. Irgendwo mußte ja eine Grenze gezogen werden. Denn wider meinen Erwartungen gab es doch eine erstaunliche Vielzahl alteingeführter, kontinuierlich erfolgreicher Produkte, die sich für eine Aufnahme in dieses Buch ohne weitere Diskussionen empfohlen hätten. Doch gab es bei etwa 50 Jahren eine Art Zäsur, eine etwas größere Lücke in der Aufreihung der Lebensjahre. Die nächst Erfolgreichen konnten auf starke 30 Jahre und weniger zurückblicken. Doch wollte ich die Meßlatte für die Dauer des Erfolges eben so hoch wie möglich halten.

Somit werden Sie vergeblich auf die „Case Histories“und „Case Studies“ der Fast-Klassiker CHIQUITA BANANEN oder SONY WALKMAN warten. Ebenso noch nicht qualifiziert haben sich VILEDA Tücher und die neuen BAMA Schuhe. Der Autovermieter HERTZ fehlt ebenso wie der Produktstar, der in einer der nächsten Ausgaben sicher den ersten Platz einnehmen und damit auf dem höchsten Podest glänzen wird: Der VOLKSWAGEN KÄFER. Doch wer sagt denn für alle Erwähnten und nicht Erwähnten, daß sie dann nicht auch, so in 20, 30 Jahren, ihren gerechtfertigten Platz im Buch der Stars finden werden? An mir soll es nicht liegen, denn wenn sie dann noch ebenso erfolgreich verkaufen, werde ich als treulicher Berichterstatter und Chronist darüber schreiben müssen.

Von dieser und weiteren ähnlichen Ausgaben zum Thema ausgeschlossen bleiben Namen, die Sie vielleicht erwartet hätten, oder die Ihnen vielleicht spontan beim Lesen des Titels „Produktstars“ durch den Kopf schossen. Namen wie Underberg oder Bit, Marken wie Chivas Regal oder Veuve Cliquot. Nun, dazu sei gesagt, daß ich zwar ab und an einen guten Tropfen zu schätzen weiß, meine favorisierten Marken aber nicht mit werblicher Erwähnung unterstützen will. Hier greife ich der Bundesregierung und deren Kommissionen nur um einige Jahre voraus. Denn wie auch bei den blauen Dünsten werde ich keine Werbung für Drogen im weitesten Sinne machen, ich folge da voll und ganz meinem Verleger und schon bestehenden Werbeverboten. Außerdem gibt es auch ohne Zigaretten und Schnaps genug Berühmtheiten unter den Produkten, um damit mehr als einen Band füllen zu können.

Ein Wort noch zum illustren Kreis der schon hinter dem Vorhang versammelten Größen im Produkt-Theater. Alle, ich meine wirklich ausnahmslos ALLE, sind Naturtalente, waren schon von Anfang an, also praktisch vom Start weg, erfolgreich. Kein Star mußte sich den steinigen oder dornigen Weg zum Olymp emporquälen. Alle landeten quasi gleich zu Beginn ihrer Karriere auf den vordersten Plätzen in den Charts. Vielleicht ist auch das schon ein Merkmal ihres lang anhaltenden Erfolges, ihrer kontinuierlichen prominenten Präsenz im harten Produkt-Show-Bizz.

Lehnen Sie sich nun entspannt zurück. Genießen Sie vom Logenplatz Balkon Mitte die Vorstellung. Erwarten Sie in den kommenden Stunden kein Kammerspiel, auch ganz gewiß keine Tragödie, erst recht keine italienische Oper in der Originalsprache. Freuen Sie sich im Gegenteil auf ein Volksstück mit volkstümlichen Stars, wie es volksnaher nicht geht. Denn eben jenes Volk, das jetzt mit Ihnen im schon abgedunkelten Saale der Dinge harrt, die da kommen werden, eben jenes Volk hat in den zurückliegenden Jahrzehnten, ja sogar Jahrhunderten, den jetzt gleich auftretenden Heroen die Treue gehalten. Hat sie geliebt, verehrt und natürlich ins Herz geschlossen. Wie sonst wäre es zu erklären, daß sie ihnen auch heute immer noch unverbrüchlich frenetisch applaudieren.

Vorhang auf nun für Primadonnen und Pantomimen, für Buffos und Bajazzos, für Edelleute und Exzentriker. Folgen Sie dem steilen Aufstieg des Salonlöwen, ergötzen Sie sich am Gipfelsturm des jungen Helden und begleiten Sie die Grande Dame zum verdienten Ruhm. Vorhang auf also für die Haute Volée der Produkte, Bühne frei für die Stars der Konsumgesellschaft, wo sich jeder einzelne Star schon für sich alleine als immerwährender Kassenmagnet präsentiert. Licht aus und Spot an endlich für eine Starbesetzung, wie man sie nie zuvor in dieser Exklusivität bestaunen konnte.

„Ein ganz klein wenig Süßes kann viel Bitteres verschwinden machen."
(Petrarca)

Bonbon, Däfeli, Festschmaus, Fondant, Honigkuchen, Keks, Knusperchen, Köstlichkeit, Konfekt, Leckerbissen, Leckerei, Leckerli, Leib- und Magenbrot, Liebesknochen, Nonnenfürzchen, Petits fours, Plätzchen, Spekulatius, Springerle, Süßholz, Süßigkeit, Teilchen, Zuckerstein und Zuckerwerk. Schon beim Schreiben dieser Worte haben sich in den geheimnisvollen Windungen meines Verstandes Bilder der feinsten Art geformt, die flugs an die Schaltzentrale zwecks Weiterverarbeitung geleitet wurden, von wo mein Biocomputer den Speicheldrüsen meines Mundes Befehl gab, sofort eine künstliche Überflutung einzuleiten, um einer immanent bevorstehenden Süßattacke rechtzeitig gewachsen zu sein. Was lernt man daraus? Daß allein schon der bloße Gedanke an dieses herrlich klebrige Zeug – noch nicht einmal das laute Aussprechen – unseren Körper zu den absonderlichsten Reaktionen zwingen kann. Denn wenn man nicht allsogleich diesen gesteigerten Fluß durch sofortige Einnahme von jedweder Süßigkeit neutralisiert, kann der Körper ungeahnte Schäden erleiden. Und wer möchte schon seine heilige Hülle leiden lassen?

Ich habe mir jedenfalls dieserhalben eine kleine, zarte, flache Köstlichkeit zu Leib und Gemüt geführt, ein Gebäck, an dem sich die Welt nun schon seit über 300 Jahren treu delektiert. Ein Gebäck, das die Experten immer wieder rätseln läßt: „Gab es einst seiner Heimatstadt den berühmten Namen, oder war es eher umgekehrt?"

Bevor nun aber das große Rätselraten einsetzt, möchte ich lieber gleich zu Beginn unserer Story den berühmten Namen des Produktstars unserer Starparade preisgeben: In Ehrfurcht, und doch voll zitterndem Verlangen stehen wir heute vor der „Aachener Printe".

Hätten Sie's gewußt? Gratuliere! Vor über 300 Jahren also, am 15. September 1688, um genau zu sein, begann sie ihren weltweiten Siegeszug und ist heute noch immer unangefochten die Nummer eins in ihrem Produktbereich. Sie repräsentiert den ältesten Markenartikel der Süßwarenbranche in Deutschland, vielleicht sogar weltweit. Und seit jenen spätmittelalterlichen Tagen steht hinter diesem spektakulären Erfolg die Kunst und das Können einer einzigen Familie, der Lambertz-Dynastie. Immer waren es Familienmitglieder, die das Produkt sicher durch die Wechselbäder des Lebens führten, die dafür sorgten, daß es buchstäblich ständig in aller Munde blieb.

Wie ist ein so unglaublicher Produkterfolg überhaupt zu bewahren, geschweige denn auszubauen? Was macht ein Produkt zum Jahrhundert-Bestseller? Welche geheime Rezeptur mixt die Lambertz-Familie in ihre Spezialitäten und Strategien? Geht so etwas überhaupt mit rechten Dingen zu?

Ich habe mich kundig gemacht. Beim heutigen Chef der Dynastie, der seit 1977 die Geschicke des Familienunternehmens lenkt, habe ich nachgefragt und Antworten bekommen. Und Dr. Hermann Bühlbecker hatte Verblüffendes zu sagen. Unglaubliches. Solche Antworten hatte ich so nicht erwartet.

Doch tauchen Sie jetzt einfach mit mir ein in den Teig, in den geheimnisvollen Stoff, aus dem die Träume vom ewigen Markterfolg gebacken werden. Erleben Sie mit mir eine Geschmacks- und Gefühlswelt, die nur wenige Produkte vermitteln können. Und das noch nach so vielen Jahren und Jahrzehnten und Jahrhunderten. Ich kann Ihnen jetzt schon versprechen: Dieses Stück Tradition sieht aus wie frisch gebacken, riecht wie frisch gebacken, schmeckt wie frisch gebacken und ist tatsächlich immer noch frisch gebacken. Seit 1688.

Als am 15. September jenes Jahres ein Vorfahre der Familie Lambertz vom Rate des königlichen Stuhles und des Heiligen Römischen Reiches die „Gerechtsame" erhält, die offizielle Genehmigung also, in Aachen am Markt 7 ein Backhaus zu errichten, schlägt die Geburtsstunde unseres Produktstars. Im „Haus zur Sonne" gab es jetzt, vorerst nur in der Adventszeit, die Aachener Printe, ein Gebäck, das mit Hilfe von „Modeln" ausgeformt wurde. („Printe"

bedeutet drücken, ausdrücken, auspressen, to print). Die Künstler jener Tage legten viel Sorgfalt in die Herstellung immer neuer und delikaterer Formen und Motive – meist Ikonen einer fröhlich erlebten Religiosität – und auch von den Bäckermeistern wurde verlangt, daß sie ihre eigenen Models selbst herstellten. So kam es, daß oft mehr Wert auf die Form als auf den Geschmack gelegt wurde. Und der soll, laut Dr. Bühlbecker, damals nicht gerade überzeugend gewesen sein, verwandte man doch in jenen armen Zeiten statt des teuren und raren Honigs Fruchtsirup zum Süßen. Doch wetteiferten die Bäcker des Barock mehr um die Schönheit und Originalität des „Gebildebrotes“ als um dessen Geschmack.

Als dann die berühmten Aachener heißen Quellen Könige und Adel aus ganz Europa in Scharen in die Kaiserstadt Karls des Großen zogen, fanden natürlich auch die Printen des Bäckermeisters Lambertz reißenden Absatz. Denn, und hier hat der heutige Chef anerkennend geschmunzelt, unser Bäckermeister hatte rechtzeitig zum Badegäste-Boom den bisher gepflegten allgemeinen Usus verraten und seine Printen mit Zuckersirup und Farinzucker gesüßt. Aus dem indifferenten Mauerblümchendasein einer ordinären Printe erwuchs durch die flexible Anpassung an den Zeitgeschmack eine begehrte Backwarenprinzessin: Die Kräuterprinte. Mit ihrer Urahne von 1688 hatte sie nur noch den berühmten Namen gemeinsam, sonst aber war sie über Nacht zum Star unter den Bäckererzeugnissen geworden. Das erste süße Gebäck Deutschlands eroberte die Herzen und natürlich Gaumen der Kurgäste im Sturm.

Heinrich Lambertz, nach alter Aachener Sitte Henri genannt, hatte damit den Grundstein für den heutigen Erfolg gelegt. Und schrieb so aber auch für alle Zeiten seiner Familie und ihren Nachkommen einen Leitsatz für erfolgreiches Unternehmen ins Stammbuch, einen Grundsatz, der noch heute in Anwendung ist: „Ständige Bereitschaft zur flexiblen, dynamischen Anpassung an den jeweiligen Markt sichert diesen Markt".

Von nun an ging's steil bergauf. Die neuen Printen waren nicht nur viel besser im Geschmack, sondern auch leichter herzustellen, einfacher zu verpacken und damit zu versenden. Henri Lambertz machte sich Schritt für Schritt daran, seine Aachener Printen zur Handelsware aufzubauen. Und bald müssen die Könige, Fürsten und Grafen nicht mehr höchstderoselbst nach Aachen kommen, sie werden vom Hoflieferanten Lambertz prompt und erstklassig bedient.

Um den Betrieb noch rationeller und damit marktgerechter zu gestalten, wagte im Jahre 1865 Henry Lambertz, ein Urenkel des Gründers, ein „gefährliches" Experiment. Und gewann. Von Stund an konnten breite Käuferschichten bisher unbekannte Produkte in großen Mengen konsumieren. Sie haben es erraten: Die maschinelle Serienfertigung hatte Einzug im Hause Lambertz gehalten. Die Dampfmaschine ratterte nun unermüdlich und sorgte klaglos für einen vorher nie gekannten Warenausstoß. Die Firma stand jetzt an der Schwelle zum Konsumgüter-Hersteller und begann mit dem überregionalen Vertrieb ihrer Waren. Die Popularität der Lambertz-Printen stieg, und bald waren sie, wie Rauschgoldengel und Krippenspiel, nicht mehr von einem richtigen Weihnachten unter dem Tannenbaum wegzudenken. Und wieder konnte ein Lambertz stolz einen weiteren Lehrsatz ins Familienstammbuch schreiben: „Ständige Bereitschaft zur flexiblen und dynamischen Anpassung an die technischen Möglichen des jeweiligen Marktes sichert diesen Markt."

Wenn auch die bisherigen Erfolge der unermüdlichen Tat- und Schöpferkraft der jeweiligen Unternehmensführer zuzuschreiben war, will ich doch nicht verhehlen, daß manchmal auch ein kleines Quentchen Glück und Zufall die Geschicke einer Firma beeinflussen, wenn nicht gar ändern kann. Wobei natürlich hinzugefügt werden muß, daß, wie bestimmt bekannt, dieses Glück oder jener positive Zufall vorzugsweise als Belohnung nur zu denen kommt, die ihn erstens nicht erwartet haben und zweitens nie mit ihm rechnen. In unserem Falle tauchte der Zufall 1874 in Gestalt der Geschäftsführertochter Melanie Geller auf und veranlaßte sie, eine Printe in einen Topf mit Schokolade zu tauchen. Das erste mit Schokolade überzogene Gebäck Deutschlands war erfunden. Und von nun an gab es für die so veredelte Printe und ihre Geschwister kein Halten mehr:

Filialgeschäfte wurden gegründet, Handelsvertreter der Firma belieferten Konditoreien und Delikatessengeschäfte in ganz Deutschland. Für die Höfe von Belgien, Bayern und Preußen war man Hoflieferant. Halbautomatische Fertigungsmaschinen nach den modernsten technischen Verfahren und mit den besten Ausstattungen übernahmen die Produktion. Bis zum Beginn des ersten Weltkrieges war man einziger industrieller Hersteller von Printen weltweit. Die Firma war durch Vertretungen in den Grenzen des gesamten Deutschland repräsentiert.

Zum 250jährigen Firmenjubiläum setzte Lambertz 1938 wieder einen Meilenstein: Als Alternative zur trockenen, knusprigen Printe, kreierte das Unternehmen die „Saftprinte“. Unter dieser patentrechtlich geschützten Bezeichnung wurden nun Käuferschichten erschlossen, die den Kundenkreis für Lambertz-Produkte aus Aachen schlagartig und enorm ausweiteten. Die traditionellen Stamm-Verkaufsgebiete Rheinland und Westphalen gingen nun auf im gesamtdeutschen Markt. Nicht zu erwähnen, weil jetzt schon selbstverständlich: Der neue Lehrsatz im anschwellenden Folianten des Familienstammbuches heißt natürlich „Ständige Bereitschaft zur Produkt-Innovation und dem Setzen von neuen Akzenten im Markt sichert diesen Markt.“

Hier muß eine Zäsur erlaubt sein. Ein Rückblick auf zweieinhalb Jahrhunderte

Firmenentwicklung, die zum Staunen zwingt: Von Anbeginn der Produktion hat sich dieses Unternehmen stetig und unaufhörlich vorwärtsbewegt. Es ist nicht einfach nur mit der Zeit gegangen, es hat sich nicht einfach nur mit der Zeit entwickelt, nein, dieses Unternehmen hat es geschafft, über 25 Dekaden und von Generation zu Generation sich fortschrittlich zu etablieren, dynamisch zu expandieren und seinen Ruf so wachsend zu festigen, daß sein Name zum Allgemeingut werden konnte. Mit dieser grandiosen Leistung schließt ein Kapitel Firmengeschichte, dessen über die Zeiten erreichte Bedeutung nicht zerstört werden konnte, auch wenn nun über Nacht alles Materielle zunichte gemacht wird. Über dreiviertel aller Produktionsstätten liegen am Ende des 2. Weltkrieges in Schutt und Asche.

Aber so sicher wie es einen Phönix aus der Asche gibt, so sicher ist die Annahme, daß sich ein Lambertz nicht von Kriegswirren und Zerstörung in die Apathie treiben läßt. Im Gegenteil: Der Aufbau beginnt sofort.

Schon 1946 mühen sich fleißige Hände um den Wiederaufbau. Bis 1958 steht das Unternehmen nicht nur in alter Größe, sondern in neuem Glanz wieder, wie einst konkurrenzlos, im Markt der Nachkriegszeit. Und noch bis Ende der 60er Jahre ist dieser Markt ein ausgesprochener Verkäufermarkt. Die Nachfrage ist oft so groß, daß die Produktion nicht nachkommt. In diese Zeit fallen auch Firmenausweitung und -verlagerung und Ausbau bestehender Betriebe. Ab 1970 steht die neue Produktionsstätte in Aachen, die Öffnung in den Lebensmittel-Einzelhandel beginnt. Und während viele Süßwarenhersteller jetzt dem wachsenden Druck der neuen Märkte nicht mehr standhalten können, festigt Lambertz nicht nur seine Position, sondern weitet sie auch noch aus. Wie er das macht, fragen Sie? Haben Sie das Familienstammbuch schon vergessen? Natürlich nicht. Es sind wieder die ewigen Rezepte und Merksätze, die, in neuem Gewand und angepaßt an moderne Zeiten natürlich, dem Unternehmen den verdienten Platz in der ersten Reihe ermöglichen, erhalten und sichern: „Einmaligkeit, Qualität und Anpassungsfähigkeit der Produkte sichern ihnen ihren Markt."

Und obwohl am Gesamtvolumen das Saisongeschäft immer noch den Löwenanteil stellt, etabliert sich Lambertz immer mehr auch im Markt der Ganzjahresgebäcke. Mit wachsendem Erfolg. Wie nicht anders zu erwarten. Denn was immer man im Hause Lambertz aus der Erfolgsstory der Printen gelernt hat, wird umgehend auf andere, innovative Produkte angewandt. Ein spektakuläres Beispiel für dieses Vorgehen: Schon ein Jahr nach seiner Übernahme der Geschäfte steigt Dr. Hermann Bühlbecker in den Markt der Domino-Steine ein. Und von anfangs stolzen 300 Tonnen klettert der Absatz in 1991 auf gigantische 8.000 Tonnen Domino-Steine. Das entspricht einer Menge von 640 Millionen Steinen.

So drückt sich die von ihm angesprochene Tradition im Hause Lambertz nicht nur aus in der immer noch streng gehüteten Mischung der Printen, sondern in der Achtung und Anwendung alter, erprobter Grundsätze zur erfolgreichen Unternehmensführung. Originalton Dr. Bühlbecker:

„Heute bestimmen Traditionsbewußtsein, unternehmerische Flexibilität, ständige Innovationskraft und die Fähigkeit zur Marktanpassung das Marketing- und Vertriebskonzept der Geschäftsführung."

Mit dieser Philosophie haben es die Lambertz-Strategen geschafft, mit rund 1.500 Mitarbeitern in 1991 einen Umsatz von 185 Millionen Mark zu erwirtschaften. So ist es dem traditionsreichen Familienunternehmen Lambertz gelungen, auch heute noch in aller Munde zu sein. Und wenn im März 1992 Bundespräsident Richard von Weizsäcker der Firma schrieb: „Wenn ich an Aachen denke, dann kommen mir Karl der Große, Lambertz und die Pferde in den Sinn", dann kann man sich doch nur noch darüber freuen, daß der älteste deutsche Markenartikel auch heute nicht nur präsent ist, sondern ganz gewiß mit immer wieder neuen Überraschungen aufwarten wird.

Denn daß sich im Unternehmen niemand zur Ruhe setzt, daß dem Familienstammbuch weitere Kapitel zugefügt werden, daß einige weitere hundert Jahre keine Schauer der Ehrfurcht bei einem Lambertz auslösen, dafür sorgt schon der jetzige Chef mit seiner Eigendynamik. Und den goldenen Regeln natürlich.

Wer also bis jetzt geglaubt hatte, ein solcher Jahrhunderterfolg sei nur mit den ausgefeiltesten Marketingmethoden, mit den hintergründigsten und kompliziertesten Strategien und natürlich einem großen Batzen Glück zu bewerkstelligen, der sieht sich nun alleine gelassen mit einer der größten Wahrheiten überhaupt: Das Erfolgreiche ist immer das Einfache. Das Wahre braucht wenig Worte. So wie die Weltenformel Einsteins in dürren Zahlen alles erklärend umfaßt, so muß auch der Erfolg keine krummen und diffizilen Wege beschreiten, um erfolgreich zu sein.

Am Beispiel Aachener Printen sind die Manifestationen des immerwährenden Starruhmes einfache Prinzipien:

- Bestehe immer auf erster Qualität Deines Produktes,
- Setze immer wieder neue Akzente in Deinem Markt und:
- Lebe im Dialog mit Deinem Verbraucher.

Diesen Prinzipien waren sie alle treu, die rechtschaffenen Mitglieder der Lambertz-Familie. Durch die Generationen hindurch fand etwas statt, was Dr. Hermann Bühlbecker mit dem lapidaren Satz umreißt:

„Entscheidend für unsere positive Entwicklung war und ist die Verbindung von Traditionsbewußtsein und die dynamische Anpassung an die Zeit, in der wir leben."

Diesen Brückenschlag hat man bei der Aachener Printen- und Schokoladenfabrik Henry Lambertz nicht nur geschafft, man hat nicht nur zusätzlich einen Brückenkopf in der Neuzeit gebildet, sondern ist im Kreise der Familie Lambertz auch, jetzt auf beiden Seiten des Zeitenflusses, so tief verwurzelt, daß den kommenden Stürmen des Lebens wie seiner Markt-Gefahren und -Chancen gelassen entgegengesehen werden kann. Denn das Rezept, wie man jedwede Situation optimal meistert, liegt seit 1688 in den Tresoren des Unternehmens jederzeit griffbereit und natürlich in den Herzen eines jeden Lambertz-Enkels, der in die unternehmerischen Fußstapfen seiner Vorväter tritt.

Und wer sich einmal in der Nähe der alten Kaiserstadt Aachen aufhält, der sollte unbedingt einen Besuch in der Borcherstraße 18 einplanen, um an Ort und Stelle, um aus erster Hand in den Mund sozusagen zu erkosten, warum dieses Unternehmen seit über 300 Jahren so erfolgreich ist. Es spielt dann auch keine Rolle, ob man den Beweis über eine Printe, eine Saftprinte, über Dominosteine, Spitzkuchen, Butterspekulatius, Lebkuchen, Alkoholfrüchte, Zimtsterne oder gefüllte Herzen führt. Der Beweis wird immer gelingen. Ich wünsche Ihnen jetzt schon viel Spaß beim Genießen.

„Never change a winning team!“
(Wechsle nie eine erfolgreiche Mannschaft aus.)
(Anon)

Dies ist die Geschichte von einem Produktstar, der in moderner Zeit mit traditionellen Werten gezeigt hat und noch immer zeigt, wie man mit Beharrlichkeit und dem dazu manchmal notwendigen Mut sogenannten Besserwissern nicht nur ein Schnippchen schlagen, sondern ihnen auch noch die lange Nase zeigen kann. Ort der Handlung: Der deutsche Getränkemarkt. Genauer, der deutsche Fruchtgetränkemarkt. Zeit der Handlung: Ab 1958 bis heute. Inhalt des gespielten Stückes: Gesünder leben durch gesunde Ernährung. Der Hauptdarsteller: *hohes C*.

Die Bühne des Getränkemarktes betritt unser Star zu einer Zeit, als in deutschen Landen das Trinken von Säften beschränkt blieb auf Apfel-, Trauben- oder Karottensäfte. Heimische Früchte eben. Wollte man den Saft exotischer Orangen genießen, mußte man sich mit Konzentraten begnügen, oder aber umständlich frische Früchte zu frischem Saft pressen. Gesund zu leben, war zu dieser Zeit noch kein Thema. Weder in der Werbung, noch bei den Produzenten, erst recht noch nicht bei den Millionen Deutschen, die sich gerade mal so ans Wirtschaftswunder gewöhnt hatten, knapp neun Jahre nach der Währungsreform. In diesen Verkäufermarkt hinein konnte man in jenen Tagen so ziemlich alles verkaufen, was man sich vorstellen konnte zu produzieren und was für die Käufer nur irgendwie erschwinglich war.

In dieses Herstellerparadies hinein kam ein Getränk, das so gänzlich anders war als alles bisher Angebotene. Schon der Name versprach den Inhalt: „*hohes C* enthält den Saft von zwei Kilo Orangen und ist daher besonders reich an Vitamin C.“ Als erster trinkfähiger Orangensaft in Flaschen eroberte es bald die Herzen der Verbraucher, steigerte seine Verkaufszahlen beständig, erlebte stürmische Zeiten zu Beginn der Gesundheitswelle, als Billigmarken und Konkurrenzprodukte versuchten, dem schon längst zum Star avancierten Original unter den Orangensäften den Markt streitig zu machen – und überstand auch diese Prüfungen brilliant mit einem heute aktuellen Ergebnis, das ihm so leicht keiner nachmachen kann: Laut GfK von 1991 ist *hohes C* der absolute Marktführer im Bereich Orangensäfte/-Nektare, mit einer Distribution im Lebensmittelhandel von nahezu 100 Prozent, mit einem Bekanntheitsgrad ungestützt/gestützt von 60 Prozent / 97 Prozent, mit der höchsten Käuferreichweite und Einkaufsintensität unter den Markensäften/-Nektaren. Wie war das möglich? Wie konnte dieses Trendsetter-Produkt den brutalen Verdrängungswettbewerb nicht nur überleben, sondern dominieren? Welche strategischen Überlegungen standen als Richtungsweiser am Erfolgsweg? Wie schaffte es unser Star, unangefochten seine Hauptrolle bis auf den heutigen Tag zu behaupten? Wir werden es nachvollziehen.

„Hinter jedem erfolgreichen Mann steht eine ehrgeizige Frau.“ Wenn dieses kleine Sprichwort stimmt, dann kann man es getrost mit der Erfolgsstory von *hohes C* vergleichen. Mit einem bedeutenden Unterschied: Hinter unserem Star standen gleich drei weiblich dynamische Kräfte, die ihn weiterhin an der Spitze halten werden: Die fast schon prophetische *Positionierung* der Marke, die gleichbleibende *technische Ausprägung* des Produktes und die unerschütterliche, verläßliche Glaubwürdigkeit der *Qualität*. Mit diesen drei starken Helferinnen im Rücken konnte unser Produktstar gelassen jede Premiere eines anderen über sich ergehen lassen, konnte gelangweilt zusehen, wie sich im aufkommenden Preiskampf des „Commodity-Marktes“ die konkurrierenden Marken immer mehr verwischten und immer austauschbarer wurden. Betrachten wir uns jetzt einmal die einzelnen Helferinnen etwas genauer.

Als erste im Leben des Stars hat die **Positionierung** das Recht auf Erwähnung. Wie schon erwähnt, war die Ausgangssituation im Jahre 1958 die eines Herstellers, der eine – wie man sagt – Marktlücke entdeckt hatte. Orangensaft in Flaschen gab es noch nicht, die beginnende Kaufkraftsteigerung bei den Verbrauchern ließ die Prognose zu, daß man ein qualitativ hochwertiges Produkt, das seinen Preis wert war, auch erfolgreich anbieten und absetzen konnte. Welches Marktsegment wollte man damit erreichen? Das Segment der Fruchtsäfte natürlich, die für die Innovation keine Konkurrenz darstellten. Mit welchem Produktversprechen sollte man in diesem Segment operieren? Nun, Orangen sind mit ihrem geballten Vitamin C-Gehalt eine gesunde Kost, also war der *consumer benefit* = der Produktvorteil für den Verbraucher, schnell gefunden: „hohes C ist das ideale Mittel zur Erhaltung der Gesundheit".

Der *reason why*, also der genaue Grund, warum diese Behauptung stimmte, war und ist bis heute schlüssig: „*hohes C* enthält den Saft von zwei Kilo Orangen und ist daher besonders reich an Vitamin C. *hohes C* ist der vitaminreichste und damit gesündeste Orangensaft."

Nicht vergessen, all dies geschah zu einer Zeit, da man nun wirklich andere Dinge im Kopf hatte als die Gesundheit. Genuß war angesagt, und zwar in ganz großen Zügen. Alkoholika boomten, Zigaretten boomten, die Schornsteine rauchten immer mehr und wurden immer zahlreicher. Es wurde Geld verdient und mit Freude wieder ausgegeben. Die ersten Urlaube wurden organisiert, und das eigene Auto war gar nicht mehr so unerreichbar. Also nun wirklich, wer wollte sich diese Aufbruchstimmung und Gründereuphorie von so etwas Trockenem wie Gesundheitserhaltung vermiesen lassen? Zu jener Zeit also hatte sich trotzdem ein Hersteller auf den Weg gemacht, ein ungewöhnliches, zukunftsweisendes Produkt auf den Markt zu schicken, das sich die Gesundheit der Verbraucher unübersehbar auf die Werbefahnen geschrieben hatte. Ganz schön mutig? Machen Sie sich auf eine Überraschung gefaßt.

Die ersten Auftritte unseres Stars wurden gleich beklatscht, dann frenetisch bejubelt. Und schon in wenigen Jahren kannte ihn der gesamte deutschsprachige Raum. Der Absatz stieg von 10 Millionen Flaschen im Premierenjahr auf 30 Millionen Flaschen in 1966. Bald hatte sich auch die Konkurrenz aus den Gräben gewagt und attackierte offen und gefährlich. Ein erbarmungsloser

Preiskampf drohte den einsamen Star von der Bühne zu fegen. Würde er eine neue Rolle annehmen? Würde er sich verändern?

In einer solch prekären Situation muß den damaligen Werbestrategen der Wind nicht nur direkt ins Gesicht, sondern auch noch in Orkanstärke in die Ohren geblasen haben. Niemand hätte es also als ungewöhnlich angesehen, wenn sie sich jetzt auf einen direkten Schlagabtausch mit den Mitbewerbern eingelassen hätten. Der Maßnahmenkatalog hätte dabei von Sonderakionen über Preisnachlässe bis hin zu Qualitätsänderungen, sprich billigere Produktion, alles beinhalten können. Alles legitime, bewährte, oft angewandte, gute Maßnahmen, um verlorengegangene Marktanteile zurückzuerobern.

Doch nicht gut genug für unseren Star. Denn er entschied sich für die integre Lösung. Für die Beibehaltung seiner einmal festgeschriebenen Positionierung als der vitaminreichste, gesündeste Orangensaft. Für die Beibehaltung der **Qualität**, an die sich nun schon Millionen Verbraucher gewöhnt hatten. Und wenn diese Verbraucher in den Jahren von 1966 bis 1974 auch jedes der neuen Produkte aus diesem Segment ausprobierten, auch wenn sie sich öfter mal für einen anderen Fruchtsaft als *hohes C* entschieden, blieben sie doch in der Gesamtheit ihrem vertrauten *hohes C* treu. Der Absatz stagnierte zwar, aber er brach nicht ein. Viele Mitbewerber blieben bei dieser Berg- und Talfahrt saft- und kraftlos auf der Strecke. Nicht so *hohes C*. Denn eine weitere, zweite Kraft stand ja hinter der Karriere unseres Stars: Die beständige **technische Ausprägung** des Produktes.

Was bedeutet das im Klartext? Es ist ganz einfach die Tatsache, daß *hohes C* fast exakt dem Idealbild entspricht, das sich die Verbraucher von einem Orangensaft machen. Hauptfaktoren bei der Darstellung dieses Idealbildes sind Produkteigenschaften wie zum Beispiel *rein und naturbelassen, ohne Zucker, ohne Konservierungsstoffe, hoher Vitamin C Gehalt.* Dazu kommen natürlich *guter Geschmack und Genußqualität.* Die genannten Faktoren erreichten bei einer Untersuchung (Mafo 1991) von *hohes C* alle die Skalenwerte von 9, bei einer Skalenweite von 1 (trifft nicht zu) bis 10 (trifft voll zu). Im Vergleich zum Idealprofil erreichte *hohes C* Werte von 7,5 bis 9.

Was bedeutet das für den Erfolg einer Marke? Nichts anderes, als daß *hohes C* die Anforderungen in optimaler Form erfüllt, Anforderungen, die Verbraucher an einen optimalen Orangensaft stellen. Das heißt, Verbraucher machen sich eine mentale, ideale Vorstellung von einem gewünschten Produkt und suchen im Markt nach der am nächsten kommenden Entsprechung. Sind Gedanken- und Markenbilder deckungsgleich (selbstverständlich muß ein gesund positioniertes Produkt auch hervorragend schmecken), wird das Produkt nicht nur akzeptiert, es wird zum ständigen Begleiter: Der neue Stammkunde ist gewonnen.

Zur technischen Ausprägung gehört also die Erfüllung der bei den Verbrauchern vorhandenen Werte, die sich um seine Gesundheit gruppieren. Diese Werte sind im Menschen immer vorhanden. Sie können verschüttet sein, sie können vergessen sein, sie können überspielt werden, aber tief in seinem Bewußtsein weiß der Verbraucher, was gut für ihn ist. Es gab schon immer Leute, die sich gesund ernährten. Es gab schon immer Gruppen, die sich nur mit streng biologisch angebauten Produkten versorgten, es gab schon immer die sogenannten „Gesundheitsfanatiker". Zugegeben, sie waren zu Zeiten der Einführung von *hohes C* noch in der Minderheit. Doch nahm ihre Zahl beständig zu. Bis sie ums Jahr 1980 förmlich explodierte. Die „Gesundheitswelle" rollte an. Mit nie gekannter Vehemenz.

Vorreiter der Gesundheitswelle im Fruchtgetränkemarkt waren Ende der 70er Jahre die Multivitaminsäfte. Mit der Marke *Dr. Koch's Trink 10* enstand ein völlig neuer Markt, der allein in Deutschland heute ein Umsatzvolumen von DM 700 Millionen repräsentiert. Im Umfeld dieser Spezialmarken reiften die Märkte für gesunde, leicht zu konsumierende, gebrauchsfertige Säfte. Der Verbraucher konnte damit seinen täglichen Bedarf an wichtigen Vitaminen und Mineralstoffen decken, wie es seinem modernen Lebensstil entsprach. Was in der Kategorie der Mineralwässer und Erfrischungsgetränke (softdrinks) in die Richtung kalorienarm, light evolvierte, entwickelte sich im Bereich der Fruchtsäfte in die Richtung *Gesundheit als Ganzes*. Heute hat dieses Marktsegment in Deutschland einen Pro-Kopf-Verbrauch von über 40 Litern. (Vergleich: Schweiz 38, Frankreich 10 Liter, mit zweistelligen jährlichen Zuwachsraten).

Gesundheit ist das Zauberwort der Zeit. In ganz Europa steigt die *awareness*, das Bewußtsein für die persönliche Gesundheit. So stimmten 1991 in den alten Bundesländern immerhin schon 24 Prozent der Bevölkerung im Alter über 14 Jahre der Aussage zu: „Ich achte *sehr* auf meine Gesundheit." Und der Trend hält an. Waren es früher nur die ganz wenigen Mutigen, die sich zur gesunden Ernährung bekannten, obwohl sie mehr verlacht als bewundert wurden, sind es heute zwar immer noch die „Öko-Orientierten", aber sie bekommen zunehmend Gesellschaft aus den bisher konservativen Reihen, aus den Reihen derer, die sich bislang traditionell von dem ernährten, was der Markt eben bot, ohne groß über die Gesundheit nachzudenken. Diese allgemeine Entwicklung schließt jeden Bereich ein, der mit Nahrungs- und Genußmitteln zu tun hat. Das fängt bei den Frühstücksflocken an, die nur noch aus Biomais hergestellt werden, geht über die halben Hähnchen, die im Freiland aufwachsen und mit natürlichem Futter versorgt werden, und endet schlußendlich beim alkoholfreien Bier, dessen Ingredienzien nur noch aus dem kontrollierten Anbau oder aus biologisch unbedenklichen Quellen kommen.

Lange vor dieser verstärkten Hinwendung zum aktiven Gesundheitsverhalten wurde *hohes C* von einem Unternehmen auf dem Markt plaziert, das sich zum Ziel gesetzt hatte, nur unverwechselbare Produkte in überlegener Qualität zu produzieren und anzubieten. Schon 1857 begann die *Eckes & Co.* mit der Ausrichtung auf Markenartikel. Auf der Basis eigener Grundlagenforschung und Entwicklungsarbeit enstanden bis heute eigenständige Marken, die in ihren jeweiligen Marktsegmenten zu Pionieren wurden, die Trends initiierten, die Verbraucherverhalten nachhaltig beeinflußten und prägten. Mit immer neuen, innovativen Produkten versorgte das Unternehmen kontinuierlich seine Märkte, setzte ihnen Impulse und erlangte dadurch seine heutige, führende Position.

Unter dem Namen *Eckes AG* sammelt sich heute eine beindruckende Zahl von Marken, die jedem Verbraucher geläufig sind, die ihren festen Platz im Sortiment eines jeden Händlers haben. Fangen wir mit dem alkoholfreien Getränkebereich an: *Eckes Traubensaft, Dr. Koch's Trink 10, Dr. Koch's Minikal, Dr. Koch's Plus E, Dr. Koch's Naturtrüber Apfelsaft, Perrier, Pulco, Contrex,* weiter die gesamte Produktpalette der Marken *Schneekoppe* und *Lihn* Confitüren und natürlich unser Produktstar *hohes C*. Hinzu kommen die in ihrer Bekanntheit in nichts dem Star nachstehenden Eckes-Marken wie *Criss*, das leichtalkoholische und die alkoholischen Getränke wie *Eckes Privatbrand, Eckes Edelkirsch, Echter Nordhäuser Doppelkorn, Zinn 40, Hulstkamp, Mariacron, Mariacron Premium, Chantré, Chantré Cream, Attaché, Cognac Prince Hubert de Polignac* und der feine Champagner *Champagne Philipponnat*.

Mit knapp über 2000 Mitarbeitern erwirtschaftete Eckes 1991 weltweit einen Umsatz von 1,5 Milliarden DM. In den Unternehmens-Bereichen alkoholfreie Getränke und gesunde Ernährung konnten dabei beachtliche Zuwachsraten erzielt werden. Für unseren Produktstar bedeutete das Jahr 1991 mengenmäßig den höchsten Absatz in seiner gesamten, 34-jährigen Geschichte. Womit wir bei der dritten Kraft angekommen wären, die seinen Erfolg möglich gemacht hat, die *Glaubwürdigkeit* der Marke.

Unter diesem Begriff versteht der Marketingmann die Beurteilung der Marke aus der Sicht des Verbrauchers nach *gleichbleibender Qualität*, nach Einhaltung des „technischen" *Produktversprechens*, nach *Ehrlichkeit* und *Integrität* in der Kommunikation der Werbebotschaften an den Endverbraucher. Diese Kriterien der Beurteilung haben wenig mit *Sympathie* zu tun, noch weniger mit dem schwammigen Begriff *Image*. Sie repräsentieren zum großen Teil ein in vielen Jahren gewachsenes Vertrauen in ein Produkt, ein Vertauen, das nie enttäuscht wurde. Und gerade in einer Zeit, wo so viele Hersteller mit dem Begriff Gesundheit so nach- und fahrlässig umgehen, wo die Verbraucher zunehmend verunsichert und verwirrt sind, spielt die Produktglaubwürdigkeit die entscheidende Rolle, wenn es um den Absatz einer Marke geht. Wer hier bewiesen hat, daß man sich auf ihn in bezug auf Qualität, Geschmack und Gesundheit verlassen kann, der hat gewonnen. Und der Anteil der Verbraucher, die dieses Vertrauen honorieren, wächst ständig.

Drei Hauptgründe habe ich angeführt, die unser *hohes C* zum Star gemacht haben und es auch in den kommenden Jahren im Rampenlicht halten werden. Doch sind diese drei natürlich nur die Haupakteure, die für den stetigen Popularitätsschub der Marke sorgen. Im Hintergrund mischen noch viele andere, kleinere Kräfte mit. Sie spielen wichtige Nebenrollen in der Erfolgsstory von *hohes C*. An erster Stelle muß hier die *Kontinuität der Kommunikation* genannt werden. Denn sie ist es, die dem Verbraucher als erstes „ins Auge" fällt. In den ganzen Jahren seines Lebens hat unser Star deshalb darauf geachtet, daß der Leser oder Hörer der Botschaft immer wieder an etwas Vertrautes, Bewährtes und für gut Befundenes erinnert wurde. Immer waren es die Basisaussagen der Produktpositionierung. Immer fand er sich in seinem Kauf bestätigt, etwas für seine Gesundheit getan zu haben. Mit viel Vitamin C. Mit *hohes C*, dem gesunden Orangensaft. Kernbotschaft der Kommunikation war und ist: „Wenn Ihnen die Gesundheit am Herzen liegt...", und „*hohes C – so* wichtig wie das tägliche Brot".

Und in all den Jahren schaffte sich auf diese Weise die Marke einen überragenden Imagewert, der gegenüber jedem Mitbewerber als Vertrauensbonus wirkte. Ein hoher Bekanntheitsgrad allein hätte noch lange nicht die hohe Zahl der Abverkäufe gebracht, die 1991 in den deutschsprachigen Ländern allein die 200-Millionen-Flaschen-Grenze überschritten.

Eine weitere, wichtige Nebenrolle spielte ganz bestimmt auch die Marketingstrategie der „*Optionen-Differenzierung*" statt der sonst am Markt üblichen „*markentechnischen Differenzierung*". Damit ist gemeint, daß sich im wachsenden Markt der gesundheitsausgerichteten Produkte viele Chancen boten, das Produkt technisch zu verändern, es gerade herrschenden Trends anzupassen, abgewandelte Formen des Produktes auf den Markt zu bringen, um weitere Marktanteile aus anderen Segmenten zu erringen. Eine solche Strategie wurde und wird in solchen Boom-Situationen von vielen Herstellern angewandt, um schnell aus den verschiedensten Töpfen Umsatz zu schöpfen. Die große Gefahr dabei: Die Marke verliert ihr bekanntes Gesicht, sie wird austauschbar und damit zu einem Gesichtslosen im weiten Ozean der gesichtslosen Mitbewerber.

Unser Star *hohes C* hat sich dieser kurzfristigen Effekthascherei nicht hingegeben. Konsequent hat er seinen Auftrag verfolgt, hat er seine Rolle weiter gespielt, als der vitaminreichste und damit gesündeste Orangensaft, den man kaufen kann. Und als sich die Optionen auftaten, da handelte er angemessen, eines Stars würdig: Keine oktroyierte Änderung seines Charakters war angesagt, sondern die Ausweitung der Möglichkeiten, seine Qualitäten zu genießen. Fortan gab es *hohes C* in der kleinen, handlichen 0,2 Liter Kartonverpackung für unterwegs und für die Gastronomie und Gemeinschaftsverpflegung in für diesen Absatzkanal spezifischen Packungsformen und -größen. Mit der Einführung der Pfandflaschen handelte unser Star ebenso markt- und verbrauchergerecht wie mit dem Angebot, zusätzlich zum bekannten und bewährten auch noch *hohes C mit Fruchtfleisch* anzubieten. Hauptsache es war und blieb das vertraute *hohes C*.

Zusammenfassend kann über dem beispielhaften Erfolg von hohes C seine Fähigkeit stehen, vor dem Hintergrund gesundheitsbewußten Konsumverhaltens die optimale Positionierung für diesen Bereich so glaubwürdig, so stetig zu beweisen. Die Kunst, einer Marke diese schlüssige Positionierung zu „verpassen", sie auch noch gegen alle Angriffe und manchmal „guten Gelegenheiten" konsequent durchzuhalten, dazu noch die technische Ausprägung des Produktes so zu gestalten, daß sie zur Positionierung paßt, und insgesamt die Erwartungshaltung der Verbraucher mit dem Produkt optimal zu treffen, diese Kunst beherrscht der Erfinder und Manager unseres Produktstars aus dem Effeff. Mit der strikten Einhaltung des allgemeinen und spezifischen Qualitätsversprechens hat sich die *Eckes AG* mit *hohes C* eine Marke geschaffen, die positiv auf die gesamte Produktpalette strahlt, das Unternehmen damit profiliert, die Mitarbeiter motiviert und insgesamt durch das in sie gesetzte Vertrauen auch weiterhin dafür sorgt, daß die Auftritte unseres Stars so frisch und lebendig bleiben, wie sie von Anfang an ausgelegt waren. Damit *hohes C* auch dann noch strahlender Repräsentant einer gesundheitsbewußten Klientel ist, wenn sich die sogenannte „Welle" wieder verflacht hat. Wer *hohes C* kennt, kann daran keinen Zweifel haben, daß *hohes C* bleibt, was es ist: Eben ein Star.

„Solange der Mensch spielt,
ist er frei."
(Friedrich Sieburg)

Der Vater rumorte nun schon seit über zwei Stunden in der kleinen Dachstube. Ich stand unten an der Treppe, die zu einer Verheißung ganz besonderer Art führen sollte. Das jedenfalls hatten mir Vater und Mutter während der letzten drei, vier Wochen immer wieder versichert, wenn sie mich daran hinderten, die Treppe zu besteigen. Gestern hatte Papa den kleinen grünen Baum hochgeschleppt, heute hatte Mama mit dem Schmücken begonnen, ich saß derweil in der Küche und platzte vor Erwartung. Draußen lag dieses Jahr kein Schnee, so richtig kalt war es auch nicht, doch bullerte der alte Kohlenherd einschläfernd vor sich hin, während im „Schiff", am hinteren Teil des Herdes, das Wasser angenehm köchelte und blubberte.

Eben kommen beide die Stufen herab, verschwinden im Schlafzimmer, um sich für die Bescherung zurechtzumachen, tauchen aber fast augenblicklich wieder auf, denn Mama braucht ja nur die Schürze abzulegen, Papa sich nur sein neues Sakko überzuziehen, viel Garderobe hängt bei uns nicht in den Schränken. Jetzt geht es in einer langsamen Prozession hinauf ins alles verheißende Zimmer. Vor der Tür bleibt mein Vater stehen, huscht ins Zimmer, wir hören ein Weihnachtslied beginnen und ein leises Glöckchen klingen, die Tür wird aufgehalten und Vater bittet uns herein.

Ich sehe alles gleichzeitig: Den mit Glaskugeln und echten Kerzen und Lametta geschmückten Baum mit dem weißen Engel auf der Spitze, eine Anzahl kleinerer Päckchen in buntem Papier unterm Baum und daneben etwas Atemberaubendes: Eine Miniaturlandschaft mit Holzhäuschen und Bäumchen aus Kiefernzweigen, einem Berg aus lackiertem Segeltuch mit dazugehörendem Tal, einem aufgemalten Fluß, der in einen ebenso aufgepinselten See mündet, einem Bahnhof und deshalb natürlich auch mit einem Schienenweg, der sich durch die ganze Landschaft zieht und just in diesem Moment einen richtigen kleinen Eisenbahnzug mit Lok und Tender und drei Wagen durch die Gegend führt.

Es ist der 24. Dezember 1949, und die Märklin-Eisenbahn der Spur HO tritt in mein Leben. Oder besser gesagt, ins Leben meines Vaters. Denn was kann ein Vierjähriger mit einem so delikaten, feinmechanischen Spielzeug wohl anfangen. Konsequenterweise beschränkt sich mein Zutun in den ersten Jahren aufs Zuschauen, Mitstaunen und auf gelegentliches Assistieren, wenn Vater zusammen mit meinem Großvater, als alter Frühinvalide der Reichsbahn ganz besonderer Experte, die kompliziertesten Rangierprobleme „en miniature" lösen. (Eine väterliche Qualität offenbar, welche laut neuem Produktprospekt auch modernen Vätern eigen ist, die dort mit der ALPHA-Serie kreativ beschäftigt sind, einer phantasievollen Produktreihe, die eigentlich für's Kinderzimmer wie geschaffen ist).

Märklin ist ein Zauberwort geblieben. Nicht nur für mich kleinen Mann kurz nach dem Krieg, sondern für all die vielen jungen Menschen jeder Generation und jeden Alters, die sich für die Miniversion der großen Bahn begeisterten und immer wieder neu begeistern. Woran liegt dieses Interesse? Was unterscheidet Märklin von anderen Spielwaren? Warum steht Märklin nach über 125 Jahren immer noch an der Spitze dieses Genres?

Folgen Sie mir einfach hinein in die Geschichte dieses Phänomens, vielleicht finden wir die Schlüssel zum Erfolg dort versteckt. Wohlan denn, die Signale stehen auf grün, die Lok unter Dampf (der Geschichte wegen), der Fahrdienstleiter hebt die Kelle, es kann losgehen.

Theodor Friedrich Wilhelm Märklin hieß der Mann, der sich im Jahre 1859 entschloß, nicht mehr für einen Hungerlohn bei Rau & Cie. als Flaschner zu arbeiten, mit einem jährlichen Steuerbetrag von sage und schreibe acht Gulden, sondern es dem ortsansässigen Flaschnermeister gleichzutun, der für denselben Zeitraum schon die Summe von 93 Gulden an die Stadt abzugeben hatte, und dementsprechend auch fast zehnmal soviel verdiente. Seine Frau Caroline, Tochter eines Ludwigsburger Steingutfabrikanten und damit mit der Selbständigkeit und ihrer Meriten bestens vertraut, hatte ihn ausgesprochen dazu ermuntert, eine eigene Flaschnerei mit Laden einzurichten, um Artikel zu fertigen, die in der Umgebung von Göppingen bekanntermaßen recht gut zu verkaufen waren. Alle Väter und Mütter, Onkel und Tanten in jenen Tagen pflegten nämlich ihren Töchtern und Nichten Utensilien zu schenken, mit denen sie sich auf ihre künftigen Aufgaben als Hausfrau und Mutter spielerisch vorbereiten konnten. Diese Artikel aus Metall sollten doch wohl imstande sein, etwas Wohlstand ins Haus zu bringen.

Die Zeichen standen gut. Noch vor wenigen Jahren hatte es in der Region schlecht ausgesehen. Das Göppinger Wochenblatt beklagte etwa 1847 die Zunahme der Verarmung, vor allem sogenannter „Hausarmer", Leuten also, die ein Dach über dem Kopf, sonst aber nichts mehr besaßen. Doch schon Anfang der fünfziger Jahre des neunzehnten Jahrhunderts hatte sich die Lage nicht nur gebessert, sie hatte eine diametrale Entwicklung erfahren. Mit 1,76 Prozent jährlicher Wachstumsrate lag Göppingen in jenen Jahren auch noch an der Spitze aller Städte des Königreiches Württemberg.

Märklin fand also eine Wirtschaftslage mit „freundlicher Tendenz" vor, um sich mit einer Firma selbständig zu machen, die für feines Spielzeug aus Metall bald Weltruhm erlangen sollte. Mit Spielzeug, das nicht nur wie in der Wirklichkeit gebraucht werden konnte, das sich darüber hinaus auch noch getreu ans Abbild der Wirklichkeit hielt, nachdem es getreulich gestaltet und gebaut war. Wir sprechen vom ersten Verkaufsschlager der jungen Firma, dem Kinder-Küchenherd. Einem Nachbild des eingangs erwähnten Herdes meiner Kinderzeit, voll funktionsfähig, mit „Wasserschiff" und Herdstange, mit größerem Geschirr und der Möglichkeit, tüchtig einzuheizen. Der stolze Preis: DM 1,25 für 20 Zentimeter mal 10 Zentimeter Herd. Und weil, wie wir noch feststellen werden, Herr und Frau Märklin einen ausgesprochenen Sinn für den Publikumsgeschmack und die verborgenen Wünsche ihrer prospektiven Klientel hatten, gab es auch gleich das Luxus-Modell dazu: „Kochherd mit Nickelbeschläg, mit Schutzstange und vernickeltem Kochgeschirr, mit Theekessel, Chocoladensprudler, ein Wasserschiff mit Hahnen" und derlei aufwendigem Schnickschnack für die hochherrschaftlichen Häuser der näheren und weiteren Umgebung. Wie weit das schon in den ersten Jahren ging, zeigt der Preis eines Herdes von 1,55 Franc für den Export ins Französische hinein.

In der Folge stieg die Nachfrage nach den so detailgenauen Nachbildungen des täglichen Küchenlebens, und die Firma mußte expandieren. Zur Finanzierung dieser Anstrengungen wurde ein wohlhabender Teilhaber gefunden, der das jetzt richtig industriell produzierende Unternehmen mit in die Gewinnzone begleitete. Natürlich gab es hie und da noch kleinere Rückschläge, auch Engpässe mußten überwunden werden, doch konnten alle Hindernisse mit einer Charaktereigenschaft der Märklins genommen werden, die sich wie ein roter Faden durch die gesamte Firmenentwicklung zieht: Die Überzeugung, erwünschte Ziele auch zu erreichen.

Da gab es nie ein Zaudern, da wurde nie lange „gefackelt", da hagelte es Entscheidungen, wenn andere Mitbewerber noch an den Konferenztischen saßen und Marktchancen debattierten. In unserem Falle sah das so aus, daß sich um den Kinder-Küchenherd eine Palette all jener Dinge gruppiert hatte, die auch in der Wirklichkeit in jedem guten Haushalt vorzufinden waren. Vom Erbsendrücker über Messerbänkchen bis zu acht verschieden großen Puppen-Badewannen, von Tischglocken über Zuckersiebe bis zu einer erstaunlichen Auswahl an Puppen-Gießkannen. Die Firma Märklin stellte es her aus Metall, aus Holz oder Flechtwerk. Zu Preisen, die sich jeder leisten konnte. In Modellvarianten, die jeden Geldbeutel befriedigten. Mit einem feinen Gespür für das Machbare und Gewünschte, einer Eigenschaft, die heutzutage mit dem Attribut „goldenes Händchen" oder mit der berühmten „goldenen Nase" bedacht wird, um davon abzulenken, was wirklich dahinter steckt. Die Verantwortlichen der frühen Jahre zeigten diese Qualitäten schon in ausgefeiltester Form. Wie sonst wäre es zu erklären, daß im Jahre 1891 nach einer schnellen Evaluierung der möglichen Entwicklungen im Spielzeugmarkt eine ebenso schnelle Entscheidung getroffen wurde, die einen neuen Trend startete und erst richtig ins Rollen brachte?

Im Jahre 1891 war Otto Lilienthal mit seinem Flugapparat fast 300 Meter weit „gehüpft", hatte sich das Deutsche Reich unter Kaiser Wilhelm die erste Kolonie in Ostafrika „zugelegt", fuhren die ersten Automobile knatternd durch die Lande, noch mißtrauisch geduldet, da stellten die Märklins auf der Leipziger Messe etwas vor, was wieder einmal genau da hinein traf, wohin man beim Verbraucher treffen muß, um zu verkaufen: Mitten ins Herz. Denn sie hatten in den letzten Jahren eine Begeisterung unter den Menschen ausgemacht, die sich um die technischen Möglichkeiten der Eisenbahn drehte. Just zu dieser Zeit war mit dem Bau der Transsibirischen begonnen worden, waren Millionen Pilger mit der Bahn zum „Heiligen Rock" nach Trier gepilgert, um sich die magische Macht der Katholischen Kirche vor Augen zu führen, die gerade jetzt ein wenig Unterstützung gegen Bismarcks „Kulturkampf" der Säkularisation nötig hatte. Jedenfalls, und ohne die genauen Gründe auszuloten, hatten sich die Märklins dieser offensichtlichen Bahnmanie bedient, um die erste Miniatur-Modell-Eisenbahn zu präsentieren.

Die Fachwelt war begeistert. Mehr noch die alten und jungen Herzen der spielbegeisterten Öffentlichkeit. Zwar hatte es schon früher Modell-Bahnen gegeben, aber die waren entweder groß und sperrig und teuer, oder sie waren Einzelanfertigungen für die Kinder der Königshäuser. So etwas wie die Märklin-Bahn hatte es bis dato noch nicht gegeben: Mit ihrer genormten „Spurweite", also mit der Möglichkeit, die Anlage weiter auszubauen und zu vergrößern, mit ihrer Kleinheit, um auch in kleinen Wohnungen Platz zu finden, sorgte sie an Ort und Stelle in Leipzig auf der Messe für den Durchbruch der Gattung Eisenbahnspielzeug, die bis dahin ein verstecktes Schattendasein geführt hatte.

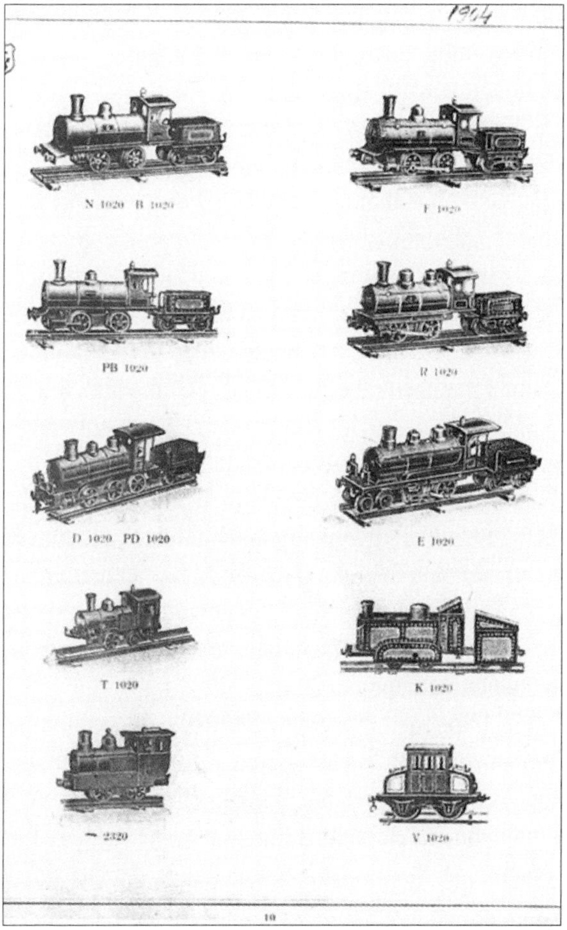

Die Entwicklung verlief so stürmisch, daß schon 1902 in einem Flugblatt an die Märklin-Händler stolz behauptet werden konnte: „Die knappe Zeit von 10 Jahren hat gezeigt, daß mit der Hingebung, die wir seither dem Eisenbahnwesen im kleinen gewidmet haben, die Welt erobert wurde." Diesem Geniestreich setzten die Märklins 1935 noch eines drauf. Wieder ganz im Zeitgeist und der vorherrschenden Marktsituation paßte sich Märklin mit seiner auf die Spur 00 (später H0) verkleinerten Eisenbahn nicht nur der allgemeinen Wohnungsnot und den äußerst beengten Verhältnissen vieler Millionen Familien an, sondern hob die wegen ihrer Kompaktheit jetzt auch fest zu installierende Anlage aus dem Umfeld des reinen Weihnachtsgeschenks, des reinen Saisonvergnügens. Schlagartig war die Zielgruppe ausgeweitet, schlagartig gab es nun unendlich viele Anlässe, aus diesem Bereich zu schenken und zu sammeln.

Die Gebr. Märklin & Cie. hatten sich etabliert. Sie hatten sich damals schon einen Kundenstamm gesichert, der für angekündigte Neuproduktionen Bestellungen aufgab, ohne das Endprodukt gesehen zu haben. Und solche Ereignisse gab es jetzt immer öfter. Denn, getreu der nun schon erfahrenen Maxime des Hauses, etwaige Trends vorauszusehen und für sich auszunutzen, gelang dem Unternehmen nun in ununterbrochener Folge ein Meisterstück nach dem anderen, rollte vom Spielzeugband ein Star nach dem anderen in die Kinder- (und Erwachsenen-) Stuben der Welt. Heute ranken sich um die meisten der Spielzeuge aus der damaligen Zeit nicht nur horrende Sammlerpreise, sondern skurrile Geschichten um Entdeckungen seltener Stücke, um geheimnisvolle Hinweise auf mögliche Fundorte verschollener Produkte aus dem Hause Märklin. Die Fan-Gemeinde in aller Welt wächst bis in unsere Tage, ein Ende ist nicht abzusehen. Im folgenden will ich einige Paradebeispiele für die Nutzung von Marktchancen aufzeigen, die den Grundstein gelegt haben für die absolute Marktführerschaft des Unternehmens in seinem Marktsegment seit über hundert Jahren.

In Plochingen, einer Stadt dicht bei Göppingen, wurde 1853 der „Deutsche Feuerwehrverband" gegründet. Württemberg hatte damit in der Entwicklung der Wehren die Nase ganz vorne. Von den Turnern stammten die ersten Uniformen und der vaterländische Wahlspruch: „Gott zur Ehr, dem Nächsten zur Wehr", in seiner schwäbischen Version „Einer für alle – alle für einen" auch heutigen Zeitgenossen erinnerlich. Und im Leben der Bevölkerung jener Tage nahmen diese neuentstehenden Feuerwehren, angefacht durch illustrierte Berichte von Großfeuern überall auf der Erde mit vielen Opfern, einen breiten Raum ein. Wen nimmt es da Wunder, wenn Märklin mit einer Feuerspritze auf den Markt kommt, die genau wie ihr großes Vorbild Brände löschen kann? Das Modell von 1900 ist etwa 50 Zentimeter groß und so detailgenau und funktionstüchtig, daß heutige Sammler-Besitzer darüber ins Schwärmen kommen. Und als 1901 die Berliner Wehren eine Dampfspritze erhalten, dauert es nur einige Monate, bis eben diese Spritze von Märklin zu haben ist. Erst als in der rauhen Wirklichkeit der Benzinmotor alle anderen Antriebe verdrängt, verschwindet auch Märklins Feuerwehr aus den Katalogen. Wie man sieht, nicht nur sehr sensibel werden Möglichkeiten genutzt, ebenso flexibel wird die Modellpalette sofort bereinigt, wenn man keinen Absatz mehr sieht.

Beispiel Nummer zwei für Märklin'sches Marketing (dieses Wort wurde erst etwa 50 Jahre später geprägt) zeigt um 1900 ein ähnlich erfolgreiches Ergebnis: Langsam, und von vielen noch als unausgegoren und ohne Zukunft verlacht, setzt sich ein Fortbewegungsmittel durch, das stinkt und ächzt und alle Pferde scheu macht, das Automobil. Und während sich noch alle anderen Hersteller vorsichtig mit den zukünftigen Möglichkeiten oder Nichtmöglichkeiten auseinandersetzen, während sich die Fachwelt noch nicht ganz im klaren ist, ob das Rennen der Dampfwagen, das Akkumulatorenauto oder die Verbrennungsmaschine machen würde, bringt Märklin nicht nur eines, sondern gleich drei Modelle auf den Markt: „Motor-Calesche", „Motor-Transportwagen" und „Motor-Omnibus" stehen sofort auf den ersten Plätzen der Wunschlisten. Wieder einmal hatte sich die „goldene Nase" als das bewährt, was sie immer war: Genaue Beobachtungsgabe der Situation im Markt, kreatives Vorstellungsvermögen und mutige Entscheidung.

Die ersten Modelle waren zwischen 21 und 25 Zentimeter lang, mit „gutem Uhrwerk und lenkbar", wie der Katalog verspricht. Vom Start weg erreichten sie Verkaufszahlen, von denen andere nur träumen konnten. Und obwohl beim Rennen in Nizza am 10. April 1904 wieder ein Dampfmobil vor den Benzinkutschen mit 120 Stundenkilometern den Weltrekord aufstellte und gewann, setzt man bei Märklin vorausschauend auf die Verlierer und gewinnt wieder. Die Motorwagen-Modelle nehmen in jenem Jahr im Katalog schon 20 Nummern ein. Bis in die heutige Zeit begeistert sich groß und klein an Modellen, die in ihrer Präzision, Qualität und Detailtreue immer noch Vergleichbares suchen. Ob es sich um Rennwagen aller Klassen handelt, um Limousinen und Lastkraftwagen, um Busse oder um ein „Landaulet“ mit „elektrisch beleuchteten, vernickelten Laternen“. Zu allen Zeiten haben diese Märklin-Modelle begeistert. So weit reicht diese Begeisterung, daß einige der schönsten Modelle nun wieder in kleiner Zahl aufgelegt werden. Ein schöneres Beispiel für Markentreue kann es wohl kaum geben. Dazu noch für ein Produkt, das niemand wirklich braucht, das aber trotzdem fast jeder haben will.

Die Liste der Produkte, die immer genau zur rechten Zeit in die Läden kamen, ließe sich beliebig fortsetzen. Nur von den beiden Kriegen unterbrochen, liest sich die Entwicklung wie ein Schmökern in einem Antiquitätenkatalog unserer Tage. Da finden wir mit dem Einzug der Elektrizität natürlich sofort elektrisches Spielzeug als „Wuppertaler Schwebebahn“, als „Elektrische Schnellbahn“ oder „Straßenbahn“ im Katalog.

Ein Kuriosum sei hier eingeschoben: Als vor der Jahrhundertwende das Telefon langsam Raum griff, setzte sich Märklin mit seinem „Jugend-Micro-Telefon“ gleich neben die Wandtelefone von der Post, mit exakt demselben Aussehen und der Technik, doch mit einem gewaltigen Unterschied: Während die Post sich in primitiver Reimform um die Kunden bemühte, nahm Märklin sein junges Publikum ernst und klärte es über die technischen Details auf. Leseprobe aus der Post-Broschüre: „Ein Röllchen Draht, Membran, Magnet, ein Holzgehäuse, und es geht! Wie billig, staunt man weit und breit, ob solcher großer Einfachheit“. Jedenfalls scheint sich das p.p. Publikum älterer Jahrgänge mehr für den Märklin-Apparat interessiert zu haben.

Äußerst deutlich und eng an die dazugehörige Entwicklung in der Gesellschaft geknüpft, läßt sich ein Märklin-Produkt aus der Zahl seiner ähnlich erfolgreichen Kollegen hervorheben. Gemeint sind die Schiffe, und hier ganz besonders die Panzerschiffe, Kreuzer und andere Kriegsschiffe des Kaiserreichs. Die Flotte war äußeres Zeichen eines nationalen Stolzes, Ausdruck unbändiger Macht, ein Symbol für die eigene Wichtigkeit jedes geringen Kleinbürgers. Kinder aller Schichten wurden in den „Kieler Anzug“ gezwängt, den typischen Matrosenanzug, und auf den Wunschzetteln der Zeit stand die „Kaiser Wilhelm“, das Panzerschiff seiner Majestät Marine. Wie bei keinem anderen Modell identifizierte sich eine ganze Generation heranwachsender Knaben mit der neuen Stärke und ihrem nautischen Gegenstück. Wer damals kein solches Märklin-Schiffsmodell hatte, war gewiß zu bedauern.

Verlassen wir die martialischen Gründe für einen Moment und erheben uns in die Lüfte. Wie jeder Spielwarenhersteller mit Sinn für's Geschäft hatten auch die Märklins die Bemühungen einiger „Verrückter" verfolgt, die nun schon seit geraumer Zeit versuchten, sich mittels der verschiedensten Antriebe in die Lüfte zu erheben und, was noch wichtiger war, auch dort oben zu bleiben, für einige Augenblicke wenigstens. Graf Zeppelin hatte im Frühjahr erstaunliche 18 Minuten in der Luft am Bodensee verbracht, mußte dann aber wegen Geldmangels seine Versuche einstellen. Erst mit einer Lotterie half ihm der württembergische König wieder auf die Sprünge, und nun konnte man landauf, landab seine „Zeppeline" wie Zigarren am Himmel bestaunen. Die Euphorie hielt bis zum 4. August 1908, als er mit der „LZ 4" bei einem kleinen Dorf im Schwäbischen, in Echterdingen, strandete und das Luftschiff in Flammen aufging. Doch wieder sammelte das Volk und ließ den Grafen nun endgültig die Lüfte erobern. Er baute weiter, und mit ihm Märklin. Ihr „Zeppelin" von 1909 war 38 Zentimeter lang und flog mit gewaltiger Luftschraube im Kreis um die Deckenlampe so manches Kinderzimmers. Und obwohl das Luftschiff im Zentrum des allgemeinen Interesses stand, konnte man im Katalog desselben Jahres auch Flugmodelle der damaligen Zeit finden. Alle flogen sie samt und sonders ihrer schon recht zahlreichen Konkurrenz voraus und davon.

Ehrenplätze in der Firmengeschichte, und damit wieder Beweise für die Virtuosität der Marketingmaßnahmen im Hause Märklin, nehmen die Dampfmaschinen ein, die in ihrer Hoch-Zeit um 1909 mit über 90 Modellen eine Blüte erlebten. Ein ganz besonderes Beispiel von „Marktgespür" lieferte die Firma 1931, als der Erfinder Kruckenberg seinen Schienenzeppelin in Hannover vorstellte. Seine Zigarre auf Schienen mit Propellerantrieb, die beim ersten Probelauf die sagenhafte Geschwindigkeit von 230 Stundenkilometern erreichte, konnte das Märklin-Modell doch nicht überholen, es war vor der ersten Fahrt des Originals schon im Spielwarenhandel angekommen. Ebenso Berühmtheit erlangte die gute alte JU 52, ein Flugzeugtyp, der im großen wie im kleinen noch heute stolz viele Liebhaber vorweisen kann.

Natürlich wartete auch die „Neuzeit" mit Glanzlichtern auf, die rasch die weltweite Märklin-Gemeinde begeisterten. Besonders hervorzuheben sei hier 1986 die Einführung des Märklin-Digital-Systems, das die Vorteile moderner Elektronik auf die Schiene übertrug: Bis zu 80 Lokomotiven konnten jetzt auf einem einzigen Stromkreis gesteuert werden! Ein Innovationsschub, der nicht nur der gesamten Branche neue Impulse gab, sondern als „Erlebnisbooster“ für alle Modellbahnen fungierte. Und weil sich damit der Trend hin zum Erwachsenen erst recht manifestierte, ließ Märklin speziell für die Kinderwelt ein adäquates Produkt designen, natürlich von den Kindern selbst. Heraus kam 1988 eine rote Abenteuer- und Spielbahn, die sofort bei den Zielgruppen „einschlug“. Aber auch die Randgruppe der Väter und Großväter konnte mal wieder die Finger nicht davon lassen.

Doch wurden so die Weichen gestellt für eine klare Polarität des Angebotes. Hier Erwachsene, da Kinder. Natürlich mit sich überschneidenden Interessen, aber doch mit einer klar abgegrenzten Ansprache: Zur ALPHA-Bahn für die Kleinen kam 1991 die Gründung eines Schüler-Fanclubs, in dem Schüler viermal im Jahr für ihre Altersgenossen über die kleine und große Bahn berichten. In sieben europäischen Ländern. So werden bereits die Jüngsten Märklin-Fans zur Marke geführt. Für die Erwachsenen Märklinverehrer wurde anläßlich der 500-Jahr-Feier der Post eine Blech-Replik eines Postautos der dreißiger Jahre aufgelegt, die damit den Beginn einer Serie von Fahrzeugen einläutete, die auf Basis der früheren Fahrzeug-Baukästen neu auf den Markt kommen werden. Für dieselbe Zielgruppe entstand 1992 ein exklusiver Kunden-Club, „Märklin-Insider“, der die treuesten Freunde mit First-hand Informationen zur Intensivierung ihres Hobbys versorgt und ihnen ein würdiges Forum zum Erfahrungsaustausch bietet.

Berühmt aber, und daran kann kein Zweifel bestehen, berühmt und bekannt und bewundert wurde Märklin mit der über hundertjährigen, ewig jungen Modell-Eisenbahn, die eine weitere Qualität des Hauses in alle Welt getragen hat: Die Qualität seiner Produkte. Niemand sonst bietet eine solche Genauigkeit der Details, niemand sonst eine solche Sorgfalt der Verarbeitung und bei der Auswahl der Materialien, niemand sonst kann sich seiner Kunden und Freunde und Fans so sicher sein wie Märklin, die sich darauf nie ausgeruht hat. Denn mit immer neuen Ideen, mit immer wieder neuen Modellen, Einzelheiten, Verbesserungen und Aktualitäten präsentiert Märklin den Beweis, daß es für ein Produkt mit einer Idee kein Alter und kein Altern gibt. Das Produkt Märklin bleibt immer gerade so jung wie der, der sich für eines seiner faszinierenden Teile interessiert. Darin liegt nun wieder ein Grund für den schon über hundertjährigen Erfolg: Nicht nur immer genau zu erahnen, was gerade ge-

wünscht wird, sondern sich dann auch noch exakt auf die individuelle Wellenlänge des einzelnen Käufers einstimmen zu können.

Für diesen Individuellen will ich jetzt nur noch anführen, daß es sich lohnt, in den aktuellen Märklin-Katalog zu sehen und selbst zu entscheiden, welchen der zahlreichen Produktstars dieses Unternehmens er erwerben möchte. Wenn es ihm geht wie mir, dann wird am Ende der Fahrt durch all die herrlichen Modelle der Wunsch nach einem König laut, der – wie weiland der württembergische König eine Lotterie für Graf Zeppelin – diesmal zugunsten meines Geldbeutels eine solche veranstaltet. Denn die Entscheidung für ein bestimmtes Produkt fällt nun ganz bestimmt nicht leicht. Woher soll ich denn wissen, ob ich lieber eine Eisenbahn mit 45 Millimeter Spurweite durch meinen Garten fahren lassen soll oder doch eine mit nur 6,5 Millimeter in meiner Konferenzmappe, konventionell oder digital gesteuert, aus Metall oder reinem Silber? Wer hilft mir bei der Entscheidung, ob ein Modell der ALPHA-Serie zu mir paßt oder vielleicht doch besser ein Automobil aus der exklusiven Metall-Reihe? Vielleicht sollte ich überhaupt alle meine Wünsche aus dem Märklin-Modellbaukasten selbst konstruieren und zusammenschrauben (übrigens ein Produktstar schon für sich alleine), dann hätte ich die freie Wahl und alle Möglichkeiten offen.

Ich werde mich zur Klärung des Dilemmas mit dem schon erwähnten Hauptkatalog zurückziehen. Mein Telefon habe ich schon abgemeldet.

*„Morgens rund, mittags gestampft, abends in Scheiben –
dabei soll's bleiben. Es ist gesund."*
(Goethe, 1814)

Unschwer zu erraten, um welche Frucht aus deutschen Landen es sich bei Goethes kategorischem Ausspruch handelt. Natürlich, es ist Pfanni, pardon, die Kartoffel. Jene Knolle, die schon seit rund 8.000 Jahren zu den Grundnahrungsmitteln des Menschen zählt. Freilich noch nicht so lange in der „alten Welt". Bei uns konnte man die fremde Frucht erst ab 1565 genießen, als der spanische König Philipp II eine Kiste Kartoffeln aus Cuzco erhielt und ihren Inhalt sogleich über das ganze Europa verteilen ließ. Päpste und Prälaten, Barone und Bischöfe gehörten zu den ersten Gourmets, die sich an dieser neuen „Taratoufli" delektieren konnten. So hießen Kartoffeln lange Zeit, weil die Spanier sie in ihrem Heimatland Peru mit den Trüffeln verglichen. Doch während wir in Deutschland beim abgewandelten Trüffel blieben, korrigierten die Spanier ihren Irrtum und nannten sie fortan so, wie sie von den Quechua-Indios schon immer gerufen worden waren: Papas.

Jene Papas also wuchsen fortan in Klostergärten und an Fürstenhöfen, sie wurden botanisch untersucht und auch mal als giftig verdammt, man servierte sie als Salat und gebacken, doch noch immer galt sie nur den oberen Zehntausend als exotische Gaumenfreude. Diese Exklusivität änderte sich erst, als Friedrich Wilhelm II von Preußen seinen Kartoffelerlaß verkündete, der jedem Untertan im Reiche den Kartoffelanbau zwingend vorschrieb. Doch keiner wollte sich so recht daran halten. Da verfiel der Listenreiche auf eine ebensolche und baute auf seinen eigenen Äckern die Frucht an, ließ sie rund um die Uhr von seinen „Langen Kerls" bewachen und jeden bedrohen, der zu stehlen versuchte. Natürlich war die Kartoffel auf solche Art erst recht begehrenswert geworden, und gar mancher machte sich nächtens auf den Weg, um zu „organisieren". Natürlich schauten die Wachsoldaten befehlsgemäß in die andere Richtung, denn mit dieser Maßnahme hatte der König erreicht, was er wollte: Die Ernährung des Volkes war sichergestellt, er konnte mit satten Heeren dicke Kriege führen. Die Bevölkerung aber hatte endlich ein Grundnahrungsmittel gefunden, das ab jetzt in ausreichender Menge vorhanden war. Hungersnöte großen Ausmaßes gab es nun nicht mehr. Und mit der Zeit erlebte die Kartoffel eine flächendeckende Verbreitung und setzte sich bei reich und arm als fester Bestandteil ihrer Speisekammer durch.

Die wechselvolle Geschichte der Kartoffel schlug sich auch immer wieder in Versuchen nieder, dieser tollen Knolle ein Denkmal zu setzen. So finden sich in den Museen dieser Erde wertvolle Bilder von Erdäpfeln, von berühmten Malern auf die Leinwand gebannt. Van Gogh, Liebermann, Morgner, Heinzinger sind Fans der Kartoffel, mit Bildern, deren Titel lauten: „Kartoffelbuddelnde Bauern", „Die Kartoffelschälerin" oder „Kartoffelkorb". Und ebenso berühmte Dichter verewigten sie in ihren Zeilen. Vom schon erwähnten Goethe über Zuckmayer bis zu Endrikat reicht eine lange Liste kartoffelbegeisterter Adepten.

In krassem Gegensatz zu dieser Verehrung stand das Ansehen der Kartoffel in unserer modernen Zeit. Sie fristete ein eher Randgruppendasein, lebte als Mauerblümchen unbeachtet, aber ausgenutzt mitten unter uns. Bis sie in den letzten Jahren eine Renaissance erlebte, die sie wieder in die erste Reihe gesunder, vollwertiger und nahrhafter Lebensmittel stellte. Und da wird sie auch bleiben. Das walte nicht zuletzt *Pfanni*. Denn bei *Pfanni* hat man sie nie vergessen. Im Gegenteil.

Das bayerische mittelständische Familienunternehmen beschäftigt sich nämlich schon aus Tradition mit der Kartoffel. Und das nicht erst seit Erfindung des Namens, der heute bei über 98 Prozent der Bevölkerung buchstäblich in aller Munde ist. Schon vor 400 Jahren befaßte man sich in dieser Familie mit Nahrungsmitteln, zuerst als Müller und Bäcker, dann auch als Brauer und Gastwirte. Fast jede Generation hat etwas Neues angefangen, hat sich kreativ in Bereiche vorgewagt, die Neuland waren. Dieser herausragende Wesenszug der Familie hat sich bis heute erhalten und wird auch in Zukunft für eine erfolgreiche Entwicklung des Unternehmens sorgen. Eine Charaktereigenschaft ist es, die damals wie heute dafür sorgt, daß aus einem Allerweltsnahrungsmittel wie der Kartoffel eine eigenständige, erfolgreiche Marke geworden ist, die sich im Feld der Mitbewerber nicht nur hervorragend behauptet, sondern immer wieder Akzente setzt. Diese familiencharakteristische Qualität heißt: *Innovation*.

Natürlich kann das Unternehmen auf weitere Erfolgstechniken und Strategien setzen, doch ist es die Fähigkeit, mit immer neuen Innovationen den Markt zu bedienen, die sich wie ein roter Faden durch die Erfolgsgeschichte von Pfanni zieht. Sie beginnt mit Johannes Eckart, dem Urgroßvater des heutigen Inhabers. Er gründete 1868 am Münchener Jakobsplatz die erste süddeutsche Konservenfabrik, die zweite ihrer Art in Deutschland. Durch rationelles Arbeiten und hohe Qualität der Produkte wuchs die Firma schnell. Anfang dieses Jahrhunderts war dann der Titel „Hoflieferant" Auszeichnung und Ansporn, noch besser, sprich, noch innovativer zu werden. So wurden zum Beispiel schon 1917 die ersten Versuche gestartet, Kartoffeln durch Trocknung haltbar zu machen. Doch alle Anstrengungen führten nicht zum gewünschten Ergebnis. Dies sollte sich erst nach zwei Kriegen und zweimaligem Neuanfang ändern.

Buchstäblich des einzigen Kunden beraubt – viele Jahre hatte man gezwungenermaßen ausschließlich für die Wehrmacht produziert – startete man ins Nachkriegsdeutschland. Der innovative Unternehmer hieß damals Werner Eckart und hielt seine Firma mit dem Großhandel von so unterschiedlichen Produkten wie Schweine-schmalz in Dosen und Marmelade in Gläsern, Jamaica-Rum oder „Gala-Tee" über Wasser, übrigens eine ganz besonders raffinierte Innovation, wurde das Gala-Erlebnis doch über die Aufbrühung von getrockneten Brombeerblättern erreicht. Doch sollten all diese Anstrengungen hauptsächlich dazu dienen, den Betrieb und die Familie am Leben zu erhalten, und natürlich auch um die notwendigen Mittel zu beschaffen für die Entwicklung eines Kartoffelproduktes, denn dieses Ziel war nie aus den Augen verloren.

Endlich, am 2. September 1949, war man soweit. Auf der ersten Nahrungsmittelausstellung nach dem Krieg konnte Werner Eckart das erste Kartoffel-Fertigprodukt einer staunenden Öffentlichkeit präsentieren. Ein Kartoffelpulver, aus dem man sowohl Knödel als auch Kartoffelpuffer herstellen konnte. Die Marke *Pfanni* war geboren. (Für die Semantiker unter den Lesern: *Pfanni* deshalb, weil Kartoffelpuffer in der *Pfanne* ausgebacken werden, und der Name *Fanni* in Bayern äußerst beliebt ist. Die Verbindung zur Fanni stellte der heutige, persönlich haftende Gesellschafter der *Pfanni-Werke*, Konsul Otto Eckart, mit einem Augenzwinkern her.)

Warum sich dieses neue Produkt so extrem schnell durchsetzte, ist wohl dem Umstand zuzuschreiben, daß mit diesem Kartoffelnovum ein eigenständiger Markt geschaffen wurde, den es bis dato nicht gab. Aus einer vermeintlichen Marktnische hat sich daraus bis heute ein Markt entwickelt, der mit zwei Milliarden DM Umsatzvolumen noch nicht einmal ausgereizt ist. Diesen Markt hat Pfanni kreiert und baut ihn nicht nur ständig aus, sondern findet auch permanent Nischen in ihm, die sich bald zu eigenen Teilmärkten auswachsen werden. Hier zeigt sich die Familientradition in angewandter Höchstform. Innovation par excellence!

Am Anfang stand die Idee, ein Produkt zu schaffen, das der Hausfrau die mühsame Arbeit mit dem Grundnahrungsmittel Kartoffel wesentlich erleichtert und gleichzeitig Zeit sparen hilft, leicht und problemlos zuzubereiten ist, immer gelingt, eine gleichbleibend hohe Qualität aufweist, nach individuellem Bedarf dosiert werden kann, lange haltbar und einfach aufzubewahren ist. Hinter dieser ehrgeizigen Idee stand die frühe Erkenntnis, daß die Zukunft jenen Produkten gehören wird, die eine Dienstleistung erfüllen und somit Problemlösungen darstellen, weiterhin, daß die Koch- und Verzehrgewohnheiten sich zunehmend wandeln und die Ansprüche an Lebensqualität und Freizeit rapide wachsen würden. Konsequenterweise hieß einer der ersten Werbeslogans für *Pfanni* denn auch: *„Mehr Freizeit durch Pfanni“.*

Diese für das Jahr 1949 recht ungewöhnlichen, wenn nicht gar revolutionären Überlegungen und Erkenntnisse charakterisieren wieder einmal die Fähigkeit der mit der Firmenleitung betreuten Familienmitglieder zur avantgardistischen Umsetzung visionärer Ziele. Ziele, die das Umfeld für unmöglich erachtet. Was da als Problemlösung tituliert wurde, heißt heute *Convenience*, was da als Umsetzung intuitiv implementiert wurde, trägt heute den Namen *Marketing*. Begriffe, die erst in unseren Tagen populär und verstanden sind, wurden also schon in den Anfängen der Marktwirtschaft von *Pfanni* zukunftsweisend angewandt. Gepaart mit einer ganz bestimmten Grundeinstellung des Unternehmers führte es zu einem beispiellosen Erfolg. Originalton Konsul Eckart:

„Damals wie heute sind Mut, Optimismus und Entscheidungsfreude beziehungsweise Risikobereitschaft das, was den erfolgreichen Pionier und Marktmacher vom „me-too“-Produzenten unterscheidet“. Hinzu kommen natürlich ausgefeilte Marketingstrategien, ausgeklügelte Marktforschungsmethoden und zahlreiche Prognose-Instrumente. Interessant in diesem Zusammenhang ist auch die Tatsache, daß Pfanni sich immer einer Strategie bedient hat, die Lee Iaccocca so zusammenfaßt: *„An irgendeinem Punkt jeder Entscheidungsfindung muß man den Sprung ins Ungewisse wagen. Erstens, weil selbst die richtige Entscheidung falsch ist, wenn sie zu spät erfolgt. Zweitens, weil es in den meisten Fällen so etwas wie eine Gewißheit gar nicht gibt.“* In diesem Sinne hat sich der Markt- und Markenmacher *Pfanni* immer neugierig vorgewagt. Und dadurch gewonnen. So wurden in der Folgezeit im Markt Kartoffel-Fertigprodukte immer neue Nischen ausgemacht, neue Segmente besetzt:

Nach dem ersten Instant-Püree 1959 folgen in den 60er Jahren Kartoffelchips , diverse Knödelvarianten, Kartoffelsuppe und Kroketten und 1970 der erste Kochbeutel-Knödel, der liebevoll auch „Preußen-Knödel“ genannt wurde. In den wachsenden Trend der Single-Haushalte paßt dieses Convenience-Produkt optimal und entwickelte sich zu einem eigenen, stattlichen Marktsegment mit einer wachsenden Sortimentsbreite, die vom Kartoffel-Knödel über den Servietten-Knödel bis zum Vollkorn-Semmelknödel reicht. Mit dem Kochbeutel-Knödel wurde damals sogar der Norden Deutschlands erfolgreich in Sachen Knödel „missioniert". Heute ist das Süd-Nord-Gefälle in diesem Punkt weitgehend ausgeglichen.

Hier ist der Punkt erreicht, wo man eigentlich nicht mehr vom Entdecken und Bedienen von Marktnischen sprechen kann. Otto Eckart formuliert es denn auch neu: *„Hier handelt es sich nicht mehr um Nischenprodukte, sondern vielmehr um Volumenprodukte, die aus der Nische kommen."* Eindrucksvolle Beispiel für diese Sicht: *Fertiggerichte im Frischepack.*

Ende der 70er Jahre brachte Pfanni diese Innovation als pfannenfertig vorbereitete Kartoffelgerichte (in ein- bis zwei- Portionen-Packungen, mit Hilfe einer neuen, kostspieligen Technologie konserviert) auf den Markt. Und wieder zeigte sich, daß wer wagt, der auch gewinnt. Ende der 80er Jahre kam die kleine Zwischenmahlzeit aus der Tiefkühltruhe in Form von Kartoffelsnacks hinzu . Es folgten Tiefkühl-Premium-Beilagen wie zum Beispiel Gratin für die Mikrowelle. Und langsam entwickelten sich aus den Nischenprodukten Marktsegmente.

Wenn der Firmenchef heute sagt, daß im Pfanni-Verständnis keine Nischen, sondern Wachstumsfelder entdeckt werden, und er *entdecken* definiert als: *„Sehen ,was jeder sieht, aber dabei denken, was noch niemand gedacht hat"*, dann meint er damit zweierlei Varianten von Marktnischen: Einerseits die erfolgreichen Nischen mit relativ kleinem Volumen bei gleichzeitig hohem Ertrag, die ausgesprochene Individualisten anziehen; andererseits die Nischen als Übergangsformen zu Marktsegmenten. Ganz sicher aber liegt dann die Zukunft des Lebensmittelhandels mit seinem Zwang zu hoher Umschlagshäufigkeit in Regal und Truhe nicht im Nischenbereich. Was aber alles aus der Nische wachsen kann, zeigen eindrucksvoll so berühmte Marken wie Maggiwürze oder die Knorr-Erbswurst, mit deren Erfindung der Riesenmarkt der Fertigsuppen eingeläutet wurde. *Pfanni* hat sich im Markt der Kartoffel-Fertigprodukte ebenso nachhaltig etabliert.

Im übrigen ist es interessant anzumerken, daß Pfanni seine Produkte selbst produziert und praktisch nichts zukauft. Aus kontrolliertem *Pfanni*-Anbau stammen die Grundprodukte, die schonend weiterverarbeitet werden:

250.000 Tonnen Kartoffeln jährlich in den Werken München, Cloppenburg und Stavenhagen. 1.200 Vertragslandwirte in Bayern, Niedersachsen und Mecklenburg-Vorpommern sorgen für gleichbleibend hohe Qualität, die seit den 60er Jahren typisch für *Pfanni* geworden ist. Kein Wunder jetzt, daß Pfanni zum modernen Synonym für die Kartoffel schlechthin geworden ist. Bei dieser Fach- und Sachkompetenz nahm es jedoch Wunder, daß *Pfanni* diese Qualitätskartoffel nicht auch schon in ihrer Originalform auf den Markt gebracht hatte. Aber: Konnte man eine einfache Erdknolle zu einer eigenständigen Marke entwickeln? Konnte aus einer unscheinbaren Kartoffel ein begehrter Markenartikel werden? Bisher hatte diese steile Karriere nur ein einziges Naturprodukt geschafft, und auch noch ein exotisches: Die Chiquita-Banane. Ließe sich das auf die Kartoffel anwenden?

Im weitgehend anonymen Speisekartoffel-Angebot sollte also ein Massenprodukt erfolgreich als eigenständige Marke plaziert werden. Getreu des schon traditionellen *Pfanni*-Vorgehens suchte man zuerst die Nische, die man dann ausweiten und zum eigenen Markt machen konnte. Ergebnis der Marketingüberlegungen: Die Premium-Markenkartoffel *„Pfanni Beste Ernte"*.

Wichtige Helfer in der Durchsetzung des Marketingkonzeptes waren die folgenden Rahmenfaktoren:

- Pfannis Position als bekannter Markenartikler,
  (Qualität, Innovationsfreudigkeit und keine me-too-Podukte)
- die Tragfähigkeit der Marke Pfanni,
  (Kartoffel-Kompetenz)
- die Unternehmensphilosophie und Marketing-Strategie,
  (Glaubwürdigkeit, Kommunikation)
- die Stärken eines mittelständischen Unternehmens.
  (Flexibilität, Kreativität, kurze Entscheidungswege)

Zusammen mit einer Trendwende beim Verbraucher in bezug auf die Bewertung der Kartoffel und seinem Streben nach immer besserer Qualität bei Lebensmitteln war die Zeit reif für *„Pfanni Beste Ernte"*. Das neue „Produkt" hatte einen fulminanten Start in die neue „Nische". Es konnte mit dem Ausbau begonnen werden.

Heute ist gesicherter Fakt, was bei ihrer Einführung mehr geahnt wurde:

- Nach wie vor ist die Speisekartoffel mit Verbrauchsausgaben der privaten Haushalte von rund einer Milliarde DM die beliebteste Beilage. Der Marktanteil von Speisekartoffeln liegt wertmäßig bei immerhin ca. 39 Prozent des gesamten Beilagenmarktes.
- Obwohl der Speisekartoffel-Verbrauch pro Kopf insgesamt abnimmt, liegen handliche Kleinpackungen voll im Trend – mit steigenden Umsätzen. Dagegen ist die traditionelle herbstliche Einkellerung seit Jahren rückläufig.
- Die meisten Verbraucher sind mit dem derzeitigen Speisekartoffelangebot unzufrieden.
- Pfanni ist der kompetente Hersteller von Kartoffel-Fertigprodukten.
  98 Prozent aller Bundesbürger kennen Pfanni, jeder zweite Haushalt ist ein Pfanni-Haushalt. Die Marke Pfanni steht für Kompetenz und Know-how im Kartoffelsektor.

Im anonymen Massenmarkt der Speisekartoffeln fand Pfanni seinen Platz im Bereich der Handelsklasse Extra, setzte sich also bewußt über das bisherige Angebot und konkurriert deshalb auch nicht mit der Standard-Kartoffel. „*Beste Ernte*" ist eine innovative Ergänzung des bisherigen Speisekartoffel-Angebots. Warum „*Beste Ernte*"? Das soll Ihnen der Erfinder selbst sagen. Otto Eckart: „*Es gibt eine alte Geschichte über eine Straße in Wien, in der sich vier Bäckereien befanden. Um sich von der Konkurrenz abzuheben, stellte die erste ein Schild neben den Eingang, auf dem sie das feinste Gebäck in ganz Wien offerierte. Die zweite Bäckerei antwortete mit einem Schild: die feinsten Backwaren in ganz Österreich. Die dritte konterte mit dem Angebot: die besten Backwaren der Welt. Das alles beeindruckte den vierten Bäcker keineswegs. Er postierte vor seinem Laden ein Schild, das bescheiden verkündete: Hier erhalten Sie die feinsten Backwaren in dieser Straße. Deshalb haben wir unsere hochqualitative, superkontrollierte Premium-Markenkartoffel ganz schlicht* Pfanni beste Ernte *genannt*".

Natürlich verbirgt sich hinter dem schlichten Namen wirklich die beste Qualitätskartoffel, die man sich aus kontolliertem Anbau vorstellen kann. Es ist das Spitzenprodukt vom Kartoffelexperten *Pfanni*. Mit dieser Premium-Kartoffel hat *Pfanni* wieder einmal demonstriert, wie wichtig Innovation in einem ständig schärfer werdenden Wettbewerb ist. Doch gehören zu dieser Qualität auch Eigenschaften wie Beständigkeit zum Beispiel. Nur die Beständigkeit in der Verfolgung seiner Ziele kann Kompetenz-Vorsprung bringen und Glaubwürdigkeit erzeugen. Beides ist heute wichtiger denn je. Nur auf dieser Basis sind strategische Positionierungen sinnvoll. Vielleicht ist auch gerade die relative Überschaubarkeit des Unternehmens für den Erfolg verantwortlich, ist doch der starke Druck übermächtiger Konkurrenz für ein solches Familienunternehmen geradezu Initialzünder für Kreativität, macht sie zum täglichen Muß, um erfolgreich zu überleben.

Am wichtigsten in der Liste der Erfolgstechniken nach der lebensnotwendigen Fähigkeit zur permanenten Innovation ist die Erzeugung von Vertrauen und Sicherheit beim Verbraucher. Jeder Käufer eines Lebensmittels setzt voraus, daß es nach höchsten Qualitätsmaßstäben hergestellt wurde, auch Convenience ist heute nicht mehr Thema Nummer eins. Was aber an oberster Stelle jeder Bewertungsskala steht, ist besonders in Zeiten allgemeiner Verunsicherung und Lebensmittelskandale das Vertrauen in eine Marke. Und dieses Vertrauen ist laut Verbraucherumfragen eine Position, die auf den Fragebögen ganz besonders *Pfanni* zugeordnet wird. Hinzu kommt bei diesem Unternehmen eine vorbildliche Kommunikationsstrategie, die den *Pfanni*-Kunden nie im unklaren über das läßt, was ihm *Pfanni* gerade anbietet: Schon seit den 60er Jahren gibt es zum Beispiel auf den Packungen Haltbarkeitsdatum und Nährwertdaten, also lange bevor der Gesetzgeber diese zur Vorschrift machte.

Der Produktstar Pfanni präsentiert sich heute so innovativ wie je. Mit seiner Marken- und Produktpolitik hat er immer wieder neue Wege beschritten und damit Maßstäbe gesetzt. Und sich natürlich einen Namen geschaffen, der überall auf der Welt, wo er in den Regalen auftaucht, Botschafter ist für einen Dienstleister, der hochwertige Nahrungsmittel produziert und gesunden Genuß, Haushalts- und Arbeitserleichterung und damit zusätzliche Freizeit verkauft. Dieser Produktnutzen ist erkennbar, nachvollziehbar und daher auch anerkannt. Nicht umsonst lädt man den Star immer wieder zu sich nach Hause ein. Und wenn dereinst einmal die Außerirdischen nach unseren Relikten graben, werden sie sicher in die Wortentwicklungskette des Erdapfels „Taratoufli-Papas-Kartoffel“ den sympathischeren Namen *Pfanni* hinzufügen, sollten sie überhaupt noch Reste jener „anderen“ Namen finden. Doch wird es wahrscheinlicher so sein, daß die Fremden mitten hinein ins volle Wirtschaftsleben landen, wo immer noch um Marktanteile und Kunden gekämpft wird, wo immer noch Strategien entwickelt und implementiert werden, wo immer noch produziert, geworben und verbraucht wird und wo immer noch einer der Stars auf der Bühne des Erfolges *Pfanni* heißen wird. Denn, wie sagte doch Konsul Otto Eckart am Ende seines Vortrages beim 18. Augsburger Marketingtag am 24.7.1992: *„Wer sich auf seinen Lorbeeren ausruht, trägt sie an der falschen Stelle“*.

„Die Probe eines Genusses ist seine Erinnerung."
(Jean Paul)

Atlanta, Bundesstaat Georgia der U.S. von A., nachmittags gegen 16 Uhr in der Jacob's Apotheke, im Jahre der Freiheitsstatue 1886. Wie schon ungezählte Nachmittage vorher beugt sich John S. Pemberton über die Rührschüsselchen, Flacons, Reagenzgläser, Schälchen und Kesselchen. Im Mörser harren Pülverchen der Zerstoßung, in anderen chemischen Gefäßen brodelt und wabert es, Dämpfe steigen auf, Aromen ziehen durch die dunklen Räume. Im angrenzenden Bureau sitzt Pembertons Partner und Buchhalter Frank M. Robinson über den Büchern und fragt sich zum wiederholten Male, wie lange wohl noch die Mittel reichen würden, wann denn John endlich sein so starrköpfig verfolgtes Ziel erreicht haben würde, wann denn nun endlich dieser gänzlich neue, ungewöhnliche und andere Geschmack gefunden sei.

Atlanta, die Stadt Scarlett O'Hara's und Red Buttlers harrte mit Frank der Dinge, die da kommen sollten. Und sie kamen. Nur eben ganz anders, als es sich Pemberton selbst, und mit ihm seine erwartungsvollen Mitbürger vorgestellt hatten. Denn was sich John in mühevoller Mix-und Mischungsmanie endlich ausgekocht hatte, trat zwar einen bis dato nie gekannten Siegeszug in alle Welt an, aber nicht als Kopfschmerz- und Erfrischungsmittel, sondern als der wohl bekannteste Soft-Drink aller Zeiten. Und wenn sich am 8. Mai 1886 nur 13 Mutige bereit gefunden hatten, von diesem neuen Sirup zu kosten, standen ein starkes Jahrhundert später Milliarden durstiger Kehlen an Tresen und Theken, an Auto-Stops und Automaten, in Unternehmen und Untergrundbahnen, in Büros und Bars, in Fabriken und Vereinen, in Hotels und Haushalten, um sich auf die einzig zivilisierte Art und Weise vom Durst zu befreien, um sich auf die ewig junge Art etwas zu gönnen, was man heute gemeinhin als ***Coke*** bezeichnet. Natürlich haben Sie längst erraten, welchen Produktstar ich jetzt näher vorstellen möchte: ***Coca-Cola***, das bekannte, anerkannte, akzeptierte, geliebte, verehrte, mit Meriten überhäufte und am meisten verkaufte Getränk auf unserer Erde. Das zum westlichen ***Way of Life*** gehörende Genuß-Accessoir, das sogar schon den Sprung ins Universum geschafft hat: Als erstes Erfrischungsgetränk im Weltraum sorgte Coke für das überlebensnotwendige „Zuhausegefühl" an Bord der Raumfähre *Columbia* auf ihrer Mission im Mai 1986, so richtig passend zum 100jährigen Jubiläum der wohl bekanntesten Marke der Welt.

Natürlich fragt sich der Marketingstratege und Produktmanager sogleich, wie wohl die Hintergründe für solch phänomenalen Erfolg aussehen, welche Ziele und Philosophien hinter diesem „Jahrhunderthammer" stehen, warum ***Coca-Cola*** immer noch unangefochten an erster Stelle steht? Der normale Verbraucher dagegen ist nicht so sehr an der Geschichte des Produktes, als vielmehr an seiner ständigen Verfügbarkeit interessiert. Er will es überall haben, und zwar sofort, und zwar zu erschwinglichem Preis, und zwar eisgekühlt. Und damit haben wir schon den ersten Baustein gefunden, der die Marke zum soliden, gesunden Anführer seines Segmentes gemacht hat:
Die universelle Verfügbarkeit.

Die Marketing-Binsenweisheiten will ich nicht ausführen, es sei nur soviel bemerkt, daß natürlich ein Produkt je mehr im Markt absetzt, je besser und weitgefächerter es in diesem Markt distribuiert ist. Soweit hat unsere Marke nichts grundlegend anders gemacht, bis auf den berühmten Unterschied natürlich, der es von seinen nicht ganz so erfolgreichen Mitbewerbern unterscheidet. Folgen Sie mir einen kleinen Moment zurück in die Historie.

John S. Pemberton kann sich in der Folgezeit über einen freundlichen Buchhalter wie über ebenso freundliche Wirtschaftstendenzen die Hände reiben. Sein Gebräu findet Absatz und Kunden. Und als er seinen Sirup – man weiß bis heute nicht, ob per Zufall oder absichtlich – mit Sodawasser „aufpeppt", da ist er für die Bevölkerung Atlantas ganz plötzlich zum allseits beliebten Erfrischungsgetränk avanciert, das in sogenannten „Fontänen" verkauft wird, Trinkhallenartigen Etablissements, in denen Erfrischungen angeboten werden, kleine Goldgruben im heißen Südstaat Georgia. Dort fließt jetzt aus den „Fontänen", aus gekühlten Behältern, immer häufiger das neue, das ungewöhnliche Getränk.

Doch läßt der jetzt spürbare Erfolg den kleinen, unternehmerisch nicht begabten Apotheker stehen und überholt den Erfinder. Andere Männer und Macher kümmern sich um die Geschicke dieses Produktes, in dem sie schon jetzt den Sieger wittern. Asa G. Candler ist einer dieser charismatischen Unternehmer, der ab 1891 den Grundstein legt für den Siegeszug der Marke ***Coca-Cola***, schon damals mit dem nun schon legendären und berühmten, unverwechselbaren Schriftzug auf den Flaschen.

Er ist es, der Werbung und Verkaufsförderung gezielt und kontrolliert einsetzt. Er ist es, der die ersten Rechte vergibt, das Produkt auch in Flaschen abzufüllen. Er ist es, der das Franchise-System populär macht. Er ist es denn auch, der schon 1895 in seinem Jahresbericht an die Aktionäre die lapidare Feststellung machen kann: „Ganz Amerika trinkt ***Coca-Cola***."

Candler hat die universelle Verfügbarkeit seines Produktes nicht einfach durch Aufbau eines Händlernetzes erreicht, er hat sich auch nicht eines Außendienstes bedient, der sich um die Verkaufsstellen kümmert, nein, er hat in genialer Voraussicht und für die damalige Zeit prophetischem Management einen Weg gewählt, der die Distribution seines Produktes nicht graduell, sondern explosionsartig über das Land verteilte. Denn so schnell sich in den Bundesländern Sirupfabriken etablierten, so schnell fanden sich in den jeweiligen Umfeldern auch die dazu notwendigen Verkaufsstellen. Denn, und auch das war neu, das Zielgruppenpotential wurde einheitlich durch Werbung und andere Marketingmaßnahmen motiviert. Und mehr noch: Wo auch immer im Lande der unbegrenzten Möglichkeiten ein prospektiver Verbraucher mit der Marke konfrontiert wurde, geschah das in einem einheitlichen, konsequent exerzierten Erscheinungsbild. Heute sagen wir „Corporate Identity" dazu.

In der schlagartigen Ausweitung seiner Hersteller- und Verkaufslokalitäten liegt der frühe Erfolg des Getränkes mit begründet. Doch nicht nur die Distribution ist das Ingredienz eines so wirksamen Zaubertrankes. Einige Faktoren mehr sind für die Popularität verantwortlich. Da ist zum Beispiel das schon erwähnte Markenbild, das Auftreten in der Öffentlichkeit, der Eindruck, den der zukünftige ***Coca-Cola*** Trinker vom Unternehmen hat, dessen Produkt er kauft.

So gibt es im Hause schon sehr früh eine Maxime, nach der sich alle Anstrengungen richten. Die Forderung nämlich, daß das Produkt dem Verbraucher nicht nur jederzeit „immer in Reichweite" zur Verfügung stehen müsse, sondern diesen Anspruch auch noch so weit in die Verbraucherwelt mit hineintragen müsse, daß es schließlich integrierter Bestandteil dieser Welt wäre. Dieser – heute als äußerst moderne Marketing-Philosophie wiederentdeckte – Denkweise befleißigte man sich also schon vor vielen Jahren in unserem Unternehmen, um nicht nur beim Impulskauf des Kunden präsent zu sein, sondern quasi das gesamte Leben des Verwenders nicht nur zu begleiten, sondern im Idealfalle sogar zu prägen. Auf diese Weise ist es den ***Coca-Cola*** Mitarbeitern gelungen, ihr Produkt schon recht früh so eng mit der amerikanischen Lebensart zu verquicken, daß es bei seiner Ausweitung über die Ozeane in allen westlich orientierten Ländern folgerichtig zu einer ähnlichen Markenbindung kommen mußte.

Einen festen Platz in der Planung aller Aktivitäten rund um ihr Produkt hat deshalb bei den Strategen des Unternehmens alles, was sich imagebildend auf die Marke auswirken kann. So hat zum Beispiel das Engagement des Unternehmens im Sport eine lange Tradition. Von örtlichen Veranstaltungen über nationale Meisterschaften bis hin zur alles krönenden Olympiade reicht das

Interessenfeld. Überall da, wo Menschen gesellig zusammenkommen, sich unterhalten, sportlich aktiv werden oder engagiert zusehen, findet man deshalb die signifikante Schrift auf rotem Grund. Aber nicht nur als Begleiter dieser Aktivitäten tritt die Marke an die Öffentlichkeit. Auch als Initiator und Sponsor solcher Aktivitäten profiliert sich das Unternehmen einer immer größer wachsenden Zahl weltweiter Konsumenten.

Grenzen gibt es dabei keine: Stellte der sogenannte „eiserne Vorhang" bis in die 90er Jahre hinein ein unüberwindliches Hindernis für Kommunikation, Handel und Wandel dar, tat sich unser Produkt dort als Wegbereiter hervor und sorgte für frischen Wind in den Beziehungen verkrusteter Strukturen. Und wenn immer noch im Reich der Mitte die chinesische Mauer als Bollwerk für westliche Einflüsse gilt, dann gibt es trotzdem auch im „Lande des Lächeln" schon hie und da jene Automaten, die auf Knopfdruck dieses – nach offizieller Meinung – „dekadente" Getränk an jedweden Arbeiter und Bauern abgeben. So kann man mit einem zwinkernden Auge vielleicht sogar behaupten, daß erst ***Coca-Cola*** durch seinen steten Tropfen auch jenen Stein höhlen wird, der noch mancherorts statt einem Herzen in der Despotenbrust schlägt.

Entscheidenden Anteil am äußeren Bild der Marke hatte und hat natürlich das unbestritten nicht mehr verbesserungsfähige Design aus dem Jahre 1916: Alexander Samuelson kreiert in einer Sternstunde seiner Kunst ein Meisterwerk der Verpackung, ein Stück „Konsum-Art" ganz besonderer Provenienz, die Flasche der Flaschen überhaupt. Nicht nur, daß diese Glashülle ihren festen Platz im berühmten „Museum of Modern Art" in New York hat, nein, sie ist vermutlich die einzige Flasche der Welt, die man auch im Dunkeln und mit verbundenen Augen problemlos aus einem Glascontainer fischen könnte. Viele Künstler haben die Flasche in ihren Werken verewigt, Bühnenbildner nutzten ihre Symbolwirkung, die Kunstrichtung der Postmoderne hat sie mit ihrer Pop-Art für immer in den Olymp der Produkte gehoben. Schilder aus den Gründerjahren werden heute zu astronomischen Summen bei Sotheby's versteigert, Plakate aus den „wilden Zwanzigern" Raritäten gesucht. Was ist das Geheimnis dieser fast schon mystischen Anbetung? Was machte Coca-Cola zum Kultgetränk nicht nur einer, sondern schon vieler Generationen? Was ist die Lebensphilosophie, die es auch heute noch immer so überzeugend und unwidersprochen repräsentiert? Machen Sie sich auf eine weitere Überraschung gefaßt. Schon wieder legten die Männer der ersten Stunde den Grundstein für einen Wesenszug, der seither von allen Nachfolgern gehegt und gepflegt wurde und immer weiter gepflegt werden wird. Er ist mit der wichtigste Grund überhaupt, warum dieses Produkt schon so lange an der Spitze der Verbrauchergunst steht.

Sehen wir uns nochmals einige Marketingregeln an, dann heißen die hier relevanten in etwa: Ein Produkt hat Erfolg, wenn es einen Markt findet. Ein Produkt verkauft sich dann, wenn es einen Wunsch des Verbrauchers befriedigt. Ein Produkt hat sich etabliert, wenn Markentreue beim Verbraucher zur täglichen Routine geworden ist. Diese Kriterien hat ***Coca-Cola*** alle erfüllt. Aber eben wieder etwas übererfüllt. Denn wie Sie schon gesehen haben, geht man bei diesem Unternehmen immer etwas über das Erwartete hinaus. In diesem Falle über die reine „Vernunftehe“ Produkt-Verbraucher. In der ständigen Verfügbarkeit seines Getränkes, in der ständigen Anpassung an Strömungen, Trends und vorherrschenden Vorstellungen wurde über die Jahre dieses Produkt zu einem festen Bestandteil des jeweiligen Konsumenten. Das heißt, das Produkt wurde im Kopf der Zielgruppen nicht an eine bestimmte geknüpft, sondern paßte zu allen; das Produkt war nicht Ausdruck einer ganz bestimmten Generation, sondern sprach alle Generationen gleichermaßen an; das Produkt wurde intellektuell nicht mit einem ganz bestimmten Zeitabschnitt in Verbindung gebracht, sondern „regenerierte“ sich immer wieder neu mit jeder neuen Verbraucher-Altersgruppe, mit jedem neuen Käufer. Somit war das Produkt zu einer zeitlosen, zu allen Zeiten passenden Größe geworden, zu einem ewig jungen Produkt.

Man muß sich diese Entwicklung an Hand einiger Beispiele klarmachen, um zu begreifen, welche Mechanismen am Werke waren, um ein so schwieriges Kunststück des Produktmarketing über die Bühne zu bekommen.

Als 1919 ***„The Coca-Cola Company“*** den Besitzer wechselte, waren die Weichen gestellt, nun auch außerhalb Amerikas Fuß zu fassen. Zwar wurde schon in die Karibik und nach England und Canada exportiert, doch „Old Europe“ und der Rest der Welt sollte jetzt auch in den Genuß dieser erfolgreichen Spezialität kommen. Ein von Ernest Woodruff geführtes Konsortium übernahm die Gesellschaft von der Familie Asa G. Candler's, der sich aus dem Geschäft zurückgezogen hatte. 1923 kommt der Sohn des Käufers auf den Sessel des Präsidenten und sollte – wieder einmal eine bedeutende Phase des Unternehmens – repräsentieren und prägen: Die globale Expansion.

Jeder wird mir zustimmen, daß es für ein so grandioses Unternehmen wie dem einer weltweiten Vermarktung auch grandioser Perspektiven bedarf, visionärer, mutiger Ideen und natürlich extrem umsetzender Tatkraft. Robert W. Woodruff vereinigte all diese Qualitäten. Ein halbes Jahrhundert sollte er die Geschicke des Unternehmens lenken und es in dieser fruchtbaren Zeit von Erfolg zu Erfolg führen.

Woodruff rief zuerst einmal den logistischen Planungsstab für ein solches Werk ins Leben. Eine zentrale Exportabteilung wurde etabliert.

Hier wurden die Möglichkeiten für eine internationale Expansion eruiert, die Voraussetzungen dafür geschaffen und die daraus resultierenden Maßnahmen koordiniert. Gleichzeitig sorgte Woodruff für eine standardisierte Qualitätskontrolle, die sicherstellen sollte, daß der Verbraucher gleichbleibende Qualität und gleichbleibenden Geschmack haben sollte, wo auch immer er sich seine ***Coca-Cola*** kaufte. Und er sollte sein Getränk nicht nur an den bekannten „Zapfsäulen“ finden können, sondern überall und problemlos in einer hygienischen Glasflasche.

Es konnte also losgehen. Und es ging auch los, nur etwas anders, als es sich alle Beteiligten vorgestellt hatten. Und mit dieser jetzt am Horizont heraufziehenden Entwicklung eng verbunden ist jener Mythos, den unser Produkt weltweit immer noch repräsentiert, ist die Erklärung, warum dieses Getränk immer wieder jung bleibt für immer wieder junge Menschen.

Der Eintritt Amerikas in den zweiten Weltkrieg besiegelt die Verpflichtung, immer das zu sein und zu verkörpern, was die Verbraucher vom Produkt erwarten, von ihm brauchen, in es interpretieren. Und da zwischenzeitlich ***Coca-Cola*** in den Vereinigten Staaten zum Inbegriff für den „American Way of Life“ geworden war, stand es natürlich für unseren Robert W. Woodruff außer Frage, den draußen an den Fronten des Globus kämpfenden jungen Amerikanern ein Stück dieses Lebensgefühls zu vermitteln, und sei es auch nur durch den vertrauten Geschmack und die liebgewonnene Form der Coke-Flasche. Sein Postulat sorgte schneller für die weltweite Verbreitung als jede am grünen Tisch ausgedachte Strategie: „Sorgt dafür, daß jeder Mann in Uniform seine Flasche ***Coca-Cola*** für fünf Cent erhält. Egal, wo er ist und was immer es die Company kostet“.

Eiligst werden 64 Fabriken in Europa und im pazifischen Raum aus dem Boden gestampft, um den vom heimischen Markt entfernten Truppen diese

Heimat wieder ein Stück näher zu bringen. Und mit jedem Land, das die „Amis“ betreten, wächst das Image der sie begleitenden kleinen braunen Flasche. Als General Eisenhower am 25. Juni 1943 per Telegramm Abfüllanlagen, Ingredienzien und Flaschen für seinen Feldzug in Europa anfordert, um die Moral seiner kämpfenden Einheiten zu stärken, hat sich der Mythos auch staatlicherseits durchgesetzt. ***Coca-Cola*** ist zum offiziellen Nationalgetränk avanciert.

Man muß sich die einzelnen Elemente dieser beispiellosen Geschichte ganz langsam auf der Zunge zergehen lassen, um zu begreifen, welchem Zusammenspiel der unterschiedlichsten Kräfte es dieses Produkt zu verdanken hat, daß es zum Symbol für Freiheit, Wettbewerb, Leistung, Dynamik und noch einer ganzen Schublade voll ähnlicher positiver Attribute hat wachsen können.

Da ist zuerst einmal die schon erwähnte Zeitlosigkeit. Ein zeitloses Produkt ist immer modern, untersteht keinen von sich ständig wechselnden Zeitströmungen diktierten Regulativen oder Veränderungen. Das heißt, allein durch Anpassung der jeweiligen Kommunikationsstrategie kann der Effekt der momentanen Verbraucher-Akzeptanz erreicht werden, ohne am Produkt etwas verändern zu müssen. Ein unschlagbarer Vorteil im harten Konkurrenzkampf, wo man, wollte man sein internationales Produkt ändern, mit astronomischen Investitionen konfrontiert wäre, gar nicht zu reden von den Unwägbarkeiten des jeweiligen Zeitgeschmackes, der das neue Produkt ja nicht zwangsläufig akzeptieren muß.

Zum Zweiten haben wir die Markentreue. Wer mit einem Produkt aufgewachsen ist, wer dieses Produkt mit Kindheit, Eltern, der Familie oder den erinnernswerten Stunden seines Lebens verknüpft, der hat zu diesem Produkt etwas entwickelt, was man nur als „liebgewonnene Gewohnheiten“ bezeichnen kann. In diesem Umfeld ist der Wechsel zu einem anderen, vergleichbaren Produkt nahezu unmöglich. Der Konsum des Produktes hat sich so sehr in die Verhaltensmuster eingegraben, daß es schon fast Bestandteil dieses Musters geworden ist.

Zum Dritten ist es die schon erwähnte universelle Verfügbarkeit, die es einem natürlich extrem leicht macht, ein ganz bestimmtes Produkt zu bevorzugen. Was ich immer dann, wenn ich es brauche, auch haben kann, wächst mir natürlich ans Herz. Wenn ich es dann auch noch bei der Arbeit, beim Sport, im Kino, in der Oper, im Urlaub an der See oder beim Suchen der schönsten Firnhänge, in den Dörfern der deutschen Tiefebene ebenso wie im Lichterglanz mondäner Städte haben kann, wächst die Liebe ins Unermeßliche.

Ein weiterer Baustein am Erfolgshaus unserer Marke heißt natürlich Qualität. Denn würde dieses Getränk nicht so schmecken, wie es schmeckt, würde es keinem schmecken. Diesen Erfolg darf also mit Fug und Recht unser Eingangs erwähnter kleiner Apotheker für sich in Anspruch nehmen, der mit seinem Rezept eine Welle ins Rollen brachte, die ihn zwar zeitweilig getragen, dann aber doch endgültig und gigantisch überrollte. Daß dieser von ihm kreierte Geschmack sich nicht ändert, dafür sorgen die strengen Kontrollen, die das Unternehmen seinen Franchise-Nehmern auferlegt. Und wenn die internationale Klientel nun doch einmal einen anderen Geschmack neben ihrem geliebten Coke favorisieren möchte, dann hat das Unternehmen auch dafür eine passende Antwort: Innovation im eigenen Segment, unter anderem Namen und eigenem Geschmack. So vermeidet man Kannibalismus in den eigenen Reihen und kann doch in den Domänen der Mitbewerber erfolgreich räubern, denn das Distributionsnetz der Stammarke sorgt sich auch um seine jüngeren Brüder und Schwestern. Ein spektakulärer Fall einer solchen Produkt-Neueinführung spielte sich in Deutschland ab.

Wir sind im Deutschen Reich zu Beginn des zweiten Weltkrieges. Seit 1929 gibt es hier ***Coca-Cola***. Trotz anfänglicher Gewöhnungsschwierigkeiten gewinnt das „exotische" Getränk immer mehr Freunde. Kurz vor Ausbruch des zweiten Weltkrieges wird in 50 Fabriken produziert. Doch damit könnte bald Schluß sein, ist doch die Rohstoffversorgung ernsthaft gefährdet. In weiser Voraussicht hat sich das Unternehmen deshalb für den Fall eines totalen Ausfalles etwas einfallen lassen: In aller Eile und mit dem Glück des Tüchtigen, wird bis zum Jahre 1942 ein neues Produkt entwickelt, das dann beim tatsächlichen Produktionsstop für ***Coca-Cola*** in die Bresche springt und das Unternehmen sicher über diese schwere Zeit bringt. Dieses Produkt gibt es heute noch, und es ist so jung und dynamisch wie eh und je: ***Fanta***. Von Deutschland aus startete der Siegeszug in die anderen Länder und Kontinente.

Im Jahre 1949 erfährt ***Coca-Cola*** sein Comeback. Größer und schöner als je zuvor. Mit einer dem aufkommenden deutschen Wirtschaftswunder angepaßten Dynamik expandiert die Marke in ein neues Deutschland hinein und etabliert sich auch hier endgültig in den Herzen der Verbraucher. 1991 produ-

zieren 55 Abfüllanlagen über 34 Millionen Hektoliter Erfrischungsgetränke aus dem Haus ***Coca-Cola***, weltweit werden täglich rund 670 Millionen Drinks konsumiert. Eine Verbreitung, die wenige Produkte je erreichten oder je erreichen werden. ***Coca-Cola*** ist damit zu einem Produktstar allererster Provenienz gewachsen, der auf allen Bühnen dieser Erde immer wieder begeisterte Aufnahme findet. Daß das in Zukunft auch so bleibt, dafür sorgen die Strategen in der Zentrale, die immer wieder beweisen, wie man durch praktizierte Flexibilität in bezug auf Kundengeschmack, Logistik und Marktsituation rechtzeitig die richtigen Maßnahmen einleiten und durchsetzen kann, die für die weitere Expansion des Unternehmens sorgen. Zeugen dieser Flexibilität sind die neuen Produkte aus dem Haus (u.a. *Sprite* und *Sprite light*, *Coca-Cola light*, *Bonaqa*, *Sports Aquarius*) ebenso wie die konsequente Verwendung neuer Technologien in der Kommunikation zwischen Zentrale und Franchise-Nehmern, sind weitere Anstrengungen im Bereich Sponsoring ebenso wie ständige Entwicklung neuer Maßnahmen, dem Kunden noch schneller, noch bequemer sein gewohntes Produkt in die Hand und zum Genuß zu bringen. Und wenn man bedenkt, daß im Heimatland der ***Coca-Cola*** jährlich pro Kopf der Bevölkerung rund 295 Flaschen alkoholfreie Erfrischungsgetränke aus dem Haus ***Coca-Cola*** im Jahr konsumiert werden, haben die meisten Länder

auf unserem Planeten verglichen damit noch ausreichend Potential für ein Wachstum der Marke über viele Jahrzehnte. Wenn man dann noch auf die Einsicht des Menschen generell hofft, sich im Konsum jedweder Alkoholika zu Erfrischungszwecken einzuschränken, dann stünde einer Entwicklung nichts im Wege, die darauf hinausliefe, daß beim ersten Bankett der Weltregierung mit den ersten veritablen Außerirdischen auf der ersten Marsbasis als erstes Globalgetränk natürlich Coca-Cola gereicht wird. Natürlich auch dann im entsprechenden Design der Zeit, im Geschmack des Universums, aber immer noch in den bekannten Farben Weiß auf Rot und dem unnachahmlichen, einprägsamen Schriftzug, den sich dereinst im längst vergangenen neunzehnten Jahrhundert ein kleiner Apotheker hat einfallen lassen, um seinem erfrischenden Kopfschmerzmittel einen guten, klingenden Namen zu geben.

Mit Kopfschmerzen hat das Produkt schon lange nichts mehr zu tun. Sieht man einmal davon ab, daß es solche all jenen bereitet, die immer wieder versuchen, etwas von Ruhm des Originals abzuergattern. Den klingenden Namen allerdings hat es bestätigt. Denn ich bezweifle, daß es auf der Erde einen Fleck gibt, wo man nicht wenigstens weiß, was ***Coca-Cola*** ist, es muß ja nicht schon einer dieser neuen, phantastischen Automaten dort bereit stehen, um das weltberühmte Erfrischungsgetränk nicht mehr in Flaschen, sondern an Ort und Stelle zubereitet in geschlossenen Bechern mit Trinkhalm anzubieten.

Die Verantwortlichen im Unternehmen haben also nachweislich immer wieder neue Trümpfe in der Hand, um auf jede Situation mit der richtigen Karte gewinnen zu können. Natürlich in allen vier Farben des Spieles: In Qualität, Distribution, Flexibilität und Image. Zusammen ausgespielt ergibt das immer einen Grand mit Vieren. Und es sieht nicht so aus, als wolle man die Karten aus der Hand legen. Im Gegenteil. ***Coca-Cola*** wird weiter mit am Spieltisch sitzen und gewinnen, Müdigkeitserscheinungen sind nicht festzustellen. Kein Wunder aber auch, wenn man so jung ist.

„Das Beste ist das Wasser.“
(Pindar)

Es war einmal ein Kurfürst, der war gar wohlhabend und über die Maßen geschäftstüchtig. Er residierte in der alten Römerstadt Trier und ließ es sich wohl sein. Von dort aus regierte er über sein kleines, aber feines Imperium mit kundiger Hand. Und als da im Jahre 1778 eine Anfrage aus Gerolstein in seine Kurfürstliche Kanzlei flatterte, man möge ihnen einen Ingenieur schicken, der den versiegten Brunnen am „Siedinger Dreis“ wiederherstellen solle, da gab der Kurfürst nur zu gerne seine Zustimmung.

Und alsbald gab es um die Mineralquelle hektische Betriebsamkeit, die vom kurfürstlichen „Ingenieur Kirn“ so erfolgreich oberaufsichtigt wurde, daß man die Arbeiten 1786 abschließen konnte. Ergebnis der achtjährigen Arbeit: Eine Wiederherstellung des Brunnens war nicht möglich. Sie haben richtig gelesen: 96 Monate harter Arbeit blieben ohne positives Ergebnis. Jedenfalls für die Eigentümer des Brunnens. Nicht so für den Brotherrn des Ingenieurs. Denn der konnte ob dieses Fehlschlages in Gerolstein über die Maßen erfreut sein. War doch auf diese elegante Art und Weise einer seiner möglichen Konkurrenten aus dem Felde des freien Wettbewerbs geschlagen worden. Ich vergaß zu erwähnen: Die damals schon berühmten Quellen zu Niederselters im Hintertaunus mit ihrem Bestseller-Wasser gehörten zum weitläufigen Besitz des Kurfürsten. Kampf um Marktanteile schon im achtzehnten Jahrhundert? Wer will da noch behaupten, Verdrängungswettbewerb sei eine Erfindung der freien Marktwirtschaft oder stamme vom Marketingerfinder U.S.A.?

Aber Spekulation beiseite, denn nichts anderes sind diese Überlegungen, auch wenn in einem Buch von 1854 die Autoren Schannat und Bärsch erhebliche Zweifel an der Integrität des Kurfürsten laut werden lassen. Doch abgesehen vom schon damals recht sprudelnden Wettbewerb, gibt uns diese Geschichte Aufschluß über die Verhältnisse in der Gegend um Gerolstein des ausgehenden achtzehnten Jahrhunderts. Und da zeigt sich eine rege Brunnentätigkeit schon seit etwa 1724.

In diesem Jahr taucht eine Urkunde des Grafen Franz Georg von Manderscheid-Blankenheim auf, worin geschrieben steht, daß selbiger Graf den „Sauerbrunnen bei Gerolstein“ neu fassen lassen wolle, unter Verhinderung des Zulaufes von „Kyll- und Argonnenwasser“. Und bereits um diese Zeit ließ eben jener Graf das sprudelnde Wasser, das damals noch geläufigere „Sauerwasser“ eben, in Tonkrügen abfüllen und versenden. Ja, er hatte sich in seinem gräflichen Hause zu Köln sogar schon eine Verkaufsniederlassung eingerichtet.

Die erwähnten Krüge aus gebranntem Ton wurden in unmittelbarer Nachbarschaft bei sogenannten Krugbäckern in Auftrag gegeben und mit dem Wappen des Brunnenbesitzers, oder wie in unserem Fall, mit dem gräflichen Wappen geschmückt. Exemplare dieser rustikalen Verpackung kann man heute noch bei der *Gerolsteiner Brunnen GmbH & Co.* hinter Glas bewundern. Sie künden uns von einer Zeit, die mit der von Spitzweg so schön gemalten „guten, alten Zeit“ nichts gemein hatte. Deutschland war in viele Kleinstaaten zersplittert, Recht und Ordnung wurden in jedem Ländchen anders gehandhabt, Straßenräuber trieben ihr Unwesen, die Armut war weiter verbreitet als der Wohlstand und überall sichtbar. Und doch konnten es sich damals schon Leute leisten, sich das saure Wasser ins Haus liefern zu lassen.

Mit Hilfe der Tonkrüge ging das sicher und meist ohne Bruch vonstatten. Sie wurden in kleinen Familienbetrieben vorzugsweise im sogenannten „Kannenbäckerland“ hergestellt, einem rechtsrheinischen Landstrich des Westerwaldes. Nach überlieferten Dokumenten erhielt ein selbständiger Krugbäcker aus dieser Gegend ums Jahr 1894 für je tausend ganze oder halbe Krüge (je 1 oder 1/2 Liter Inhalt) 64 bzw. 42 Mark bezahlt. Zusätzlich mußten zehn Prozent als eine Art „Bruchvergütung" kostenlos mitgeliefert werden. Einige Brunnenverwaltungen gaben daher die Empfehlung: „*Zur Erhaltung des Wassers wird erfordert, daß man die gefüllten Krüge in einem guten Keller auf Bretter, nicht auf Sand oder Stein stellt.*"

Während des achtzehnten Jahrhunderts bezogen die in Gerolstein ansässigen Brunnen ihre Krüge aus der unmittelbaren Nachbarschaft von Krugbäckern aus dem Raum Binsfeld, Speicher, Bruch. Erst im neunzehnten und bis zum Beginn des zwanzigsten Jahrhunderts orderte man sie aus dem Kannenbäckerland. Dort wurden die Krüge bis 1879 ausschließlich auf der Töpferscheibe von Hand geformt, bis ein findiger Mensch auf die Idee kam, den zylindrischen Teil maschinell zu pressen und nur noch Flaschenhals und Griff manuell anzubringen. Doch wurde diese Entwicklung, wie schon erwähnt, vom Vordringen der Glasflaschen überholt, die das Mineralwasser immer billiger umschließen konnten.

Das Trinken solchen Wassers hatte in der Gegend schon in den alten Tagen Tradition. Der bereits erwähnte „Siedinger Dreis", oder auch „Sittinger", Bezeichnungen für den Sauerbrunnen bei Gerolstein, war schon den Römern bekannt. Ein Chronist des Jahres 1843 bemerkte dazu: „...*Letzterer, auch der Sittinger Mineralbrunnen genannt, liegt etwas unterhalb Gerolstein, ebenfalls nahe an der Kyll, und wurde schon von den Römern benutzt. Beim Aufgraben desselben fand man noch über hundert römische Münzen, meist vom Kaiser Maximinus geprägt. Das Wasser des Brunnens galt als ein sehr angenehmes, und gesundes Getränk und wurde besonders bei Steinkranken für sehr heilsam gehalten; als man ihn aber von neuem mit Steinen fassen wollte, verdarb derselbe gänzlich und bildet gegenwärtig nur mehr einen kleinen Sumpf, aus dem sich beständig Kohlensäureblasen entwickeln.*“

Soweit der Chronist Schneider mit der Erwähnung des Schicksals, das den Brunnen nach den fatalen kurfürstlichen Arbeiten ereilte. Denn es sollten noch einige Jahrzehnte vergehen, bis sich die einstmals bekannte Brunnengegend wieder aus ihrem Dornröschenschlaf erheben konnte. Dann aber ging es buchstäblich Schlag auf Schlag: Beim Bahnausbau der Strecke Köln-Trier zu Beginn der siebziger Jahre des vorigen Jahrhunderts und der damit verbundenen besseren Anbindung an die benachbarten Wirtschaftsräume, wurde in Gerolstein wieder auf Stein geschlagen und gebohrt.

Gleich mehrere Firmen beteiligten sich an der Renaissance und brachten Leben ins Mineralwassergeschäft. Der „Schloss-Brunnen Gerolstein“ sprudelte neu, gefolgt vom „Flora-Brunnen Gerolstein“, der „Gerolsteiner-Sprudel Gerolstein“ trat am 1.1.1888 ans Tageslicht (übrigens die Keimzelle der heutigen *Gerolsteiner Brunnen GmbH & Co.*), der „Hansa-Sprudel Gerolstein“ floß hinterdrein, dicht gefolgt von der „Charlotten-Quelle Gerolstein“. Bis ins Jahr 1907 hinein folgten noch der „Union-Sprudel Gerolstein“ und der „Gerolsteiner Brunnen“. Und alle fanden sie ihre Zielgruppen und Käufer. Und noch vor der Wende ins zwanzigste Jahrhundert waren die Mineral-Wässer aus Gerolstein nicht nur hochdekoriert, sondern auch schon weltweit verbreitet: So erhielten der „Flora-Brunnen“ 1889 in Genf, der „*Gerolsteiner Sprudel*“ in Anvers, Berlin, Chicago und Nizza und der „Hansa Sprudel“ 1893 ebenfalls in Chicago und 1894 in Antwerpen hohe Auszeichnungen. Und im Archiv der *Gerolsteiner Brunnen GmbH & Co.* liegt noch heute eine Bestellung der Firma Büsch & Heiliger aus Sidney aus dem Jahre 1895 und kündet von den globalen Geschäftsverbindungen.

Doch kehren wir zurück ins Jahr 1888 und zur Gründung des noch heute munter sprudelnden Quells. (Zwischenzeitlich sprudelt alles Mineralwasser aus Gerolstein in die Flaschen der *Gerolsteiner Brunnen GmbH & Co.*, in der alle ortsansässigen Brunnen mit den Jahren aufgegangen sind). Am 7. Dezember des Vorjahres läßt ein gewisser W. Castendyck, Geologe und Bergwerksdirektor, einen Vertrag mit der Stadt beurkunden, der ihm Wegerecht zu seinem Grundstück einräumt. Am 1.1.1888 folgt die Gründung der GmbH. Und noch im selben Jahr erhält Castendyck vom Bürgermeister der Stadt die Erlaubnis, den schwarzen Löwen des Gerolsteiner Stadtwappens in seinem Firmenlogo zu verwenden. So wird am 21.3.1889 die Firma „*Gerolsteiner Sprudel W. Castendyck*“ mit dem Warenzeichen „*Achteckiger roter Stern mit schwarzem Löwen*“ ins Zeichenregister eingetragen. Und daran hat sich bis heute nichts geändert. Bis auf die Weglassung des Gründernamens natürlich. In dieser Kontinuität liegt ganz sicher auch der Erfolg der Marke.

Wie ging das aber damals bei der ersten Bohrung vonstatten? Lassen wir dazu einen zeitgenössischen Kommentar sprechen, der in einer Firmenbroschüre abgedruckt ist: „*Der Gerolsteiner Sprudel ist eine der interessantesten Erscheinungen auf dem Gebiete der Mineralquellen. Starke Kohlensäureausströmungen am linken Ufer der Kyll, dem alten Krater Papenkaule gegenüber, am Fusse des romantisch gelegenen Städtchens Gerolstein, gaben im Jahre 1888 Veranlassung zu Tiefenbohrungen, deren Resultat überraschend ausfiel. Es wurde ein Bohrloch niedergebracht, welchem ein immer stärker werdendes Gewoge von Kohlensäure und Wasser entquoll, das sich plötzlich zu einem gewaltigen, 20 Centimeter starken Strahle fünf bis sechs Meter über das Tagesniveau erhob, ja zeitweise mit mächtigem Getöse bis auf 15 bis 16 Meter stieg. Die Wasser- und Kohlensäuremengen waren unmessbar. Mit Aufwand, großer Mühe und Arbeit gelang es schließlich, den Strahl zu einem ruhigen, nutzbringenden Abfluß zu zwingen. Wo die Natur bis dahin im stillen schaffte, regen sich heute zahlreiche Hände, dies köstliche Mineralwasser in Flaschen und Krüge zu füllen, um der allseitigen Nachfrage zu genügen.*“

Wirklich ein Jahrhundertereignis in Gerolstein. Und auch Hinweis, daß sich um die Jahrhundertwende auch ein Wandel in den Transportgefäßen vollzog. Bis dato war der Sprudel in Tonkrügen sicher zum Verbraucher gekommen, jetzt wurden immer mehr die preiswerter zu produzierenden Glasflaschen eingesetzt. Bis etwa 1910 hatten die so lange genutzten Krüge ausgedient. Die Flasche hatte sich durchgesetzt.

Doch zu der Zeit hatte W. Castendyck den Betrieb schon in andere Hände gegeben. 1890 verkaufte er den Brunnen an drei adlige Familien, an die von Barnekows, die Grumme-Douglas' und die Grafen Douglas. Zuvor aber hatte er in einer Denkschrift mit dem Titel: „*Gerolstein in der Eifel mit geognostischen und geologischen Bemerkungen über die Gegend*" die wirtschaftlichen Möglichkeiten des Brunnens und der Region verkaufsfördernd herausgestellt, was darauf schließen läßt, daß diese Denkschrift ganz offensichtlich als Grundlage für seine Verkaufsverhandlungen gedient hat. Er schließt darin mit den Worten: „*Zu allem für Gerolstein Empfehlenswertem kommt auch noch die gute Eisenbahnverbindung hinzu. Neben der Hauptbahn Köln-Trier besteht bereits eine Zweigbahn nach Prüm, St. Vith, Malmedy bzw. Eupen und Aachen, die in wenigen Jahren eine Fortsetzung nach der anderen Seite hin, über Daun und Mayen nach dem Rhein finden soll und Gerolstein dann zu einer frequenten Kreuzstation machen wird. Ferner darf nicht unerwähnt bleiben, daß man hier eine durchaus schmackhafte und reichlich bemessene Beköstigung bei billigen Preisen und freundlichem Entgegenkommen findet. Was vielleicht an Schneidigkeit, an befrackten Kellnern und Hausknechten in den Gasthöfen fehlt, wird durch dieses und manches andere reichlich ersetzt. Dem lange in der Stille gelebten Gerolstein sei ein herzliches ‚Glückauf' dargebracht.*"

Diese Glückwünsche hat sich Gerolstein wohl zu Herzen genommen. Denn in der Folge blühte seine Bedeutung auf, wuchsen Handel, Gewerbe und Industrie beträchtlich, expandierte auch die *Gerolsteiner Sprudel GmbH* stetig und zuverlässig. Ihre Produkte fanden nun in Glasflaschen den Weg zu immer mehr treuen Anhängern dieses Mineralwassers, überall auf der Welt.

Heute werden für diese Kunden extrem hohe Absatzmengen auch für den Export in 24 Länder der Welt abgefüllt. Über 800 Millionen Füllungen jährlich, oder umgerechnet gut fünf Millionen Hektoliter Brunnen-Erfrischungsgetränke, verlassen das Werk. Mit dem Einsatz und der wirtschaftlichen Leistungsfähigkeit seiner mittlerweile auf über 600 Mitarbeiter angewachsenen Belegschaft hat das Unternehmen damit über die Grenzen der Region hinaus eine Bedeutung erlangt, die sich nicht nur in wachsenden Marktanteilen niederschlägt, sondern auch in ebenso stark anwachsender Verantwortung den mitarbeitenden Menschen und ihrer Umwelt gegenüber.

Die *Gerolsteiner Brunnen GmbH & Co.* sieht demnach für die Zukunft eine Strategie nicht nur als angemessen, sondern als zwingend notwendig: Die Einbindung des Menschen, seines Aufgabenkreises und seiner Verantwortung in Gesellschaft und Familie in ein Ganzheitskonzept, das auch das Unternehmen mit einbezieht, in dem er arbeitet. Das bedeutet, daß vor jeder technischen Neuerung, vor jedem neuen, besseren Verfahren, vor der Anwendung neuer Technologien und Logistiken, zuallererst die Bedürfnisse der Menschen berücksichtigt werden, die von solchen Maßnahmen betroffen sein werden. Und erst wenn sich zweifelsfrei herausstellt, daß sich die geplanten Maßnahmen mit Ergonomie und Umwelt vertragen, dann werden sie implementiert.

Ein Kurtrierischer Bergbauingenieur hätte demnach heute wohl keine Chancen mehr, wollte er die Monopolstellung seines Kurfürsten vor Ort durchsetzen. Und außerdem, die Gerolsteiner sähen sich ja heute auch nicht mehr als Konkurrenz zu den Selterswässern, eher als gesund sprudelnde Aufforderung, im gemeinsamen Marktsegment Mineralwasser immer beste Qualität zu bieten. Was man ja sich und der Welt schon über 100 Jahre erfolgreich bewiesen hat.

Daß man nach über 100 Jahren immer noch so frisch und frei aus den Flaschen in die Gläser gesundheitsbewußter Verbraucher sprudelt, liegt schlicht in der Tatsache begründet, daß sich in all den Jahren auch nicht das mindeste geändert hat. Der rote Stern leuchtet immer noch als sichtbares Zeichen auf den Flaschen, wie er schon als geprägter Abdruck in den Krügen prangte, der dunkelblaue Löwe stellt noch immer die Verbindung zur Stadt Gerolstein her, wie er das seit 1889 mit amtlichem Segen darf, und auch der erfrischende Inhalt schmeckt und perlt noch immer so, wie er schon den alten Römern genießerisch über die Zunge rollte. Ein gutes Stück Tradition ist hier in Glas verpackt und für alle Zeiten dort eingesiegelt. Und wenn sie dann noch unvermindert sprudeln, die Gerolsteiner Quellen, wird man auch in den nächsten hundert Jahren nicht auf sie verzichten wollen. Denn in einer Welt, in der sich die Läufe so rapide und drastisch ändern, ist es schön zu wissen, daß es einige ganz besondere Dinge gibt, die immer so bleiben, wie sie schon immer waren: Erste Klasse.

So betrachtet, habe ich mich also mit einem Produktstar beschäftigt, der nur noch das Wort mit einem Star gemeinsam hat. Denn wo die Stars dieser Welt doch irgendwann einmal die Bretter des Ruhms und des Glanzes verlassen müssen, wird sich für den vorgestellten Altmeister der Mineralwässer ein solches Schicksal nie darbieten. Solange er sprudelt, wird sich ein Käufer finden. So lange er lebt, wird seine Popularität gesichert sein.

Im Sinne der Gründer der *Gerolsteiner Brunnen* möchte ich nun ihnen selbst und ihrem „Kinde" ein ebenso herzliches wie bewunderndes „Glückauf" zurufen. Mögen sich unsere Kinder noch an dieser kleinen, feinen Köstlichkeit laben können.

„Selten nur sind Form,
Name und Qualität eines Produkts
zu einer solchen Begriffseinheit verschmolzen."
(Dr. W. Bongard über Odol)

Sind Sie zu einem kleinen, anschaulichen Experiment bereit? Dann machen Sie einmal folgenden Versuch: Fragen Sie eine x-beliebige Person: „An welche *zwei* Markenartikel denken Sie, wenn Sie den Begriff Mundwasser hören? Na? Welche ZWEI Markennamen fallen Ihnen zum Thema Mundwasser ein?" Geben Sie ihr ruhig eine halbe Minute zum Nachdenken.

Wenn es dieser Person so ergeht wie fast allen Befragten, dann ist ihr trotz angestrengten Bemühens nur *ein* Name in den Sinn gekommen. Ein Markenname, der quasi als Synonym für Mundwasser steht. Ein Name scheint konkurrenzlos eingeprägt in das Bewußtsein des Verbrauchers: *Odol*. Wer kennt es nicht, das Mundwasser in der Flasche mit dem unverwechselbaren Seitenhals?

Odol, das Mundwasser, das schon zu Lebzeiten seines Erfinders Werbe- und Produktgeschichte schrieb, feiert im Erscheinungsjahr dieses Buches sein 100jähriges Jubiläum. Fast ein viertel Jahrhundert lang, von 1893 bis 1916,

leitete der Gründer, Karl-August Lingner, eine beispielhafte Produktkarriere in die Wege. Es ist mehr als lohnenswert, die Erfolgsformeln dieses Markenstars im einzelnen zu untersuchen.
Beginnen wir also am Anfang, bei einer einfachen Idee.

1861 wird Karl-August Lingner als Sohn eines kleinen Händlers in Magdeburg geboren. Die Familienverhältnisse sind sehr einfach, die Aussichten eher trist. Nach einer Drogistenlehre arbeitet er als Kaufmann und Handelsvertreter, um sich die finanziellen Mittel für seine große Liebe, die Musik, zu beschaffen. Im Frühjahr des Jahres 1883 kann er sich aufmachen, um sich in Paris am von Ambroise Thomas geleiteten Konservatorium dem Musikstudium, präziser, dem Studium von Klavier und Orgel zu widmen. Seine Fortschritte sind mehr als ermutigend, bis ihm eine schwere Krankheit buchstäblich sämtliche musischen Karriereträume zunichte zu machen droht. Aber Karl-August Lingner ist nicht der Mensch, der das Handtuch wirft. Wie beschrieb ihn sein Freund Gustav Stresemann einmal so treffend? „Er war ein Mensch groß im Wollen und groß im Vollbringen."

Lingner suchte und fand eine neue Herausforderung. Es war die Zeit, in der die Wissenschaft im Umbruch war. Max von Pettenkofer, Robert Koch und Louis Pasteur entdeckten die Bakterien. Lingner verfolgte mit schnellem Verständnis diese Entwicklung und machte sich die wichtigsten Grundlagen zu eigen. Mit Wissenschaftlern, die inzwischen zu seinem Bekanntenkreis zählten, entwickelte er eine Rezeptur für ein wissenschaftlich begründetes und qualitativ unangreifbares Mundwasser.

Man muß hinzufügen, daß Karl-August Lingner kein Wissenschaftler im eigentlichen Sinne war. Seine großartige Leistung bestand vielmehr darin, den Stand der Ärzte und der Forscher für seine Idee zu begeistern und mit der ihm eigenen Integrationskraft das Know-how der unterschiedlichen Disziplinen zu einem Gesamtkunstwerk – wir werden auf den künstlerischen Aspekt noch zurückkommen – zusammenzuführen.

So entsteht nach und nach die Rezeptur für ein wirksames Mundwasser. Seine neue Firma, die *Dresdner Chemische Laboratorium Lingner*, widmet sich ab 1892 nur noch dieser Aufgabe und präsentiert schon 1893 das *ODOL Mundwasser*.

Zum Hygiene-Pionier Lingner kam jetzt auch noch der Markenpionier Lingner. Fast auf Anhieb gelang es ihm, sein neues Produkt mit allen Merkmalen eines Markenartikels auszustatten. Die Wahl der Markenbezeichnung wie auch die Form, das unverwechselbar typische Profil der Odol-Flasche, waren – lange bevor der Begriff Marketing überhaupt geprägt wurde – Marketingmaßnahmen allererster Güteklasse und begründeten zweifellos den großen Produkterfolg. Nebenbei gesagt, erfüllte die Odol-Flasche schon frühzeitig jene Forderungen, die der Werkbund und in der Folge das Bauhaus als unabdingbar nannten: Die *Form* entsprach der *Funktion*, indem der zur Seite geneigte Flaschenhals das Mundwasser tropfenweise freigab.

ODOL entstand wahrscheinlich aus dem griechischen Wort ODONTOS (für: Zahn) und dem lateinischen Begriff OLEUM (für: Öl). Das Wort ist unverwechselbar einprägsam, einfach und wird in allen Sprachen der Welt gleich ausgesprochen. Der Begriff entwickelte sich schnell im deutschsprachigen Raum zum Synonym für Mundwasser.

Lingner entwickelte die unverwechselbare, milchweiße *Seitenhalsflasche* (und damit sind wir beim vorher erwähnten Begriff des *Gesamtkunstwerks*), die bis heute als eine der bedeutendsten Design-Errungenschaften der Markenartikel-Industrie gilt. Ja, sie wurde zum Symbol erfolgreicher Markentechnik schlechthin.

Ob dies bewußt geschah oder aus Intuition, wissen wir heute nicht. Fairerweise muß man die Möglichkeit offenhalten, daß es schlichtweg „das Genie, aus dem Augenblick heraus geboren“ war, welches diese Markenschöpfung vollbrachte. Womit die Größe der Errungenschaft nicht im geringsten geschmälert wird. Nach anerkannten Marketingtheorien (die heute an den Universitäten längst zu den absoluten Marketingbasics gehören) waren es vor allem VIER Attribute, die Odol zum schnellen Durchbruch verhalfen:

- der einprägsame Name
- die unverwechselbar typische Gestalt
- die gleichbleibend hohe Qualität
- die flächendeckende Verfügbarkeit.

Resümierend könnte man heute sagen, Karl-August Lingner hat seiner Marke all das in die Wiege gelegt, was sie praktisch unvergänglich macht. Er gab ihr durch das Design eine unverwechselbare, zeitlose Persönlichkeit, die im weitesten Sinne sogar zum Mythos wurde.

Und mit diesem Resümee könnte man sich zurücklehnen und der Annahme verfallen, das dies bereits alles sei, was es zum Markenerfolg von Odol zu sagen gibt.

Weit gefehlt! Genaugenommen fängt das eigentliche Studium jetzt erst an. Wer seine Hausaufgaben gemacht hat, der weiß, daß Erfolg niemals von selbst kommt, ganz egal wie genial eine Erfindung auch sein mag. Ein Produkt, und sei es noch so gut und nützlich, muß erst einmal *bekanntgemacht*, muß *verkauft* werden, und das bedeutet *Werbung*.

Mit bisher nie dagewesener Frequenz, mit bis dato nie für möglich gehaltener Durchschlagskraft, mit nie verwirklichter Reklamekunst setzt Lingner sein Hauptprodukt auf die Erfolgsschiene. Bald gibt es keine noch so ungewöhnliche Werbefläche, die nicht mit dem jetzt schon bekannten Schriftzug *Odol* geschmückt worden wäre. In einer eigenen, hausinternen Werbeabteilung brüten die Mitarbeiter über ungewöhnlichen Einfällen und Umsetzungen. Unterstützt von einem charismatischen Chef, der bisher nie gekannte Summen in diesen neuen Bereich der Produktunterstützung steckt.

Schon 1894 wird in Österreich eine neue Produktionsstätte für Odol errichtet. Weltumspannende Verkaufsaktivitäten folgen. Kooperationen, Lizenzvergaben und Tochtergesellschaften verbreiten das Produkt wie kein anderes zuvor. Höhepunkt dieser spektakulären Entwicklung ist die Selbstverständlichkeit, mit der Lingner bald auf Anzeigen sein *Odol* anpreist. Schlagkräftiger Slogan der Jahrhundertwende: *„Absolut bestes Mundwasser der Welt!"* Keine Frage, heute würde dieser Slogan die Wettbewerbshüter auf den Plan rufen; damals jedoch war er eher Ausdruck einer ehrenvollen Qualitätsverpflichtung seitens des Herstellers.

Kurz darauf wurde die Werbung stilistisch anspruchsvoll. Die selbstbewußte Darstellung von Odol auf ganzseitigen Anzeigen hob sich wohltuend vom Kunterbunt der damals üblichen Kleinanzeigen ab. Viele der frühen Anzeigen, mit denen sich heute Kunsthistoriker beschäftigen, tragen unverkennbare Hinweise auf den „Malerfürsten" Franz von Stuck. Rund sechshundert verschiedene Motive, die innerhalb der ersten 20 Odol-Jahre geschaltet wurden, verdeutlichen eine kreative Strategie, die erst viele Jahre später als kommunikative Innovation hochgelobt werden sollte: Die Unicat-Kampagne. Jede Odol-Anzeige erschien nur einmal!

Werner Suhr schreibt 1961 in seinem Buch „Markenartikel – Triumph auf allen Märkten" über Lingners Rolle gegenüber dem übrigen Unternehmerfeld: „Erst Lingners Unermüdlichkeit brachte sie aus dem phlegmatischen Gleichschritt. Er wurde ihr Wegweiser, ob sie es nun wollten oder nicht."

So bekannt und berühmt ist Odol schon kurz nach der Jahrhundertwende geworden, daß sich sogar die Künstler jener Tage mit der unverwechselbaren Flasche beschäftigen. Die Werbeplakate gehören längst zu den „Klassikern der Moderne" in der Werbebranche. Einer der zeitgenössischen Künstler ging dabei nicht nur visuell, sondern sogar äußerst poetisch mit dem Mundwasser um: Giacomo Puccini, der geniale Komponist und Musiker, schrieb eine Odol-Ode.

Schon frühzeitig nutzte Lingner den kommerziellen Erfolg seiner Marke Odol dazu, um den Gedanken der Gesundheitsvorsorge in breite Bevölkerungsschichten zu tragen. Zu diesem Zweck wurden Ausstellungen veranstaltet und Seminare abgehalten, Vorträge angeboten und Vorsorgeeinrichtungen installiert. 1911 veranstaltete Lingner in Dresden die 1. Internationale Hygieneausstellung, die vom Stil an eine Weltausstellung erinnerte. Die Menschen strömten zu Scharen in die Hallen. Am Ende wurden mehr als fünf Millionen Besucher gezählt. Von diesem Erfolg angeregt, schlug Lingner vor, eine ständige Ausstellung in Form eines Museums und einer wissenschaftlichen Forschungsstelle zu schaffen. Unermüdlich wurden einer breiten, noch recht unaufgeklärten Öffentlichkeit die Zusammenhänge zwischen Körperhygiene und Krankheitsvorsorge transparent gemacht. Im Zuge dieser Bemühungen gründete er die „Zentralstelle für Zahnhygiene“, stiftete seiner Stadt Dresden eine Kinder-Poliklinik und ein Säuglingsheim und stellte Mittel für eine Desinfektionsanstalt bereit. Im Jahre 1930, 14 Jahre nach seinem Tod, eröffnete das Hygiene-Museum in Dresden seine Pforten, für dessen Errichtung er große Teile seines Privatvermögens in eine Stiftung überführt hatte. Das nur am Rande, weil es der Persönlichkeit des Karl-August Lingners Unrecht täte, wollte man ihn als reinen Marketingstrategen (und sei es auch noch so intuitiv gewesen) hinstellen.

Doch verfolgen wir den weiteren Werdegang des Produkts, nachdem sein Gründer frühzeitig aus seinen irdischen Verpflichtungen abberufen worden war. Nach einigen turbulenten Wechseln in den Besitzverhältnissen übernahm Dr. Ernst Schneider die Lingner-Werke als Generaldirektor. Sofort setzte er sich daran, das Unternehmen neu zu organisieren. Er konzentrierte die Mittel wieder eindeutig auf die Hauptmarke Odol, trennte sich von unrentablen Produkten und verhalf Odol dadurch zu einem beispiellosen „Relaunch“.

Die Odol-Geschichte Teil II hatte begonnen. Innerhalb der nächsten fünf Jahre konnte Schneider den Umsatz verdoppeln, den Gewinn verdreifachen. Odol stand weltweit als der Marktführer auf gesunden Beinen, als man ihm den sprichwörtlichen Teppich unter den Füßen wegzog. Die Lingner-Werke in Dresden wurden im Zweiten Weltkrieg völlig zerstört. Wichtigstes Kapital für den Wiederaufbau in Düsseldorf war der stabile Markenkern von Odol. Er hatte zwei Weltkriege überdauert und nichts von seiner Stärke und Faszination verloren. Ungebrochen war auch der Pioniergeist im Hause Lingner. Mit Aufnahme des regulären Geschäftsbetriebes im Jahre 1950 wurde die erste Nachkriegs-Anzeigenkampagne geschaltet. Als Ende der fünfziger Jahre in Deutschland Fernsehwerbung eingeführt wird, ist Odol natürlich mit dabei.

1974 übernahm die anglo-amerikanische Smith Kline Beecham Gruppe (damals nur Beecham) die Lingner-Werke und führte sie mit der bereits 1970 erworbenen Fischer-Gruppe zu Lingner + Fischer GmbH zusammen. Dort traf Odol auf weitere prominente Markenartikel (duschdas, badedas). Schon vorher waren die Marken Fissan und Dr. Best von den Lingner-Werken erworben worden.

Teil III und die wohl expansivste Phase in der Odol Geschichte hatte begonnen.

Mit neuen Darreichungsformen und geschmacklichen Alternativen wurden neue, junge Verbrauchergruppen an die Marke herangeführt.

Mit der Einführung eines Mundsprays wurde Odol ab Mitte der 80er Jahre mobil. Das neue Odol Atemfrische Produkt für unterwegs fand auf Anhieb begeisterte Verwender, weil es mit einer Punktlandung den Zeitgeist traf. Der schnelle, unabhängige Gebrauch von Odol Mundspray kommt den Wünschen und Anforderungen der jungen, aktiven Generation entgegen.

Von Marktführer Odol kommen die entscheidenden Impulse für den Mundwassermarkt. Das setzt ein ständiges Aufspüren von neuen Verbraucherwünschen genauso voraus wie das Erkennen von neuen Trends und Zeitströmungen.

Daran kann sich die Odol-Forschung orientieren, der es damit neu gelungen ist, die Odol-Qualität dem wissenschaftlichen Fortschritt anzupassen und neue Produkte zu entwickeln.

Trends und Zeitströmungen fließen auch in die Odol-Werbung als einem der wichtigen Wegbegleiter der Marke ein.

Markenartikelwerbung wurde von Odol um die Jahrhundertwende gewissermaßen erfunden. Schon damals wurden Maßstäbe gesetzt sowohl für die finanzielle Ausstattung der Budgets als auch für die kreative Umsetzung der Werbebotschaften. Das ist bis heute so geblieben. Reichweite und Frequenz sind demnach nicht die alleinigen Gradmesser für die erfolgreiche Aussprache der Kunden.

Die Odol-Werbung muß sich nach gültigem Verständnis immer dadurch auszeichnen, daß sie eine Wahrheit vermittelt, das ist die vollkommene Mundhygiene, mit dem Ergebnis der Atemfrische. Damit diese Wahrheit lebendig und attraktiv bleibt, muß sie immer wieder auf originelle Weise neu dargestellt werden. Erfolgreiche Werbespots bauen dazu Erlebniswelten auf, aus denen der Umworbene letztlich auch seinen Erlebnis-Nutzen mit Odol beziehen kann.

Das, was mit der Einführung von Odol Mundspray schon anklingt, wurde spätestens ab 1989 zu einer dynamischen Strategie für das Markenjuwel. Odol hat den oft als schwierig beschriebenen Weg von der starken, dominanten Monomarke zur Dachmarke mit Bravour gemeistert.

Im Bereich der modernen, therapeutisch orientierten Fertigmundspülungen hat Odol med Anti-Plaque und Odol med Zahnfleisch-Aktiv inzwischen auch die Marktführerschaft übernommen.

Im wettbewerbsintensiven Zahncrememarkt ist Odol med 3 Zahncreme eine der erfolgreichsten Neueinführungen der letzten zehn Jahre.

Atemfrische und Zahngesundheit sind die zwei Säulen, über die sich das Mundhygienen-Dach von Odol spannt.

In beiden Bereichen hat die Marke Kompetenz, und in der langen Tradition hat sich bei Lingner + Fischer viel Know-how angesammelt, das mit Begeisterung genutzt wird, um Odol bei seinem Start ins zweite Jahrhundert der Marktgeschichte alle Türen zu öffnen.

Odol ist heute eine der bekanntesten und erfolgreichsten Marken.

Über 90 Prozent der Bundesbürger kennen Odol. Die Verinnerlichung der Symbiose aus Produktleistung, Bezeichnung und Gestaltung der Marke geht so weit, daß eine Werbeagentur in einer Anzeigenserie, mit der „berühmte Sachsen“ vorgestellt werden, es sich leisten kann, eine nackte Odol-Flasche abzubilden: Und jeder weiß, was gemeint ist.

Odol, das Mundwasser, steht stellvertretend für eine Kategorie, zu der über 20 Millionen Bundesbürger regelmäßig greifen.

Daran, daß die überwältigende Mehrheit, nämlich 7 von 10 Mundwasserverwendern, Odol den Vorzug gibt, erkennt man den hohen Vertrauensbonus, den die Marke besitzt.

Odol Mundwasser feiert 1993 sein 100jähriges Jubiläum. Die Marke ist erstaunlich jung geblieben, steht mitten im Leben und besitzt immer wieder die

Kraft, in ihrem Umfeld neue Märkte zu etablieren. Das Erfolgsrezept der Marke war gestern gültig, ist heute gültig und wird auch im Jahre 2093, wenn Odol 200 Jahre alt sein wird, gültig sein:

Wer frühzeitig neue Trends erkennt und dem Zeitgeist nachspürt, der erobert den entscheidenden Vorsprung.

„Luft, Luft, Clavigo."
(Goethe, in Unkenntnis von Vivil)

Die uralten Chinesen sollen es als erste genutzt haben. Die alten Ägypter kannten es. Die Griechen auch. Die Römer sowieso. Und dann wurde es erst einmal Nacht um dieses Wundermittel. Im dunklen Mittelalter tauchte es in Europa wieder auf: Mönche destillierten daraus wirkungsvolle Arzneien gegen Nervenschmerzen aller Art, gegen nervöse Magenleiden ebenso wie gegen Melancholie und Migräne. Es gab also schon damals die uns nur zu gut bekannten Streß-Symptome. In großem Stil nutzte man die Pflanze wieder im siebzehnten Jahrhundert in England, dann auch in den noch jungen Vereinigten Staaten von Amerika. Heute beziehen wir ihr Öl auch noch aus Brasilien und Japan. In moderner Zeit hat man immer wieder versucht, dieses heilende, erfrischende, belebende Öl synthetisch herzustellen, doch ohne Erfolg. Das Blümlein, das ich meine, ist so außergewöhnlich, daß schon der Versuch zur Nachahmung scheitern muß. Sein wirklicher Name: *„Mentha Piperita"*, besser bekannt unter seinem Künstlernamen *„Pfefferminze"*.

Daß sich aus der Pfefferminze dereinst ein internationaler Produktstar entwickeln würde, hätten sich die Heilkundigen der Geschichte wohl nicht träumen lassen. Arznei ja, heilsame Bäder ja, lindernde Umschläge ja, aber in Pastillenform zum Lutschen? Bestenfalls aufgebrüht als Tee, das wäre noch denkbar. Aber als Bonbon?

Nun, wir alle wissen, daß sich gerade dieses ereignete. Just zwei Jahre nach der Jahrhundertwende zum zwanzigsten Jahrhundert gefiel es nämlich einem Herrn *August Müller* aus Straßburg, ein wohlschmeckendes Erfrischungsbonbon herzustellen, das jeder mit sich führen konnte. Im Meyer's Konversationslexikon seiner Zeit stand unter anderem über die ätherischen Öle der Minze:

„... schmecken angenehm gewürzhaft, anfangs erwärmend, dann auffallend kühlend..." Und genau diese Eigenschaften waren es, die Müller's Aufmerksamkeit erregten. Denn ganz genau so sollte sein Bonbon schmecken. Ein deskriptiver Name für das neue Produkt war schnell gefunden. Getreu der Verfahrensweise jener Tage sollte etwas Lateinisches darin enthalten sein, etwas zeitgemäß Englisches, und insgesamt sollte es sich auf jeden Fall auch künstlerisch verfremdet noch gut anhören. Da bot sich das lateinische „*viv*ere" an, was LEBEN bedeutet und das englische „*oil*" für ÖL. Das „Lebensöl" *VIVIL* war geboren. Von Straßburg aus konnte es nun ab 1902 als Pfefferminzbonbon in die ganze Welt hinausziehen.

Heute zeigen Untersuchungen, daß *Vivil* allein in der Bundesrepublik bei fast 90 Prozent der Bevölkerung bekannt und beliebt ist. International liegt der Bekanntheitsgrad über jedem Mitbewerber. Daß diese Popularität nicht von ungefähr kommt, ist wohl klar. Was also steckt dahinter? Wie bleibt man über fast ein Jahrhundert kühler Dauerbrenner Nummer Eins?

Es sind Grundprinzipien der Unternehmens- und Produktpolitik, die schon zur Zeit der Gründung eingeführt und über die Jahre konsequent umgesetzt wurden. Als produktspezifisches Element ist dabei hervorzuheben, daß schon das erste *Vivil* nur aus natürlichen Grundstoffen zusammengesetzt war, das Produkt also weder den Verbraucher noch die Umwelt belastete. Ein wahrhaft prophetischer Ansatz zu einer Zeit, als man am Anfang des Industriezeitalters von solchen Überlegungen wie der Sorge um Umweltschutz noch recht frei war. Profit stand in den allermeisten Firmen an erster Stelle, Profit um jeden Preis. Mit dieser Unternehmensphilosophie wurden Ressourcen und Menschen ausgebeutet frei nach der Devise: „Nach uns die Sintflut." Nicht so bei *Vivil.*

Nur wenige vorausschauende Unternehmerpersönlichkeiten planten damals für die Zukunft, trugen Verantwortung nicht nur für ihre Mitarbeiter, sondern auch für ihr soziales und ökologisches Umfeld. *August Müller* gehörte zweifellos zu ihnen. Noch heute finden sich deshalb in den Produkten aus dem Hause *Vivil* keine künstlichen Ingredienzien, alles wird auf natürlicher Basis hergestellt. Nicht umsonst ist gerade heute *Vivil* beim zunehmend wachsenden Umweltbewußtsein und der ansteigenden Gesundheitswelle buchstäblich in aller Munde.

Interessant in diesem Zusammenhang ist die Tatsache, daß durch das Einatmen der in jedem *Vivil* enthaltenen ätherischen Substanzen ein Gefühl der Erfrischung entsteht, das den Effekt richtiger Atmung noch unterstützt. Und die ist lebenswichtig für gesundes Leben. Denn, so dokumentiert es in der Firmenbroschüre zum 50sten Jubiläum des Unternehmens 1952 ein alter Sanitätsrat: *„Wir schnappen gerade so viel Luft, daß wir am Leben bleiben. Aber was versäumen wir? Wenn Sie schon mal bewußt fünf, sechs, lange, tiefe Atemzüge in frischer Luft tun, wie das den ganzen Körper angenehm durchflutet, wie das Blut in Wallung gerät, wie der Kopf frei wird – wie das erfrischt. Und wenn Sie bewußtes, tiefes Atmen zur Gewohnheit machen, – als Erfrischung zwischen der Arbeit, oder gar als tägliche »Andachtsstunde des Atmens«, – werden Sie Wunderwirkungen spüren! Ja, viele Krankheiten unserer Zeit, mit denen sich die Doktors so tüchtig beschäftigen, blieben Ihnen erspart, wenn Sie richtig atmen würden! Manche Krankheit und Schwäche können Sie sogar »wegatmen«."* Und er fährt fort: *„Die alten Inder und Chinesen wußten längst, was die modernen Biologen über die Wirkung des Tiefatmens wiederentdeckt haben: Das Leben ist leichter, wenn man besser atmet!"* Und er gibt am Schluß noch den Tip, daß *Vivil*, das natürliche Pfefferminz, das gesunde Atmen geradezu anrege, mache es doch das Atmen erst richtig „schmackhaft".

Offenbar muß man den Menschen das Atmen tatsächlich erst schmackhaft machen, denn allzuviele atmen immer noch gerade eben so viel, wie sie gerade brauchen, um zu überleben. Vergleichen wir das einfach einmal mit einem Ofen: Der brennt auch, wenn er schlechten Zug hat. Die Flammen züngeln zwar, der Sauerstoff wird verbraucht, doch die Wärme reicht nicht aus, um richtig zu erwärmen. Das ist direkt mit dem Atmen vergleichbar. Oberflächliches Luftholen läßt den Körper gerade einmal Durchschnittsleistungen bringen. Er kann sich zwar selbst versorgen, aber zu richtiger Arbeit reicht es nicht. Erst durch Atmen mit Verstand wird man feststellen, was an Leistungsfähigkeit in einem steckt.

Und diese Leistungsfähigkeit hat man bei unserem Firmengründer und *Vivil*-Erfinder *August Müller* auf eine harte Probe gestellt. Doch gut für uns alle, denn das hat den Erfinderprozeß erst recht in Gang gebracht. Während man den ausgebildeten Kaufmann auf den Exerzierplätzen seiner Stadt als „Ersatzrekrut in der 10. Kompanie des Württ. Infanterie-Regiments Nr. 126 Großherzog Friedrich von Baden" ins Schwitzen brachte, setzte er sich in den Kopf, für solche Fälle eine Erfrischung zu entwickeln, die das am eigenen Leibe zur Genüge erfahrene Durstgefühl erträglich machen sollte.

Kaum aus den Fängen der Soldateska macht er sich an die Erfüllung seines Vorsatzes. 1902 gründet er die Firma A. Müller & Co. in Straßburg, die sofort mit der Produktion von *Vivil* beginnt. Und gleich in den Anfängen befleißigt er sich eines heute klassischen Instruments der Absatzsteigerung: Der Ausweitung der Distribution.

Müller denkt von Anfang an groß, global. Die „Kirchturmspolitik" vieler Unternehmer seiner Zeit lehnt er ab. Sein Produkt soll allen Menschen Erfrischung bringen. So distribuiert er über den Großhandel in alle Teile des Deutschen Kaiserreichs und zunehmend auch schon in die Schweiz, nach Frankreich, Holland, England und die USA. Und hier, im Land der unbegrenzten Möglichkeiten, hat er einen Repräsentanten für Vivil gefunden, der mit seinem berühmten Namen unbezahlbare *Public Relations (= Öffentlichkeitsarbeit)* verbreitet. Sein Name: Hans Mahler, Bruder des berühmten Wiener Dirigenten und Komponisten.

Diese international konzipierte Strategie bringt innerhalb weniger Jahre Erfolg. Bei Ausbruch des ersten Weltkrieges ist *Vivil* zum bekanntesten Pfefferminzbonbon der damals sogenannten „zivilisierten" Welt avanciert, die sich jetzt anschickt, sich gegenseitig zu vernichten. Doch trotz der Wirren, Zerstörungen und einem kriegsbedingten Umzug nach Offenburg am Schwarzwald läuft das Geschäft bald wieder auf vollen Touren. Die Distribution wird konsequent erweitert, neue Märkte werden erschlossen. Als *Dr. Bruno Müller* nach abgeschlossenem Studium im In- und Ausland und seiner erfolgreichen Promotion in Freiburg das Familienunternehmen übernimmt, kommt ein weiterer, wichtiger Meilenstein des *Vivil*-Erfolges hinzu: Die Werbung. Er entwickelt die guten Voraussetzungen des noch in den Kinderschuhen steckenden Markenartikels *Vivil* weiter durch den Einsatz moderner, planmäßiger und gezielter Werbung.

Von nun an findet man den prägnanten Schriftzug in Bahnhofshallen und auf Litfaßsäulen. Aufblasbare *Vivil*-Stangen schweben über den Seebädern und erregen Aufmerksamkeit. In Anzeigen und auf Plakaten wirbt *Vivil*, das Pfefferminz, für den „frischen Atem, der durch den Körper zieht". Sandwichmänner tragen die Botschaft durch die Straßen, und auch im Untergrund weiß man Bescheid: *Vivil*, das Pfefferminz, ist der treue Kamerad. Ein Bekanntheitsgrad sondergleichen entsteht und wächst permanent.

Dieses Marketinginstrument sollte von nun an immer den Stellenwert im Konzert geplanter Maßnahmen haben, der ihm zustand, einen äußerst prominenten Platz. Damit hatte sich der Markenartikel *Vivil* nicht nur etabliert, er war fest im Bewußtsein von Millionen Verbrauchern in aller Welt verankert. Und diese Welt war gerade wieder einmal damit beschäftigt, ihre Errungenschaften zu zerstören. Der zweite Weltkrieg forderte noch größere Opfer von der Unternehmerfamilie und dem Unternehmen, als der erste.

Der Wiederaufbau des Werkes mußte ohne *Dr. Bruno Müller* vonstatten gehen, er blieb nach dem Kriege verschollen. Doch unter der Führung seiner Frau *Elisabeth Müller* wuchsen aus den Trümmern, Ruinen und verlorenen Märkten bald wieder Produktionsanlagen, Distributionskanäle und Handelspartner, und schon 1952, (leider ohne die inzwischen verstorbene Frau *Elisabeth Müller*) konnte bei der 50-Jahr-Feier des Unternehmens stolz von wiedererreichtem Glanz berichtet werden. *Vivil* hatte seine Vorkriegsposition nicht nur wieder erreicht, sondern sogar noch übertroffen. *Axel Michael Müller*, der Erbe in der dritten Generation konnte sich als 13jähriger davon überzeugen, daß die Sachwalter seiner Familie exzellent gewirtschaftet hatten. *Vivil* war wieder ganz oben.

Das heute legendäre „Deutsche Wirtschaftswunder" begann. Und mitten drin in den hektischen Aktivitäten: *Vivil*. Und wie es einem inzwischen schon erfahrenen Altstar der Produktszene zukommt, immer auch in vorderster Front. Ein nie gekannter Werbeeinsatz sorgte für die Erhaltung des unvermindert hohen Bekanntheitsgrades, neue Vertriebskanäle wurden genutzt, indem man jetzt *Vivil* aus extra dafür hergestellten Automaten ziehen konnte, überall, wo Bedarf für eine Erfrischung bestand. Eine ständig wachsende Außendienstorganisation engagierte sich bei lokalen, regionalen und überregionalen Messen, Ausstellungen und bei den verschiedensten sportlichen Veranstaltungen mit Verkaufsförderungsmaterial. *Vivil* prangte nun auf Außendienstfahrzeugen im täglichen Straßenbild, *Vivil* wehte von den Fahnen des Fußballstadions, *Vivil* wurde im Flugzeug der wieder fliegenden Deutschen Lufthansa angeboten und bei Veranstaltungen vom Bauchladen aus. *Vivil* war allgegenwärtig.

In diesen Jahren des raschen Aufbaus, aber auch der Versorgungslücken und des Mangels an vielen Notwendigkeiten des Lebens, kümmerte sich das Unternehmen verstärkt um seine Mitarbeiter. Einer Idee des vermißten *Dr. Bruno Müller* entsprechend, wurde mit dem Bau einer Werkssiedlung begonnen, die dringend benötigten Wohnraumbedarf für Arbeiter und Angestellte befriedigen sollte. Zum Goldenen Jubiläum stand sie als schmucker Zeuge unternehmerischer Verantwortung in der Reihe der Gratulanten und erhielt in einem feierlichen Akt den Namen *„Dr.-Bruno-Müller-Siedlung"*.

Überhaupt fühlt sich die *Vivil* Mannschaft auch heute eher als eine große Werksfamilie, gemäß der Tradition ihrer Männer und Frauen, an der Spitze des Unternehmens. Der mitarbeitende Mensch steht dabei immer im Mittelpunkt, ist Dreh- und Angelpunkt unternehmerischer Zielsetzungen und Entscheidungen. Nur durch den fairen, gegenseitigen Austausch von Arbeitskraft gegen leistungsgerechte Honorierung kann ein Betriebsklima entstehen, das den Grundstein legt für Erfolge des gesamten Unternehmens. Nur durch das vertrauensvolle Miteinander entsteht eine Basis, von der aus man zukünftige Marktsituationen erfolgreich meistern kann. Und für diese Märkte stellte und stellt die dritte Generation des Familienunternehmens in der Person des *Axel Michael Müller* die Weichen. Mit einem weiteren Erfolgsrezept, das die weltweiten Absätze von *Vivil* immer weiter steigen läßt: Die *verbraucherorientierte Markenpolitik.*

Was will der Verbraucher morgen? Was würde ihm übermorgen schmekken? Welches Wirkungsversprechen erwartet er? Welche produkttechnische weitere Nuance würde er kaufen? Die Kunst, diese Fragen befriedigend zu beantworten, entscheidet über Erfolg oder Mißerfolg eines Unternehmens im Markt. Gerade in den letzten Jahren hat es im Konsumverhalten von Süßwaren, und dazu zählt auch *Vivil*, dramatische Verschiebungen gegeben. Der Trend zeigt eindeutig in die zuckerlose Richtung. Leicht muß alles sein. Hersteller tun gut daran, in dieses mächtig wachsende Segment zu investieren. Mit Produkten, die geschmacklich hervorragend vergessen lassen, daß sie keinen Zucker mehr enthalten. Neben ihrer traditionellen Produktlinie hat *Vivil* daher eine breite Palette leichter Süßwaren entwickelt, die sofort eine Eigendynamik im Markt entwickelten und sich schnell in den vordersten Reihen etablierten. Heute ist *Vivil* auch im Marktsegment der zuckerfreien Bonbons Marktführer.

Neben der ewig jungen *Vivil* Stange und der berühmten *Vivil* Rolle im bekannten grün-weiß-goldenen Kleid gibt es die zuckerfreien Varianten in der frischblauen Verpackung. Hinzu kommt die *Vivil* Rolle Citrovit in der gelben Umhüllung.

Mit seiner Neueinführung des *Vivil* Multivitamin-Waldfrucht-Beutels setzte *Vivil* wieder einen Meilenstein. Frische und wertvolle Vitamine gehören seitdem zum Grundprogramm der vielfältigen Geschmacksvarianten in den *Vivil* Beuteln.

Mit dieser verbraucherorientierten Marktpolitik bietet *Vivil* nun wirklich jedem etwas, jeder Geschmack findet in der Produktpalette das Passende. Doch gibt sich *Vivil* damit nicht zufrieden. Denn eine solche Markenpolitik kann nur einer umsetzen, der auch über den notwendigen Einfallsreichtum, über die Kreativität verfügt, Neues zu erfinden, umzusetzen und originell zu vermarkten. Dieses Innovationsvermögen hat bei *Vivil* eine lange Tradition. Und hat sich bis heute erhalten. Ausdruck dieser noch immer unbändigen Vorstellungskraft sind Produkte, die in extrem kurzer Zeit ihren Markt fanden und eroberten.

Da ist zu nennen ein Produkt, das die *Vivil* Frische mit Traubenzucker ideal macht für den aktiven Menschen: *Antjes*, das Pfefferminzbonbon mit Traubenzucker. In den Geschmacksrichtungen Pfefferminz, Zitrone und Waldfrucht.

Einen Schritt weiter geht *Vivil* mit seinem Trendprodukt *Tiger Bites*, dem Fitneß-Bonbon. Wilde Tropenfrüchte mit lebenswichtigen Vitaminen, Calcium und Magnesium sorgen für Leistungs- und Widerstandskraft.

Mit *High-Lights* bietet *Vivil* seinen kalorienbewußten Kunden das adäquate Produkt. Mit 40 Prozent weniger Kalorien beweist jedes Bonbon, daß ernährungsbewußt leben noch lange nicht den Verzicht auf süße Frische oder, beim Wildfrucht-Multivitamin-Bonbon, auf fruchtigen Geschmack bedeuten muß.

Den vorläufigen Reigen der *Vivil* Innovationen schließt ein Kaubonbon ab, das sich gleich in drei beliebten Geschmacksrichtungen präsentiert: süße Kirsche, fruchtige Orange und aromatische Himbeere. *Viva* und *Viva soft* gibt es in der Stange oder gemischt im Beutel.

Die angeführten Repräsentanten einer neuen Zeit haben alle eines gemeinsam, so unterschiedlich sie sich auch präsentieren: Sie haben hinter sich das gesamte Know-how im Süßwarenmarkt, das sich *Vivil* in nun schon fast einem Jahrhundert angeeignet hat. Dieses unschätzbare Wissen um Verbraucherwünsche und -trends, um Marktverhältnisse und -strömungen, um Werbewirksamkeiten und -effizienzen ist unbezahlbare Erfahrung, ist Garant für zukünftige, richtige Entscheidungen. Was immer *Vivil* vor diesem Hintergrund im Markt lanciert hat, wurde erfolgreich.

Und wen immer *Vivil* auf die Bretter schickte, die die Welt bedeuten, er wurde bekannt, wenn nicht gar berühmt. Der Produktstar *Vivil* hat sich somit als *Opinion Leader (= Meinungsführer)* vor alle jungen Kollegen aus seinem Hause spannen lassen, hat für sie geworben, hat sich für sie stark gemacht. Recht ungewöhnlich in diesen Kreisen. Und so sehr er sich in den verdienten, internationalen Vordergrund spielen durfte, so sehr blieb die Familie des *Vivil* Erfinders im Hintergrund. Daß sie in den Kulissen eine hervorragende Regie spielte und noch immer spielt, daß sie mit ihrem Repertoire durch alle Zeiten und Modeerscheinungen aktuell blieb, daß sie auch heute wie eh und je jung und frisch agiert, das bedeutet nichts anderes, als daß der Geist des *August Müller* nicht verloren ging, der seinen Nachkommen ein Produkt und eine Unternehmensphilosophie hinterließ, die, beide zusammen betrachtet, nur als zukunftsweisend bezeichnet werden können.

Wer sich diesem Erbe konform bemüht, immer wieder zukunftsweisende Entscheidungen zu treffen und ebensolche Produkte herzustellen, der hat sich zwangsläufig erfolgreich in die Zukunft katapultiert. Dem muß um das Morgen nicht bang sein, komme im Süßwarenmarkt, was da wolle. Wenn auch die Winde in diesem Markt zu Orkanen anschwellen sollten, der Slogan des modernen *Vivil* wird dann immer noch passen. Je rauher die Stürme toben werden, desto fester wird man dann bei *Vivil* in den Wahlspruch mit einstimmen können: „Seid frisch zueinander!"

So frisch, daß das *Vivil*-Logo jetzt schon auf einem Rennwagen der Formel-I prangt und den beiden Piloten Michael Schumacher und Martin Brundle die Frische in ihren engen, heißen Arbeitsplatz bringt. Michael bevorzugt dabei die vitamin- und mineralienreichen *Tiger Bites*. Was natürlich völlig verständlich ist. Gibt es doch nach der Formel „nomen est omen" nur eine Deutung: Der *Vivil*-gesponserte Bolide schafft die Konkurrenz im Rennzirkus, das Original *Vivil* dieselbe im internationalen Zirkus, der Weltmarkt heißt. Beide sind auf dem denkbar besten Weg dahin.

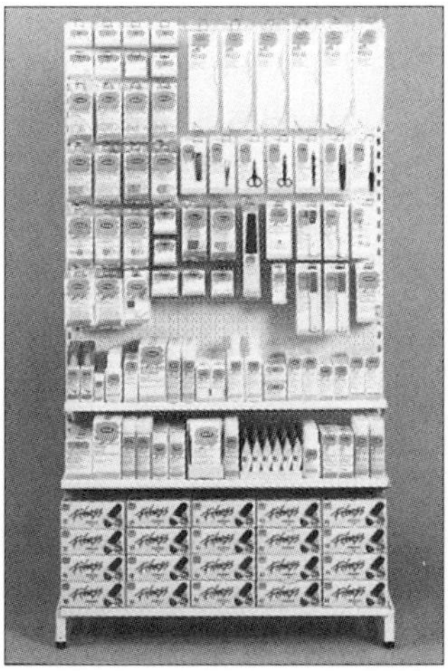

„Mens sana in corpore sano."
(Juvenal)

Es fängt mit einem leichten Ziehen in der Lendengegend an. Es breitet sich langsam über die Hüften aus, steigt allmählich die Wirbelsäule hoch, läßt schon an Ischias denken. Man geht jetzt lieber nicht mehr mit dem Hund um die Ecke, sondern legt sich stattdessen mit einem warmen Tee auf die Heizdecke und leidet still. Wer kennt diese Symptome nicht aus eigener Erfahrung? Wer hat nicht schon mal unter solchen oder ähnlichen Wehwehchen gelitten? Doch wer wird denn da gleich zum Onkel Doktor rennen wollen? Morgen ist ja sowieso alles wieder im Lot. Und nach einigen warmen Bädern, ein wenig vorsichtiger Gymnastik am Türrahmen ist ja tatsächlich alles wieder in Ordnung und in optimaler Arbeitskondition, na ja, von dem gelegentlichen leichten Ziehen abgesehen, das besonders gegen abend beim Plumpsen in den Fernsehsessel kurz zu spüren ist.

Jeder dritte Deutsche, soll einmal ein bekannter Chiropraktiker gesagt haben, leide unter Rückenschmerzen. Ich muß zugeben, so ab und an, besonders in meinem Alter, spüre ich auch schon, daß ich ein „Kreuz" habe. Glaubt man nun der Wissenschaft, dann liegen viele dieser Beschwerden in einer einzigen Ursache begründet. Und diese Ursache hat der Gründer eines heute global operierenden Unternehmens nicht nur gefunden, sondern ebenso weltweit wie radikal zu beseitigen geholfen, jedenfalls für all jene, die sich seiner Produkte bedienen. Ich stelle vor: ***Dr. William M. Scholl*** mit seinen Fußpflegemitteln.

Nun geht es Ihnen ebenso wie mir und natürlich vielen anderen auch, die bei dem Wort Fußpflegemittel unmittelbar an Hühneraugen denken. Irgend etwas anderes fällt da nicht ein. Bestenfalls werden noch Fußbäder genannt, oder Gesundheitsschuhe. Aber da sieht man wieder einmal, welch geradezu gestörtes Verhältnis wir zu unseren Füßen haben. Sie und ich. Da wenden wir und unseresgleichen jährlich Milliarden auf, um unsere Wangen rosig, die Haare gestyled und die Achselhöhlen keimfrei zu halten. Millionen versprühen wir in Duftwässerchen und Betörungsstoffen, Abertausende massieren wir cremig in Haut und Poren, auf Stirn und Kinn. Und trotz all dieses gigantischen Aufwands fängt irgendwann einmal, gänzlich unverhofft, dieses leichte Ziehen an, siehe oben. Und trotz aller Fassadenschönheit muß die Schöne beim Ball abwinken und leise gestehen: Nein, ich tanze nicht. Nicht, weil sie den Galan verabscheut, nicht, weil sie müde ist, nein! Sie tanzt heute nicht, weil sie der Schuh drückt. Und zwar so dramatisch, daß es kaum noch zum Aushalten ist.

Doch Sie haben es schon gelesen, man kümmert sich nicht drum. Etwa ab der Kniescheibe südwärts beginnt offenbar eine Tabuzone, die wir bei der Körperpflege total verdrängt haben. Wir lassen es vielleicht gerade noch zu, daß beim Baden Wasser ans Gebein kommt, Seife vielleicht auch noch, doch wieviel mehr kümmern wir uns um die kleinen Fältchen hinterm Ohr, um den leichten Ansatz zur Korpulenz in Höhe der Körpermitte, vielleicht noch um den Beginn der ach so verpönten Orangenhaut an den Schenkeln. Doch darunter? Kalte Füße! Hammerzehen! Senk- und Plattfüße! Kein Wunder aber auch. Die Volksgesundheit läßt einen Körperteil unbeachtet buchstäblich am Rande stehen, der es nun wirklich nicht verdient hätte:

Haben Sie gewußt, das sich in den beiden Füßen, allein rein statistisch betrachtet, schon ein Viertel all unserer Knochen befinden? Muß angesichts dessen dem Fuß nicht eine höhere Bedeutung im Körper beigemessen werden? Der Körper selbst ist uns da schon voraus. Er läßt dem Fuß eine recht wichtige Bedeutung zukommen. Denn wann immer wir uns unvernünftig gegen ihn verhalten, reagiert nicht nur der angegriffene oder verletzte Fuß, sondern der gesamte Körper mit Signalen, die auf diesen Mißstand hinweisen. Und was sind diese Signale denn anderes als Schmerzen! Rücken- und Hüftschmerzen, Kopf- und Nervenschmerzen, Müdigkeit, Rheumatismus und Krampfadern. Doch genug der unangenehmen, und leider unvollständigen, Aufzählung.

Eines aber macht sie unmißverständlich deutlich: Wer nicht auf seine Füße achtet, wird bald zu leiden haben.

Der Pionier auf dem Gebiete der Fußgesundheit, und heute der wohl bekannteste Vorkämpfer, ist der oben erwähnte ***Dr. Scholl***. Er hatte sich in seinen Jugendjahren nicht einfach damit abgefunden, daß Onkel und Tanten, Bekannte und Freunde offenbar Schwierigkeiten beim Gehen, Probleme mit den Füßen hatten oder manchmal sogar nicht mehr arbeiten konnten, weil die Gehwerkzeuge einfach nicht mehr mitmachen wollten. Er wollte die Hintergründe wissen, er wollte helfen. So studierte er Medizin, um sich die Anatomischen Grundbegriffe zu eigen zu machen, um zu lernen, wie man den Menschen wirksam bei solcherlei Beschwerden helfen könne. Schon 1904 zeigte sein Studium erste Früchte: In seinem kleinen Eckladen in Chicago bot er flexible Stützen für das Fußgewölbe an, aus eigener Fertigung, die es noch heute im Programm gibt. Und als eine seiner ersten Kundinnen in den begeisterten Ausspruch ausbrach: „That's' a real foot easer, isn't it?" frei übersetzt etwa „Das schafft ja richtig Erleichterung!" da war auch der Name für diese Novität geboren. Fortan bewarb ***Dr. Scholl*** sein erstes Produkt mit dem Namen ***„Foot-Easer"***.

Aus den bescheidenen Anfängen sollte in nicht weniger als 35 Jahren ein erdumspannendes Netz von Fabriken, Filialen, Pflege- und Ausbildungszentren wachsen, das der Gründer und Pionier der Fußpflege noch erleben konnte. Der Aufstieg begann schon 1911. Und schon damals zeigte sich eine Qualität der Persönlichkeit des ***Dr. Scholl***, die mit verantwortlich ist für den beispiellosen Erfolg der Marke in diesem Segment: die Zielstrebigkeit und der Mut zum Risiko.

Mit seinem Bruder Frank wurde Europa besucht, um sich um die dortigen Märkte zu kümmern. London war der erste Stop und endete mit der Gründung einer Dependance. Allein machte er sich weiter auf die Reise hinüber auf den Kontinent. Sein Ziel: Frankfurt am Main. Als dort am 9. August 1910 ein junger, dynamischer Amerikaner beim Schuhhaus L. Spier vorsprach, muß es wohl bei beiden Männern „gefunkt" haben, denn ***Dr. Scholl*** verließ den Laden nicht nur mit einem Auftrag über 24 Schuheinlagen Scholl'scher Machart, sondern auch mit dem Versprechen, in Verbindung zu bleiben. Aus dieser Verbindung sollte 1922 der Deutsche Zweig der ***Scholl Manufacturing Company*** entstehen.

Doch bis dahin mußte noch eine geraume Zeit vergehen. Die nutzte ***Dr. Scholl*** zur stetigen Ausweitung seines Produktangebotes. Alle Produkte aber dienten nur einem einzigen Zweck: Der Pflege und der Gesunderhaltung der Füße. Nach diesem Kriterium wurden Puder und Salben, Bäder und Korrekturhilfen entwickelt und gefertigt, die man bisher nicht gekannt hatte. Und plötzlich stieg auch die Gesamtproblematik ins Bewußtsein der leidenden Bevölkerung. Hier war endlich jemand, hier gab es endlich Produkte, die Hilfe nicht nur versprachen, sondern nachweisbar auch brachten. Denn ***Dr. Scholl*** forschte und entwickelte nicht nach dem Motto „Wie werde ich Millionär in 14 Tagen", sondern mit dem Ziel, im Bereich Fußgesundheit alles zu tun, was getan werden kann. Ein Zitat aus jenen Tagen zeigt dies deutlich: „Fußschmerzen beeinträchtigen Arbeitskraft und Erholung. Beides ist wichtig zur Erhaltung der Leistungsfähigkeit und Gesundheit. Fußschmerzen schmälern die Daseinsfreude und verursachen ständiges Unbehagen. Deshalb vernachlässigen Sie nie Ihre Füße!" Zitat Ende.

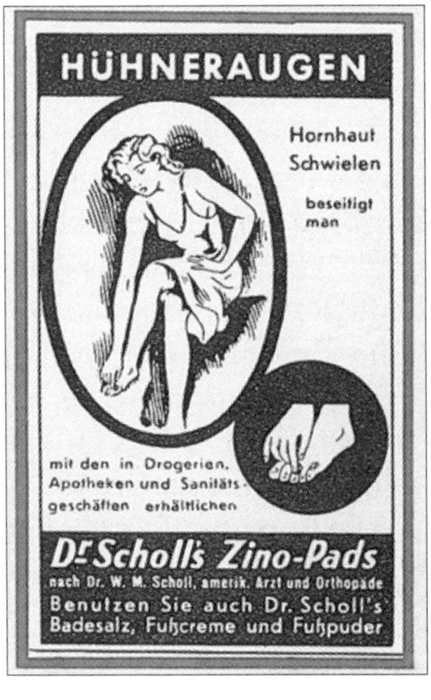

Die von ***Dr. Scholl*** schon damals aufgezeigten Zusammenhänge sind inzwischen längst von der Schulmedizin bestätigt. Kein Arzt auf der Welt wird je wieder in Zweifel stellen, daß über den Fuß viele Störungen im Körper ausgelöst werden können. Jeder Anwender von Scholl-Produkten wird dies natürlich aus Erfahrung bestätigen und hinzufügen, daß zum Ausmerzen des Übels eben jene Produkte beigetragen haben. Eine schöne Leistung für einen Mann, der wirklich das Wohl seiner Mitmenschen im Auge hatte. Da zeigt sich wieder einmal deutlich: Wer mit einem ehrlichen, hilfreichen Produkt auf die Märkte dieser Welt zielt, wird die Verbraucher treffen, egal in welcher „Ecke" des Globus' er seine Pfeile abschießt.

Und ***Dr. Scholl's*** Produkte haben getroffen und treffen immer wieder. In praktisch allen bewohnten Gegenden dieses blauen Planeten, in denen Menschen leben und arbeiten und alltäglichen Belastungen ausgesetzt sind, die „in die Beine gehen". Von Kapstadt bis Spitzbergen, von Feuerland bis Alaska, in Hongkong, Japan, Australien und Neuseeland kennt man Dr. Scholl's, ist dieser Name zum Inbegriff für Fußpflege geworden. Nicht zuletzt auch dank einer Marketingstrategie, die wohl damals in den Gründerjahren eher „Kreatives Innovationsverhalten" geheißen haben mag, hätte es damals schon solche Worte gegeben. Jedenfalls hat sich schon ***Dr. Scholl*** in den ersten Jahren seiner weltweiten Expansion einer Praktik bedient, die für die Zeit der Jahrhundertwende äußerst neu war und auch heute noch äußerst modern daherkommt. Lassen Sie mich dieses Vorgehen anhand einiger Beispiele verdeutlichen.

Recht früh setzte Scholl auf eine Methode, die heute aus unserem täglichen Leben nicht mehr wegzudenken ist: die Werbung. Doch pries er seine Ware nicht nur in Anzeigen (zum Beispiel schon 1905 für den „Foot-Easer" mit einem nackten Fuß im Bild, also einem für die damalige Zeit überaus gewagten Blickfang), sondern auch mit Displays im Schaufenster an, die auf seine Produkte aufmerksam machten. Zusätzlich fuhren alle Firmenlastwagen bei der Auslieferung mit vollbeschrifteten Flächen Eigenwerbung im Straßenbild. Seine Darstellung des Produktes und seiner Anwendung war dabei klassisch einfach wie direkt, nämlich direkt am Fuß, da wo es wirkt. Da gab es keine zeitgemäßen Schnörkel, keine schamhafte Verhüllung und Umschreibung. Immer ging Dr. Scholl geradewegs auf sein Ziel zu. Zum Beispiel wenn es galt, in einer neuen Stadt auf dem Kontinent Fuß zu fassen, schickte Scholl eine stattliche Zahl seiner Fußtruppen, sprich Außendienstmitarbeiter, ins Rennen um Marktanteile, die sie dann auch „standepede" erreichten. Denn immer noch ist die persönliche „Verkaufe" erfolgreicher als die anonyme. Und weil die Art der Produkte oft auch die persönliche Beratung eines ausgebildeten Mitarbeiters notwendig machte, verfuhr Dr. Scholl wieder einmal ebenso ungewöhnlich wie erfolgreich: Er bildete seine Mitarbeiter in eigenen Instituten nach modernsten Methoden der Wissenschaft und Technik selbst aus. Nur so konnte er sicherstellen, daß immer bestens geschultes Personal die oft „verzwickten" Probleme ihrer Kunden auch professionell handhaben konnten. Heute steht diese Fußpflegeschule in Frankfurt am Main nur noch den eigenen Mitarbeitern zur Verfügung, im Gegensatz zu den Jahren vor dem zweiten Weltkrieg, wo sich auch andere, wie freie Fußpfleger oder Drogerie-Inhaber, im Institut ausbilden lassen konnten. In drei- bis viermonatigen Kursen lernen Institutsleiter und Außendienstmitarbeiter, Fußpflegerinnen und Fachpersonal alles, was sie in ihrer täglichen Beratungsarbeit mit ihren Kunden in den *„Dr. Scholl's Dienst-am-Fuß"*-Instituten brauchen.

In diesen wenigen Beispielen zeigte sich die unternehmerische Persönlichkeit des ***Dr. Scholl*** von ihrer besten Seite: Kreativität gepaart mit Innovation gepaart mit Mut zum Risiko. Ingredienzien, die für ein gesundes Wachstum jeder Firma, jedes Unternehmens unabdingbar sind. Attribute, die auch die heutige Führungsmannschaft auf ihre Erfolgsfahnen geheftet hat. Mit diesen Qualitäten expandiert man weiter hinein in eine immer enger zusammenrückende Welt, in eine Welt, wo freier Handel und Warenaustausch starre Strukturen aufweichen und Grenzen fallen lassen, und damit auch jene Menschen an Vorteilen partizipieren können, die ihnen bisher vorenthalten waren. So gesehen steht einer permanenten weiteren Expansion nichts mehr im Wege. Mit immer neuen Produkten, die immer mehr Erleichterung, Hilfe und Abhilfe für die Füße schaffen, die tagtäglich unter voller Belastung stehen. Die heutige Produktliste liest sich daher wie eine medizinischer Gesamtkatalog. Doch soll Ihnen trotz des Umfangs die Produktpalette nicht vorenthalten sein: Vom Schuhwerk angefangen, mit Sandalen, Sandaletten, Pantoletten und den berühmten ***Dr. Scholl's Fußgymnastik-Sandalen*** aus Holz, über Venen- und Stützstrümpfe bis zu Einlegesohlen und Einlagen.

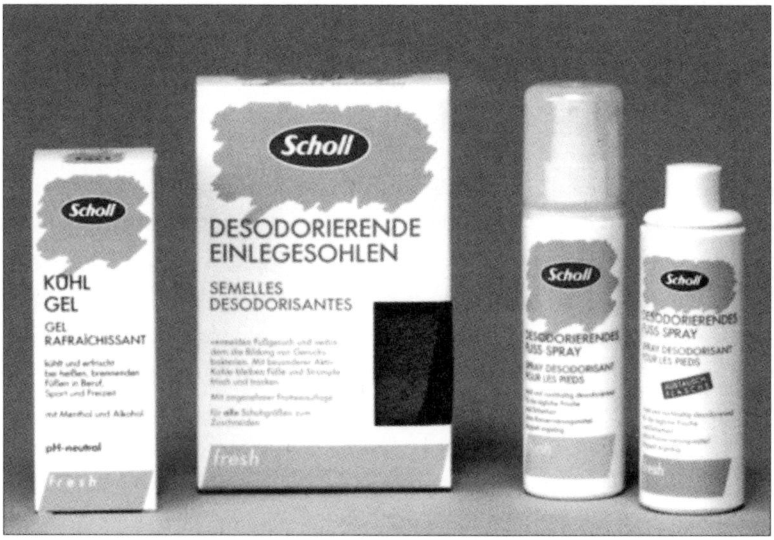

Von Fußbandagen über Fuß-Korrektur-Behelfe bis zu den spezialisierten Fußpflegemitteln reicht das Angebot. Bei so unterschiedlichen Beschwerden wie Hühneraugen und Hornhautschwielen, „Schiefzehen" oder „Schneiderballen", Juckreiz zwischen den Zehen und eingewachsene Nägel, übereinanderliegende oder Hammerzehen, bei brennenden, müden und empfindlichen Füßen, bei schwachen Knöcheln und gegen Wundlaufen, bei schiefgetretenen Absätzen und bei kalten Füßen. Für jedes dieser Probleme gibt es im Scholl-Angebot die richtige Lösung. Natürlich nur dann, wenn man sich auch die Mühe macht, sich um die Bedürfnisse der eigenen Füße zu kümmern. Und da scheint ja noch gar vieles im argen zu liegen.

Es fängt schon beim Wissen um diese Körperteile an. Ich habe Ihnen schon von der Vielzahl der Knochen und Knöchelchen berichtet, die uns alle so sicher (oder auch äußerst schmerzhaft) durchs Leben tragen. Diese Knochen bilden mit Sehnen, Muskeln und Bändern, mit Nerven und Blutgefäßen ein Wunderwerk biophysikalischer Technik, das beim Gehen und Stehen perfekt funktioniert. Normalerweise. Sobald aber der natürliche Bau und die natürliche Funktionsweise beeinflußt oder gar geschädigt werden, zum Beispiel schon durch ein Hühnerauge, können Beschwerden auftreten, die das Gehen zur Qual machen und mit Sicherheit auch Schmerzen in anderen Bereichen der feinabgestimmten, genialen Verbrennungsmaschine, die da Körper heißt, hervorrufen.

Wer nun meint, es sei damit getan, sich die Hühneraugen vom Fuße zu halten, um fortan behende wie ein Reh durch die Fluren zu schweben, dem sei versichert, daß ihn der nächste Kollaps nach einem drückenden Schuh schon einholen wird. Doch Unkenruf beiseite. Alle Mittel dieser Erde helfen natürlich nichts, wenn man selbst nichts dazu tut. Und so hat sich der Firmengründer schon seit Anbeginn seiner Tätigkeit im Dienste der Fußgesundheit auch um die Aufklärung gekümmert. Um die Weiterbildung prospektiver Kunden im Hinblick auf Mittel und Wege zur eigenen Fußpflege. In jedem „***Dr.- Scholl's Dienst-am-Fuß***"-Institut kann sich heute jeder Interessierte umfassend über alle Problemlösungen und Methoden informieren, die er nötig hat, um wieder natürlichen Fußes durchs Leben zu laufen. Hier werden ihm auch alle Dr. Scholl's Produkte angeboten, die ihm dabei helfen können.

Wieder haben wir ein Erfolgsprinzip des Unternehmens offengelegt: Die totale Information und Aufklärung der Kunden über Problematik und Lösungsmöglichkeiten, die um das angebotene Produkt existieren, und die Einbindung des Produktes in diesen Kreis. Der Kunde erlebt so den Hersteller nicht nur als Produzenten, sondern als Helfer in einer die eigene Gesundheit betreffenden Situation. Wenn der Hersteller dann noch den Vorteil hat, daß jeder Anwender den Leistungsbeweis für das jeweilige Produkt jedesmal selbst führt, nach jeder Anwendung, dann steht dem Siegeszug eines solchen Unternehmens nichts mehr im Wege.

Das Weltunternehmen ***Dr. Scholl's*** propagiert deshalb konsequenterweise diesen Beratungsgedanken immer weiter als integrierten Bestandteil ihrer zukünftigen Expansionspolitik. Und so wird sich mancher Konkurrent weiterhin wundern, warum diese Leute mit einem Verhalten Erfolg haben, das sie selbst nun wirklich als geschäftlich bedenklich, wenn nicht für gefährlich erachten: Die Aufmunterung an mögliche Kunden, selbst etwas für die Fußgesundheit zu tun, um einen Zustand zu schaffen, der die Anwendung eines Produktes aus dem Hause Dr. Scholl's praktisch überflüssig machen kann. Doch diese Neider vergessen eines: Bei ***Dr. Scholl's*** weiß man schon lange, daß eine Firmenpolitik, die sich um die Herstellung und die Festigung eines Vertrauensverhältnisses zwischen Kunden und Hersteller kümmert, immer profitabler für die Unternehmensentwicklung niederschlägt als das reine Profitdenken. In diesem Sinne wird man aus diesem Hause weiter die Ermunterungen hören und lesen, regelmäßig seine Füße zu waschen, zu baden, zu massieren, sich bequemes Schuhzeug anzuschaffen und die engen Slipper auf den Müll zu werfen, sich wöchentlich die Nägel zu schneiden und ab und an eine Pediküre zu gönnen, sich also all das anzutun, was man gemeinhin mit Schönheitspflege umschreibt, diesen Ausdruck aber leider nur dann verwendet, wenn es sich um jene Teile des heiligen Körpers dreht, die sich nördlich der Kniescheibe versammelt haben.

Und sollte es dann doch einmal zu diesem leichten Ziehen, na Sie wissen schon, kommen, dann weiß ich wenigstens jetzt, wohin mich meine leidenden Füße dann spornstreichs tragen werden: In eines der 800 „***Dr. Scholl's Dienst-am-Fuß***"-Institute, wo auch immer ich mich gerade befinde auf unserer Erde, wo ich mich dann beruhigt in die Hände einer der 7000 Fuß-Spezialisten begeben werde, die sich um die Milliarden Füße einer fußleidenden Menschheit kümmern, also auch um die meinigen. Vielleicht treffen wir uns dort?

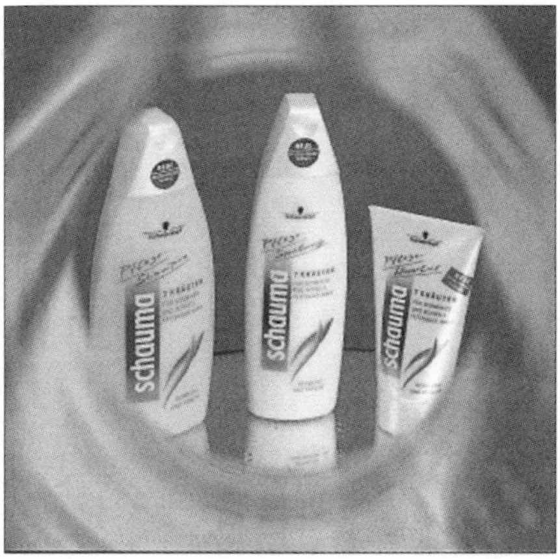

„Haare und Glatzen haben eines gemeinsam: Beide müssen gepflegt werden."
(Charles Bird)

Als Delilah ihrem Samson den Zopf abschnitt, war's aus mit seiner Manneskraft. Als in moderner Zeit eine politische Gruppe die alten Zöpfe abschnitt, war's mit ihrer Ethik vorbei. Wohnen den Haaren mystische Kräfte inne? Was ist dran, am Mythos Haar?

Zugegeben, erst schöne, seidenglänzende Haare krönen die Königinnen der Leinwand, doch werden bekanntermaßen auch noch für Glatzen Hauptrollen vergeben. Lange Haare wurden zum Sinnbild einer ganzen Generation junger Menschen, die damit gegen das sogenante Establishment rebellierten, ebenso aber zeigen heute geschorene Schädel die politischen Ansichten ihrer Träger. Wurden früher dem einen die Haare zur Strafe für Verbrechen abgeschnitten, ließen sie andere zum Zeichen der Weisheit erst recht wachsen. Man sieht: Durch die gesamte Geschichte – und das nicht erst seit Herodes Zeiten – zieht sich das Haar wie ein Faden, an dem manchmal die Geschicke ganzer Völker hingen. Und auch im Sprachschatz glänzt bis heute das eine oder andere Kleinod mit haarigem Sinn. Da haben wir äußersten Respekt vor der Marktfrau mit „Haaren auf den Zähnen", da zittern wir bei Geschäften, die sich als „haarig" erweisen; beim vorteilhaften Angebot des Versicherungsvertreters finden wir „ein Haar in der Suppe", und der Junggeselle entgeht „um Haaresbreite" seinem Eheschicksal. Insgesamt gesehen also steht unser Haar nicht gerade in Verbindung mit den feinsten Gefühlen und Bewertungen, die wir Menschen so füreinander und untereinander übrig haben. Im Gegenteil. Das Haar ist eigentlich in schlechter Bedeutungs-Verwandt- und Gesellschaft. Woher das kommt? Warum wir in Verbindung mit Haaren oft nur etwas Negatives zu sagen haben?

Eine Deutung dieser Misere sei mir erlaubt, auch wenn ich sie nicht wissenschaftlich untermauern kann. Vorausschicken möchte ich aber dringend den Wunsch an den fantasievollen Leser, sich folgende drei Situationen vorzustellen:

1) In grauer Vorzeit sitzt vor seiner Höhle einer unserer Ahnen; er hat gerade ein saftiges Stück Rinderlende vom Spieß gespeist, da tritt ein unverhoffter Besucher hinzu und offeriert ihm seine rechte Hand. Nicht zum Genusse, doch zum Gruße will sie ergriffen werden. Da hilft nur ein rascher, wie abwesender Fächergriff durch's eigene Haar, und die Begrüßung kann erfolgen. Sauber und rückstandslos.
2) Im bunten Biedermeier sitzt Geheimrath Goethe in der Laube und umwirbt Ulriken. Ein Kuß ist angesagt, doch reizt die gepuderte Perücke das verwöhnte gräfliche Näschen auf's äußerste. Aus dieser Liebe konnt'nichts werden. Doch wäre das Tête à tête ganz ohne Puder vielleicht noch viel fataler ausgefallen.
3) Im schrillen Heute sitzt die Dagmar duftend im Daimler, die tolle Frisur flattert im Fahrtwind, der Regen peitscht die Locke, doch die gestylte Pracht, die hält und hält. Und wenn sich Manfred heute abend in die Mähne mengt, ist pures Seidenweich noch immer alles, was er fühlt.

Muß ich noch mehr ausführen? Muß ich noch weitere Beispiele aufführen? Hat es bei Ihnen schon geschnackelt? Natürlich! Natürlich wissen Sie schon längst, warum sich das Image unserer Haare nur ins Negative formen konnte, warum sich alles, was mit ihnen zu tun hatte, ins Negative kehren mußte. Und das sind nun wirklich keine Haarspaltereien! Denn erst seit Erfindung einer ganz speziellen Produktgattung hörte die höchst unsaubere Geschichte unserer Haare auf. Drastisch!

Um die Jahrhundertwende hatten es in England einige versucht, doch erst im Jahre 1904 gelang in Deutschland dann der Durchbruch: Der Berliner Drogist Hans Schwarzkopf brachte ein Haarwaschmittel auf den jungfräulichen Markt. Von nun an gab es keinen Grund mehr, irgend etwas Häßliches, Unreines, oder gar Schmutziges mit Haaren in Verbindung zu bringen. Wer hätte damals gedacht, daß damit auch unser bislang sprachlich diskriminiertes Haar eine Wiedergutmachung erfahren würde? Wer hätte je geahnt, daß unser Haar aus seinem Schattendasein heraus ins gleißende Rampenlicht treten würde? Jedenfalls werden wir es Männern wie Hans Schwarzkopf zu verdanken haben, wenn sich dereinst auch Redensarten und Redewendungen um's und über's Haar ins Seidige, Glänzende, Schöne hinüber entwickelt haben werden.

Ab 1904 gab es also Shampoo in Pulverform von Schwarzkopf. Hatten sich die Menschen, wenn überhaupt, ihre Haare bestenfalls mit Seife gewaschen, konnten sie nun den Riesenunterschied in Sauberkeit, Bequemlichkeit und Pflege feststellen. Mit einer Tüte Shampoo zu 20 Pfennigen. Das Produkt mußte ein Renner werden.

Ein Wort noch zum Begriff Shampoo. Er kommt nicht, wie viele meinen, aus der Marketing-und-Produkte-Küche U.S.A. Nein, er hat einen für viele ungeahnten, einen sogar exotischen Ursprung: In Hindustan benutzen die Hindustanis diesen Begriff, wenn sie Tätigkeiten und Bewegungen des Reibens, Reinigens und Massierens beschreiben wollen.

Von Stund an produzierte also Schwarzkopf sein zwischenzeitlich berühmtes Shampoo aus der Fasanenstraße in Berlin heraus in alle Welt und arbeitete dabei ständig an der Verbesserung von Wirkung und Qualität. Und schon wenige Jahre später konnte er seine Klientel mit Shampoos bedienen, die auf jeden Haartyp speziell zugeschnitten waren. 1908 gab es bereits die Wirk-Sorten Ei, Teer und Kamille. Drei Jahre später kamen Lanolin, Schwefel, Birke, Kräuter und Sauerstoff hinzu. Und auch für mehr Bequemlichkeit wurde gesorgt: Zum ersten Mal gibt es ab 1927 Schwarzkopf Shampoos in flüssiger Form, die man jetzt direkt aus der Flasche auf's Haar bringen kann.

Doch galt es für den Firmengründer noch ein großes Problem zu lösen, das ihn nicht ruhen ließ. Obwohl seine Produkte schon damals Produktstars waren, obwohl sie von Männern und Frauen gleichermaßen gerne verbraucht wurden, obwohl sich die Firma optimal entwickelte, gab es da noch einen kleinen Schönheitsfehler, der das sonst so strahlende Bild trübte.

Die ersten Shampoos hatten immer noch Anteile von Seifensubstanzen, deren alkalische Reaktion im Wasser das Haar beim Waschen aufquellen ließen. Die Folge: Das Haar nahm zuviel Wasser auf, trocknete schlechter und blieb trotz Wäsche durch seine aufgerauhte Oberfläche glanzlos stumpf. Hier mußte Abhilfe geschaffen werden. Und wieder gelang es Hans Schwarzkopf mit seinem Wissenschaftler-Team, das Produkt entscheidend zu verbessern: Seife wurde durch eine nicht alkalisch reagierende Waschsubstanz ersetzt (für die Chemiker unter den Lesern sei hier der Fachbegriff verraten: Fettalkoholsulfat) und schaffte jetzt durch glatte Haar-Oberflächen sauberes, natürlich glänzendes Haar. Und nicht nur das. Waren bisher durch Reaktionen mit dem im Wasser gelösten Kalk stumpfe Beläge, die sich lästig an Haar und Kopfhaut lagerten, nicht zu vermeiden, konnte diese Begleiterscheinung der Haarwäsche endgültig und dauerhaft beseitigt werden. Millionen Frauen auf dieser Welt konnten zusammen mit ihren Haaren buchstäblich aufatmen.

Das neue Schwarzkopf Extra-Mild wurde 1933 im Markt eingeführt und zeigte sich von Anfang an als Gewinner. Bis zu Beginn des zweiten Weltkrieges hatte sich Schwarzkopf mit seiner Forschung, seiner Erfahrung und seiner erfolgreichen Produktserie im Haarpflegebereich als der einzige, als der kompetente Spezialist schlechthin etabliert. Diese herausragende Position half, die Wirren und Schäden des Krieges zu überdauern. Und schon ein Jahr nach der Währungsreform tauchte ein weiterer Produktstar aus dem Hause Schwarzkopf aus den Trümmern auf wie Phönix aus der Asche: Schauma Shampoo, der Inbegriff für Haar-Shampoo war geboren.

Wenn Schauma heute immer noch die Nummer 1 auf dem Haarpflege-Sektor ist, dann muß das Gründe haben, die es zu untersuchen lohnt. Denn für einen Star unter Markenartiklern ist es im Preiskampf scharfer Konkurrenz extrem schwer, Position und Akzeptanz nicht nur über so lange Zeit zu halten, sondern sogar noch stetig auszubauen. Schauma hat dieses Kunststück geschafft, hat es von Geschäftsjahr zu Geschäftsjahr immer wieder in Zahlen schwarz auf weiß bewiesen und steht deshalb auch zu Recht auf dem Podest, wo nur die Erfolgreichsten sich versammeln dürfen. Was waren nun die Gründe für diesen fast schon routinemäßigen Erfolg? Welche Idee, welches Konzept, welche Strategien standen und stehen dahinter? Was ist das Geheimnis der Schauma-Popularität?

Lassen Sie sich zur Aufdeckung desselben nocheinmal in die Kinderzeit des Produktes zurückführen. Denn da wurden schon Weichen gestellt, da befleißigte sich der Firmengründer schon eines Grundsatzes, der bis heute uneingeschränkt Gültigkeit hat. Er wird zum ersten Eckpfeiler weltweiter Marktführerschaft. Folgen Sie mir also ins Berlin der Jahrhundertwende.

Eine treue Stammkundin steht wieder einmal im Gespräch mit ihrem Drogisten vertieft und versucht nun schon zum x-ten Male, ihn dazu zu bringen, ihr ein Haarwaschmittel in Pulverform zu besorgen, das sie bei einer ihrer Reisen nach England dort kennen- und schätzengelernt hatte. Hans Schwarzkopf muß sie vertrösten. Ein solches Mittel gibt es im Kaiserreich nicht, und auch die Beschaffung scheint unmöglich. Die gute Frau aber denkt, wenn sie nur mit etwas Nachdruck weiterhin darauf bestünde, würde es ihr der nette Herr Schwarzkopf schon besorgen. Sie also kommt mit schöner Regelmäßigkeit in seine Drogerie, während er immer wieder bedauernd abschlägigen Bescheid geben muß. Bis, ja bis zu dem Zeitpunkt, wo er sich sagt, wenn sich eine Frau so hartnäckig nach einem Produkt zur Haarpflege erkundigt, dann könnte es doch sein, daß sich auch andere meiner Kundinnen für ein solches Produkt interessieren könnten. Und wenn es noch keinen Hersteller für dieses Produkt gibt, dann muß ich es eben selbst entwickeln und produzieren. Nun, der Rest ist Geschichte. Ebenso wie die Philosophie der ersten Jahre: Was immer Kunden wollen, sie sollen es auch bekommen. Das Ohr an den Wünschen, Sorgen und Problemen des Kunden, und dann den Mut zur Tat, diese Wünsche auch so zu erfüllen, daß sich die Kunden das leisten können. Ob es nun einige hundert Kunden sind, wie in den Anfangsjahren, oder einige hundert Millionen, wie es heute auf dem Weltmarkt aussieht. Diese Konsequenz im unternehmerischen Handeln ist bis heute eine der tragenden Säulen der Schwarzkopf GmbH geblieben.

In den 60er Jahren kommt ein weiteres Erfolgs-Prinzip hinzu. Für die damalige Zeit ein recht außergewöhnliches und deshalb auch von den Zeitgenossen im Marketing als gefährlich erachtet. Denn es herrschte die allgemein verbreitete Auffassung vor, daß durch Diversifikation im Produktbereich, also durch die Schaffung einer breiten Pallette desselben Produktes, für ganz spezielle Anwendungsgebiete und Pflege-Probleme ein sogenannter „Kannibalisierungs-Effekt" der Marke schaden würde. Doch gerade das Gegenteil spielte sich in den Geschäften ab: Jedes einzelne Spezial-Produkt fand seine Käufer. Mit dieser Gewißheit im Rücken entwickelte und produzierte das Unternehmen in der Folgezeit Shampoos für helles und dunkles Haar, eine Spezialwäsche für blondes, Schauma Protein und Schauma gegen Schuppen, Schauma Apfelblüten und schließlich Schauma Babymild. Alle mit den bewährten Wirkstoffen wie Ei, Kamille, Kräuter oder Roßkastanie. Diese Philosophie der speziellen Problemlöser findet ihren Ausdruck im Marketing-Credo des zweiten Erfolgsprinzips: Für jedes relevante Haarproblem die Spitzenlösung!

Mit dieser Stoßrichtung muß natürlich zwangsläufig der reine Shampoo-, also Haarwaschbereich verlassen werden. Eine Ausweitung auf verwandte Segmente des Problemkreises ist notwendig geworden. Und so startet Schwarzkopf mit der Etablierung neuer Produkte aus dem Haar-Spülungsbereich.

Was machte die Schwarzkopf Marketing-Strategen so sicher, daß in diesem neuen Segment signifikante Umsätze zu bewerkstelligen seien? Woher holten Sie sich ihre Sicherheit zur Einführung einer speziellen Schauma Pflege-Spülung?

In jahrelangen Untersuchungen in den werkseigenen Labors hatte sich deutlich gezeigt, daß trotz herausragender Produkteigenschaften des Shampoos beim Reinigen der Haare immer noch nicht das Optimale für anhaltende Pflege gefunden war. Im Bereich Shampoo hatte Schauma alles erreicht, hatte sogar für sich selbst und damit für die gesamte Konkurrenz einen Kriterien-Katalog aufgestellt, der als Meßlatte für alle Produkte dieses Genres noch heute gilt. Diese Regeln zeigen, was bei der Entwicklung eines Shampoos alles bedacht und welche Einzelleistungen zusammenkommen müssen, damit es wirklich funktioniert und den Käufer zufriedenstellt:

- Gute Verteilbarkeit.
  Nur eine gute Verteilbarkeit gewährleistet ein schnelles Schaumausbringen und eine gleichmäßige Reinigung.

- Guter Schaum.
  Ein cremiger Schaum stellt für den Verbraucher ein wichtiges Qualitätsmerkmal dar.

- Gutes Schmutzlöse- und Emulgierverhalten.
  Der Schmutz wird im Haar durch Fett festgehalten. Wird das Fett durch Waschen entfernt, kann der nun lose Schmutz mit ausgespült werden. Da Fett aber selbst nicht wasserlöslich ist, muß es mit Hilfe eines geeigneten Wasch-Rohstoffes emulgiert werden. Infolge des Aufbaus seiner Moleküle ist der Rohstoff in der Lage, die beiden Komponenten Wasser und Fett zu binden und so das Fett im Wasser zu lösen.

- Gutes Dispergiervermögen.
  Der durch die Wäsche gelöste Schmutz muß im sahnigen Schaum sehr fein verteilt (dispergiert) werden, damit er sich leicht und gründlich ausspülen läßt.

- Gutes Schmutztragevermögen.
  Wichtig für die restlose Entfernung des Schmutzes. Denn was nützt es, wenn er gelöst ist, sich aber schnell wieder am Haar festsetzen kann.

- Gute Ausspülbarkeit.
  Bleiben Reste zurück, wirkt das Haar nach der Wäsche unsauber und matt.

- Gute Hautverträglichkeit.
  Eine gute Reinigungsleistung bei nicht zu starker Entfettung ist gefragt, so daß Kopfhaut und Haare nicht spröde und trocken werden.

– Gute Kämmbarkeit.
Das Haar darf durch die Wäsche nicht „verfilzen“, sondern muß selbst bei extremer Länge gut durchzukämmen sein.

– Guter Glanz.
Das Shampoo soll zwar Fett und Schmutz vom Haarschaft entfernen, diesen aber nicht aufrauhen oder die Schuppenschicht öffnen oder gar verletzen. Nur ein glatter Haarschaft kann das Licht reflektieren und damit der Frisur Glanz geben.

– Gute Wasserhärte-Verträglichkeit.
Ein Shampoo soll für Wasser aller Härtegrade geeignet sein. Je nach Gegend enthält das Wasser mehr oder weniger Calcium- und Magnesium-Salze (Wasserhärte), die mit Seife schwer lösliche Verbindungen eingehen, mit Shampoo-Waschrohstoffen dagegen nicht.

– Gutes äußeres Erscheinungsbild.
Die gewaschenen Haare sollen gepflegt aussehen, sauber und gewaschen eben.

– Gute Duftnote.
Angenehme Parfum-Noten sind wichtige Merkmale für den erfolgreiche Absatz eines Shampoos.

– Gute Haltbarkeit.
Es muß gewährleistet sein, daß sich die verschiedenen Bestandteile des Shampoos miteinander vertragen und auch bei längerem Aufbewahren ihre speziellen Eigenschaften nicht verlieren und ihre Wirkung beibehalten. Auch sollen sich durch die Lagerung Aussehen und Geruch nicht verändern.

Wie man aus dieser Liste der Forderungen an ein gutes Shampoo unschwer erkennen kann, ist es immer ein ausgewogener Kompromiß der Ingredienzien untereinander, der dann letztendlich zu einem verkaufbaren Qualitätsprodukt führt. Denn mit an wichtigster Stelle aller Überlegungen steht immer auch die Forderung, daß das produkt erschwinglich für den Käufer bleibt. Getreu dem wichtigsten Grundsatz für einen Massenartikel: Er muß für den Konkurrenzkampf äußerst knapp kalkuliert sein, damit er für Massen von Menschen erschwinglich wird. Obwohl Schauma Shampoo in idealer Weise die vorgestellten sechzehn goldenen Shampoo-Regeln erfüllte, konkurrenzlos erfüllte übrigens, sich also schon in begrenztem Rahmen mit der Pflege beschäftigte, gab es noch viel zu forschen und zu testen im Bereich der Haarpflege. Bis endlich 1987 Schauma-Spülungen in drei Sorten auf den Markt kamen, kurz darauf ergänzt von der 7-Kräuter-Pflege-Spülung. Alle vier werden heute noch erfolgreich angeboten.

Doch immer noch klaffte in der Produktpallette gegenüber dem gesetzten Wunschziel eine Lücke. Erinnern wir uns: „Für jedes relevante Haarproblem die Spitzenlösung“ sollte erreicht werden. Nun, auch diese Lücke war bald geschlossen. Schon 1990 konnten die Wissenschaftler des Schwarzkopf-Labors ein spezielles Schauma Kur-Programm vorstellen, das für die wichtigsten Haarprobleme die Spitzenlösung anbot (inklusive einem 1991 eingeführten Produkt mit den Vorteilen von Waschen und Pflegen in einem Produkt, Schauma 2 in 1). Damit war Schauma endlich zu einer kompletten Pflege-Serie mit den wichtigsten Produkten Shampoo, Spülung und Kur avanciert. Das Ziel war erreicht. Wie sollte es nun weitergehen?

Diese Frage stellte sich den Marketingexperten bei Scharzkopf, die für den Bereich Schauma verantwortlich zeichnen, nie. Denn in ihren Köpfen gibt es keine Stopschilder, da finden immer neue Überlegungen statt. Da ist eine Entwicklung nie abgeschlossen, alles ist im Fluß. Deshalb wurde und wird auch die Schauma Serie immer wieder den veränderten Konsumverhalten angepaßt, werden immer wieder innovativ Trends genutzt und selbst initiiert, werden weiter Schauma Produkte auf den Markt drängen, die permanent beweisen, daß die Marktführerschaft in diesem Segment nicht umsonst schon so lange gehalten wird, daß sie schon fast als felsenfest und unverrückbar bezeichnet werden kann.

Fragt man die Strategen in der Führungsmannschaft nach den Zielen für die Zukunft Ihres Produktstars Schauma, erhält man zur Antwort: „Mehr Milde, mehr Pflege, mehr Leistung. Mehr Bequemlichkeit für den Verbraucher und mehr Verantwortung für seine Umwelt. Mehr Lebensqualität. Und das alles zu Konditionen, die nicht nur uns und unseren Mitarbeitern Freude machen, sondern jedem einzelnen Kunden draußen im Markt. Denn ein Star bleibt nur so lange im Rampenlicht stehen, wie ihn sein Publikum dort haben will."

„Auch die kräftigsten Vögel überleben nur solange,
wie sie ihr Revier fest im Griff haben."
(D. Frey)

Als im Jahre 1932 August Fischer den ersten Kunstharzkleber der Welt entwickelte, mochte er wohl nur vage geahnt haben, welche Revolution in den heimischen Bastelstuben, in Kindergärten, Schulen und Heimwerkerkellern er in die Wege zu leiten im Begriff war. Der Apotheker schwäbischer Herkunft hatte sich 1905 im badischen Bühl niedergelassen und mit dem typischen Fleiß und Arbeitseifer, den man auch heute noch den Schwaben nachsagt, die Chemische Fabrik Ludwig Hoerth bald zu einem angesehenen Unternehmen mit internationalem Ruf weiterentwickelt. Doch die Produktpalette, die von Tinten und Tuschen bis hin zu Farbbändern und Linierfarben, Stempelkissen, Lacken und Kleistern so ziemlich alles umfaßte, was in Büro und Haushalt praktisch und erwünscht war, genügte seinen Ansprüchen nicht. 1924 übergab er die kaufmännische Leitung des Unternehmens seinem ältesten Sohn Hugo Fischer und zog sich zurück zu den Schmelztiegeln und Töpfen, den Bunsenbrennern und Reagenzgläsern in seinem Labor. Seiner Forschernatur konnte er hier nach Herzenslust freien Lauf lassen.

Acht Jahre sollte es dauern, bis er seinen Traum verwirklicht hatte: einen absolut zuverlässigen Klebstoff aus der Retorte zu entwickeln. Das, was bis zu diesem Zeitpunkt im Falle eines Falles zusammenschweißen sollte, was nicht niet- und nagelfest war, war alles andere als befriedigend; die Palette reichte von handgerührtem Knochenleim bis zum nicht wasserfesten Kleister aus Stärke, Zucker oder anderen mehr oder minder bindenden Materialien. Papier behielt beim Kleben aufgrund der Durchnässung niemals seine Form; Holz, Stoff, Leder, Porzellan oder Keramik hielten meist nicht länger als bis zum nächsten handfesten Gebrauch. In dieses Revier stürzte sich August Fischer und besetzte es auf Jahrzehnte hinaus mit seinem großen Wurf: Der erste Universalkleber auf Kunstharzbasis, glasklar und von homogener, immer verarbeitungsbereiter Konsistenz, wasserfest, weitgehend säure- und laugenbeständig und resistent gegen den Einfluß von Benzin und Öl, war geboren.

Mit ihm hielt ein neuer Raubvogel Einzug in die Welt der Büro-Ornithologie: Der UHU gesellte sich zu seinen alteingesessenen Kollegen ADLER, MARABU, PELIKAN, GREIF und SCHWAN. Und er kam mit einem Wahlspruch, der wahrscheinlich einer der bekanntesten deutschsprachigen Werbeslogans der letzten sechzig Jahre ist. Wer es nicht glaubt, der frage einmal die neunzigjährige Urgroßmutter, den dreijährigen Urenkel und alle dazwischenliegenden Generationen, was ihnen beim Ausspruch „Im Falle eines Falles ...“ wohl einfällt?

Der erste Grundsatz, mit dem der geborene Marketingstratege damals das neue Produkt lancierte, lautete: UHU muß schnellstmöglich zum Inbegriff des Haushaltsklebens schlechthin werden. Zu diesem Zweck bemühte er sein kleines Werbebudget auf sehr effektive Weise. Fünf Jahre lang versorgte er 36.000 Schulen des Landes dreimal im Jahr mit Proben und Informationsmaterial über den neuartigen Alleskleber. Jede Schreibwarenhandlung und jede Drogerie im Lande wurde mit einem kleinen Vorrat bestückt. Die ersten Anzeigen wurden in Jugendzeitschriften geschaltet.

1938 folgte ein weiterer wesentlicher Schritt. Die beiden Söhne Hugo und Manfred Fischer hatten das Unternehmen vom Vater übernommen und machten nun etwas, was auch damals schon eine Menge Mut abverlangte: Sie kürzten die über 120 Artikel des Bürobedarfs-Programms auf einige wenige und setzten alles auf den Ausbau der Klebstofflinie.

Die Konzentration auf das Wesentliche hatte einen umwerfenden Erfolg. Die Umsätze schnellten 1937 um 33 Prozent, 1938 um weitere 25 und 1939 nochmals um 30 Prozent in die Höhe. 1938 wurde das Unternehmen unbenannt in UHU Werk H.u.M. Fischer O.H.G.

Der erste ganz große PR Coup gelang, als Graf Zeppelin die „Hindenburg“ mit UHU klebte. Der Eulenvogel hatte zum Höhenflug angesetzt und begann ein Kapitel deutscher und internationaler Marketing-Geschichte zu schreiben, deren exakte Analyse auf den Punkt gebracht zu zwei wesentlichen Erfolgsformeln führt, die im folgenden näher erläutert werden sollen.

Erfolgsformel Nr. 1: Die Kontinuität in den Basiselementen

Allein die Namensfindung war schlichtweg genial. Zwar gab es schon den Pelikan, den Adler und die anderen erwähnten Wald-, Wild- und Raubvögel auf dem deutschen Markt für Bürobedarfsartikel, doch ein UHU ist auf zweierlei Weise besser als alles bislang Dagewesene:

Erstens, der Name ist so ungeheuer einfach und einprägsam, daß ein Kind ihn genauso schnell lernen kann wie Mama und Papa. „Mama, UHU!“ Damit war die Türe zu den ganz jungen Verbrauchern schon ganz früh aufgestoßen worden.

Zweitens: Der Name liest sich vor- wie rückwärts gleich. Ein „eye-catcher“. Bruchteile von Sekunden genügen, um einen Wiedererkennungseffekt zu erzielen. Die Einprägsamkeit kann einfach nicht mehr besser sein. Die Internationalisierung des Namens UHU gelang mühelos; selbst wenn man ihn in England mit „Ju-hu“ und in Frankreich mit „Ü-Ü“ verbalisiert – weiß jeder, was gemeint ist. Dann die Verpackung. Tubenfarbe gelb, Schriftzug schwarz. Die klassische Tube hatte zwar einen etwas schlankeren Schriftzug, aber das ist auch schon das Auffälligste, was sich bis zum heutigen Tag am äußeren Erscheinungsbild des UHU Alleskiebers geändert hat.

Drittens: Der Zusatz. Kein anderes Wort als „Alleskleber“ könnte treffender auf einen Punkt bringen, was sich die Leute damals von einem Produkt wünschten, das zu kleben versprach. Man erinnere sich noch einmal: Knochenleim, Zuckerpaste, Stärke. Und dann kam einer und versprach: „Alleskleber!“ Daß bis heute dieser Zusatz „Alleskleber“ bestehen blieb, ist ein weiteres Merkmal einer unerschütterlichen Kontinuität. Denn heute besteht das UHU-Angebotsspektrum aus etwa 60 Produkten, und die meisten davon sind Spezialkleber. Dennoch: Der „Alleskleber“ besteht weiter und wird wohl auch in den nächsten 100 Jahren noch existieren.

Ein viertes Element kennzeichnet die Kontinuität: Der unvergeßliche Slogan: „Im Falle eines Falles ...“ Wer erinnert sich da nicht gerne an die Werbespots der siebziger Jahre, an das Bulldozer-Spektakel mit UHU greenit oder die filigranen Klebearbeiten mit UHU flinke flasche? Und wer freut sich heute nicht über die wiederangeklebte Nase der Freiheitsstatue, die dank „UHU sekunden alleskleber“ geruchsfrei wieder durchatmen kann? Eben wie schon der Slogan sagt: Im Falle eines Falles ... Ein Slogan, der in seiner modernen Form („Im Falle eines Falles – UHU“) die gesamte Produktpalette und damit eine Dachmarkenstrategie stützt.

Kontinuität im Markenauftritt bedeutet bei UHU: Beibehalten der wesentlichen Merkmale und Kennzeichen eines Produktstars. Es bedeutet, von Generation zu Generation gegen den Drang, alles verändern und besser machen zu wollen, mit Vehemenz anzugehen und jede Aktion in den bescheidenen Dienst dieser Basiselemente zu stellen.

Wer nun aber meint, daß der UHU von allein für seinen Höhenflug sorgt, daß er unbeschadet jeden Sturm und jedes Wetter übersteht, nur weil er UHU heißt und unermüdlich in seinem gelb-schwarzem Gewand in Erscheinung tritt, der sieht sich getäuscht. Ein weiteres Zauberwort, mit dem der beständige Markenerfolg des Eulenvogels in unmittelbarer Verbindung steht, lautet „Kapillarwerbung“.

Erfolgsformel Nr. 2: Kapillarwerbung

Was ist unter diesem Marketingbegriff aus dem Hause UHU genau zu verstehen? Beleuchten wir zunächst einmal das Wort „Kapillare“ etwas näher. Der Begriff entstammt eigentlich der Humanmedizin und bezeichnet die haarfeinen Blutgefäße, die unsere Zellen mit den notwendigen Nährstoffen versorgen. Durch diese Kapillaren dringen die Nährstoffe mittels biochemischer Vorgänge stetig in die Zellen ein, während Ausscheidungsstoffe auf dem umgekehrten Weg in den Blutkreislauf gelangen und von da abtransportiert werden. Wenn man so will, ist dies ein beständiger unmerklicher Prozeß des Austauschs von Sauerstoff, Stickstoff und anderen Stoffen.

Mit dieser Idee vor Augen machte sich August Fischer schon bald nach der Einführung seiner Erfindung auf dem Markt daran, die unterschiedlichen Anwendergruppen seines Produktes direkt und unmittelbar zu erreichen. Seine Söhne griffen dies nicht nur auf, sie erweiterten das Grundprinzip und richteten sich schon frühzeitig durch die richtigen Marketingaktionen an die Zielgruppen und deren Meinungsbildner – modern ausgedrückt. Der Ausstrahlungseffekt, der in der Folge für die Produktbekanntheit sorgte, war enorm.

Wie also funktioniert das Prinzip der Kapillarwerbung? Versuchen wir, den Begriff mit moderner Marketingterminologie zu umreißen; wohlwissend, daß hier die Definition für etwas gegeben wird, das seit vielen Jahrzehnten im Hause UHU bereits in Aktion ist – lange bevor überhaupt jemand versuchte, diese Art von Marketing theoretisch zu erfassen.

Unternehmen mit einem großen Werbebudget streuen in aller Regel sehr breit. Sie schalten viele Anzeigen, senden Funk- und Fernsehspots. Damit nimmt man jedoch in Kauf, daß Intensivverwender, die z.B. im Klebstoffmarkt eine große Rolle spielen, mit einem recht hohen Streuverlust erreicht werden.

Klebstoffe gehören in die Gattung der sogenannten „low interest items" – das sind Produkte, die nicht systematisch gekauft und verwendet werden, sondern die nebenbei eben auch im Haushalt vorhanden sind und nach denen man greift, wenn gerade der Fall eines Falles eingetreten ist. (Statistisch verbraucht jeder Bundesbürger im Jahr 1,2 Tuben Klebstoff). Oder sie werden angewendet beispielsweise zu Bastlerzwecken, aber auch hier bastelt niemand aus Lust am UHU, sondern weil er die Burg, das Haus, das Schiff, das Flugzeug – kurz ein bestimmtes Endprodukt zu erstellen wünscht.

Wie vermarktet man nun also ein „low interes item" mit möglichst geringen Streuverlusten? Eben indem man Werbung dort und dann betreibt, wo das Produkt zum Einsatz kommt. Das bedeutete schon für August Fischer: In die Kindergärten und Schulen gehen. Es bedeutete in der weiteren Entwicklung des Unternehmens, alle „heavy user"-Gruppen zu erfassen und gezielt durch Werbemaßnahmen zu erreichen. Daraus entstand quasi das Konzept: Weniger breit gestreute Werbung, dafür gezielte Werbung dort, wo sie am besten investiert ist.

Umreißen wir die Eckpfeiler der Kapillarwerbung. Dabei werden aus der anonymen Masse der Verbraucher vor allem folgende Zielgruppen herausgegriffen:

1. Modellbauer
2. Heimwerker
3. Bastler
4. Kindergärten
5. Verbraucher in Schulen
6. Verbraucher in Büros
7. Verbraucher in privaten Haushalten
8. Industrielle Verbraucher
9. Verkaufspersonal

Jede dieser unterschiedlichen Gruppen soll nun so gezielt wie möglich angesprochen werden; die Meinungsbildner (z.B. Lehrer, Kindergärtnerinnen, Mütter, Verkäufer) sollen dabei als Multiplikatoren dienen.

Hier nun einige konkrete Aktionen, die im Verlauf der letzten Jahrzehnte im Sinne der Kapillarwerbung unternommen wurden. Sie sind alle langfristig angelegt und unterscheiden sich dadurch von den jährlich wechselnden Verkaufsförderungsmaßnahmen, die durch aktuelle Klebeanregungen eine unmittelbare Umsatzsteigerung anstreben.

Der Jugend-Flugmodell-Wettbewerb „Der kleine UHU": 1955 zum erstenmal durchgeführt, gehört der in Zusammenarbeit mit dem Deutschen Aeroclub veranstaltete jährliche Wettbewerb mittlerweile zu jenen alljährlichen Jugendereignissen, die nicht mehr wegzudenken sind.

Die UHU-Bastelanregungen „Im Falle eines Falles", die dreimal in jedem Jahr an 52.000 Kindergärtnerinnen kostenlos verteilt werden. Ergänzt wird diese Aktion seit einiger Zeit durch pädagogische Arbeitsinformationen für Kindergärtnerinnen in den neuen Bundesländern, die von Fachkräften erstellt wurden und mehr Anregungen zu sinnvollem Spielen vermitteln – eben mehr als einfache Bastelvorlagen.

Die Informationen für Primarstufen-Lehrer (Werken und Kunsterziehung), die alljährlich ebenfalls dreimal unter dem Namen „UHU Creativ" an ca. 46.000 Lehrer kostenlos versandt werden. Auch hier spielt die qualitative Auswahl pädagogisch nützlicher Information und Anregung eine große Rolle. Dazu „UHU Creativ" für die Sekundarstufe in einer Auflage von 13.000 Stück. Das Prinzip lautet: Lehrer arbeiten für Lehrer. Alle Themen, die hier aufbereitet werden, sind in der Schule erprobt worden und können vom Lehrer unmittelbar verwendet und als praktische Unterrichtshilfe benutzt werden.

Kurse im Bereich Klebetechnik, die lehrplanbezogen ausgeführt werden. Mittlerweile haben über 7.000 Lehrer diese Kurse, die in Zusammenarbeit mit den zuständigen staatlichen Stellen durchgeführt werden, absolviert.

Die UHU-Fachhandelslehrgänge. In jedem Jahr werden etwa 180 Fachverkäufer nach Bühl eingeladen und erhalten im Rahmen des sechstägigen Lehrgangs „Hobby, Werken, Basteln" fachkundige Informationen über das gesamte Bastelspektrum, die an den Verbraucher weitergegeben werden können.

Eine wiederholt sehr erfolgreich laufende Kooperation mit dem Burda-Verlag in Form eines Bild- und Funk Sonderheftes für weihnachtliche Bastelanregungen mit UHU Klebstoffen.

Neben diesen und anderen Kapillarmaßnahmen werden in jedem Jahr spezifische Verkaufsförderungs-Aktionen durchgeführt, die vorhandene saisonale Kaufanlässe unterstützen (z.B. Schulanfang, Renoviersaison) oder neue durch kreative Bastelanregungen schaffen sollen. Immer wieder ist es faszinierend, festzustellen, in welchem Ausmaß sich die bundesdeutsche Bevölkerung (auch heute noch) zu Kreativ-Wettbewerben motivieren läßt. Drei Beispiele sollen das belegen: Beim UHU Klebebild-Wettbewerb waren unter den über 5.000 Einsendungen so viele originelle Kunstwerke, daß die prominente Jury bei der Auswahl der Sieger eine schwere Nuß zu knacken hatte. Dann bastelte die ganze Nation an der „größten Bastelstadt der Welt", die schließlich im Guinnes-Buch der Rekorde eingetragen wurde und lange Zeit die Besucher des Freizeitparks Haßloch begeisterte. Auch das Thema „Ferien auf dem Bauernhof" bescherte den Helfern bei der Sichtung und Registratur der Fülle eingegangener Arbeiten wieder schlaflose Nächte – und zum Ausgleich dem UHU Klebstoffumsatz einen schönen Sprung nach oben.

Als drittes Standbein im UHU Kommunikationsmix mit dem Verbraucher hat die klassische, breit streuende Werbung ihren festen Platz: Sie hat die Aufgabe, neue Produkte mit einem breiten Verwenderkreis über Fernsehspots oder Anzeigen in der Publikumspresse bekanntzumachen.

All diese Maßnahmen dienen dem Zweck, UHU in den Köpfen der Verbraucher als die Dachmarke mit einem breiten Klebstoffsortiment zu etablieren. UHU – so lautet die Zielvorgabe des Marketing – muß im Kopf der Anwender verankert sein als DER LÖSER ALLER PROBLEME, DIE MIT KLEBEN ZU TUN HABEN. Unabhängig davon, welches Klebeproblem der Anwender hat – im Falle eines Falles gilt nur eines: UHU. Um ihm die Wahl des richtigen Klebstoffs für sein spezifisches Klebeproblem zu erleichtern, wurden alle größeren UHU Stammplazierungen im Handel mit einem Klebecomputer ausgerüstet. Der Verbraucher muß nur zwei Tasten drücken. Nachdem er die zu verbindenden Werkstoffe eingegeben hat, zeigt ihm der Computer den richtigen UHU Klebstoff zur Problemlösung. Aus der Palette der mittlerweile etwa sechzig UHU-Kleber kann er somit auf einen Griff das richtige Produkt wählen.

Wie erfolgreich der UHU Kommunikationsmix war und noch immer ist, zeigen Marktumfragen: UHU erreicht eine ungestützte Markenbekanntheit von 93 Prozent und läßt damit seinen stärksten Konkurrenten (56 Prozent) weit hinter sich. Erstaunlich auch die Markenbekanntheit in den neuen Bundesländern: Hier liegt UHU mit über 80 Prozent ungestützter Bekanntheit ebenfalls an erster Stelle, gefolgt von DUOSAN, das mittlerweile von dem Bühler Werk gekauft und als Marke gerettet wurde. (DUOSAN gehörte den ORWO-Werken, deren Klebstoffproduktion von UHU übernommen wurde). DUOSAN, aus DDR-Zeiten dem Verbraucher dort lange bekannt, wurde keinesfalls vom Markt verdrängt, sondern bleibt in neuer Verpackung auch weiterhin erhältlich. Die Formel des Klebers wurde verbessert, das Vertrauen in das Produkt wiederhergestellt, nachdem es zunächst vom heimischen Markt zu verschwinden drohte.

Wie in anderen Märkten herrscht auch im Klebstoffmarkt ein starker Verdrängungswettbewerb. UHU hat schon früh erkannt, daß die starke Bedürfnisdifferenzierung in den unterschiedlichen Zielgruppen nicht nur eine kapillare Kommunikation, sondern auch eine innovative Produktpolitik erfordert.

So konnte z.B. der Trend der jüngeren Zielgruppen zu Convenience Produkten im Allesklebermarkt noch rechtzeitig durch die Einführung der „flinken flasche“ zugunsten von UHU entschieden werden. Das war 1976. UHU hat diese Strategie beibehalten, seine neuen Produkte möglichst wie die „flinke flasche“ mit einem innovativen Vorteil auszustatten, und ist damit sehr erfolgreich gewesen, wie auch das jüngste Beispiel aus dem Sekundenklebermarkt zeigt:

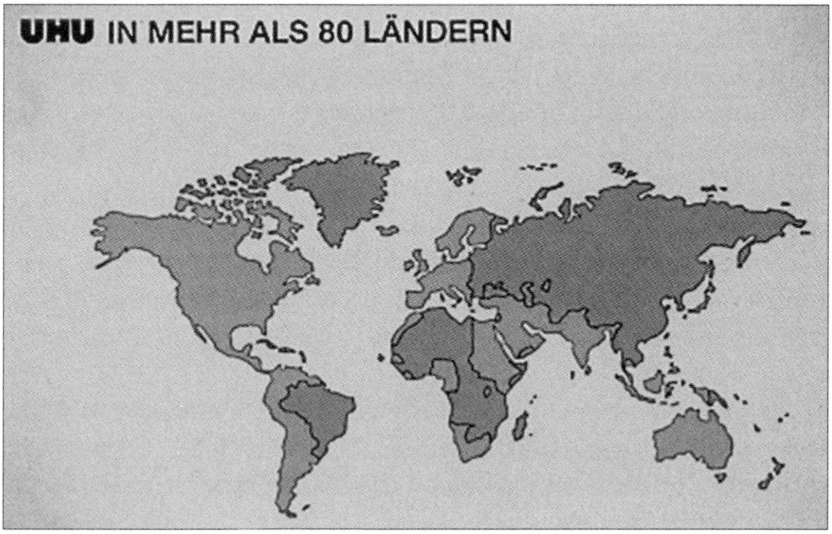

Während nach der Markteinführung 1978 das Produkt aus dem Hause UHU zunächst in altgewohnter siegessicherer Weise einen Marktanteil von 55 Prozent eroberte und dort zu verharren schien, machte sich die Konkurrenz mit einem eigenen Gel-Sekundenkleber ans Werk und den Mannen aus Bühl schwer zu schaffen. Die Marktanteile des Klebers aus dem Hause UHU sanken beständig und erreichten 1990 einen Tiefstand bei etwa 43 Prozent. Das Produkt Sekundenkleber hatte bewiesen, wie leicht man in einem Markt der „Me-Too"-Produkte Federn lassen kann.

In der Bühler Zentrale bedeutete dies: Eine bessere Formel auf den Markt bringen! Durch Marktanalysen wurde beim Verbraucher ermittelt, was er sich wirklich wünschte: einen Kleber ohne stechenden Geruch. Mit UHU Sekunden Alleskleber gelang dann der entscheidende Durchbruch: Im Unterschied zu den herkömmlichen Sekundenklebern ist er geruchsfrei bei gleicher Klebeleistung. Das Produkt wurde im September 1990 lanciert, der USP – unique selling proposition – „geruchsfrei" entsprechend in den Werbekampagnen betont. Aktuell hat UHU jetzt wieder 49 Prozent der Marktanteile sicher im Griff.

Viele wollen heute wissen, mit welchem Geheimrezept UHU Alleskleber die Lebenszyklustheorie durchbrochen hat und 60 Jahre nach seiner Geburt von der Bevölkerung in den alten Bundesländern noch immer als die einzige „unverzichtbare Klebstoffmarke" angesehen wird.

Die Antwort auf diese Frage läßt sich aus einigen wenigen Fakten herleiten:

1. Kontinuität in den Basiselementen.
2. Früh gesäte Markentreue durch Kapillarwerbung.
3. Permanente Pflege der Produktqualität, die den ursprünglichen Anspruch „Alleskleber" für ein breites Klebefeld im Haushalt erhalten hat.

Das Zusammenwirken dieser Kräfte war so stark, daß sich UHU im Haushaltsbereich zum Gattungsbegriff für Kleben schlechthin entwickelt hat.

In einigen Klebstoffteilmärkten – z.B. Klebestifte und Kontaktkleber – haben auch Konkurrenzprodukte Positionen mit starken Beharrungstendenzen aufgebaut. Sie stützen sich auf einzelne, originäre Zielgruppen, die von den Konkurrenzmarken stark umworben wurden und so eine hohe Markentreue entwickelten. Dennoch hat es keine dieser Marken geschafft, wie UHU eine so breite Dachmarke zu werden, die für alle Klebefragen Kompetenz und Vertrauen signalisiert.

Eine wichtige Lektion haben wir mit nach Hause genommen: Die Gefahr liegt nicht allein darin, sich auf Lorbeeren auszuruhen; die Gefahr besteht vor allem dann, wenn man Gefahren nicht rechtzeitig erkennt und gegensteuert. Laut UHU dauert es etwa fünf bis sieben Jahre, bis ein Kurswechsel oder eine Maßnahme greift – im guten wie im schlechten Sinne. Eine falsche Entscheidung von heute zeigt sich in den Absatzzahlen erst in fünf oder sechs Jahren; entsprechend lange dauert es dann auch, bis ein neuer Kurs Wirkung zeigt und der Fehler ausgebügelt ist, denn Klebstoffe brauchen eine lange Entwicklungs- und Testzeit. Bei UHU hat man daher heute schon die Pläne für 1998 in den Schubladen, gut verschlossen, versteht sich. Als Lösungsmittel im Farbenbereich unter Beschuß und in Verruf gerieten, hatte UHU längst die lösungsmittelfreien Alternativen in den Schubladen – sie gehören heute zum Standardrepertoire der Alleskleber.

Ständig das Ohr beim Verbraucher haben, ständige Verbesserungen in der Qualität des Produktes unter Beibehaltung der Basiselemente (im Sinne oben aufgezeigter Kontinuität) ist nicht das einzige Erfolgsgeheimnis eines Produktstars wie dem UHU aus dem badischen Bühl. Unzählige kleine und große Maßnahmen aller 500 Mitarbeiter sind es vielmehr, die in ihrer Gesamtheit erst jenen Erfolg bewirken, den sich August Fischer 1932 wohl kaum zu erträumen gewagt hätte. Wie jener nachtschwärmende Vogel, der sein Revier mit Klauen und Zähnen gegen Eindringlinge verteidigt, ist man sich im Hause UHU der großen Aufgabe bewußt, die da heißt, einen einmal eroberten Markt in über 80 Ländern zu erhalten und auszubauen.

Obgleich die Ära des Familienunternehmens Fischer seit mehr als 20 Jahren beendet ist, greift man heute immer noch gerne auf einige weitsichtige Kapillarmaßnahmen der Klebstoffpioniere zurück. Sie haben die fast zwanzigjährige Konzernzugehörigkeit des Unternehmens überlebt (1971 – 1990 Tochter der Beecham Ltd. London) und sind auch in der neuen unabhängigen UHU GmbH (seit 01.01.1990 in der Hand eines Konsortiums mit 5 Gesellschaftern) wieder ein wichtiger Bestandteil der Marketing-Strategie.

„Der Kaffee muß heiß wie die Hölle,
schwarz wie der Teufel,
rein wie ein Engel, süß wie die Liebe sein."
(Talleyrand)

Am Morgen des 8. Juli 1908 verläuft die allmorgendliche Kaffeerunde im Hause Bentz so ganz anders als an anderen Tagen. Frau Bentz, ihr Mann Hugo (beide 35jährig) und die Söhne Horst (4) und Willy (9) sitzen an diesem warmen Mittwoch wie immer um den großen runden Tisch im Frühstückszimmer. Und wie jeden Morgen steht in der Mitte der Tischplatte die Kaffeekanne mit dem goldschimmernden Filteraufsatz, den Frau Bentz nur wenige Wochen zuvor „erfunden" hatte, um den Kaffee für die Familie noch aromatischer und ohne lästigen Kaffeesatz servieren zu können. Doch freut man sich heute nicht nur über vollendeten Kaffee-Genuß, nein, heute gibt es einen ganz besonderen Grund zum Feiern: Der Briefträger hat ihn einige Minuten zuvor geliefert, der Brief liegt noch aufgeschlagen vor den Augen aller. Und jeder am Tisch liest immer wieder die Worte in gestelztem Behördendeutsch, die zweifelsfrei davon künden, daß Frau Melitta Bentz von nun an Gebrauchsmusterschutz für ihren „Kaffeefilter mit auf der Unterseite gewölbtem und mit Vertiefung versehenen Boden sowie mit schräg gerichteten Durchflußlöchern" unter Verwendung von „Filtrierpapier" beanspruchen kann. Alles fein säuberlich eingetragen im Patentblatt Nr. 28 vom 8. Juli 1908 auf Seite 1.145 des 32. Jahrgangs der „Bekanntmachungen aufgrund des Patentgesetzes" des kaiserlichen Patentamtes zu Berlin.

Der Urfilter: Ein Messingtopf, von Frau Bentz eigenhändig mit einem Nagel durchlöchert und dieses so entstandene Sieb mit einem rund zugeschnittenen Löschblatt aus Willys Rechenheft belegt. Der Testmarkt: das allwöchentlich stattfindende Kaffeekränzchen mit Freundinnen im kaffeeseeligen und -berühmten Dresden. Das Ergebnis: kein bißchen Kaffeesatz in der Tasse, kein Fitzelchen Bitterkeit im Geschmack, im Gegenteil – eine begeisterte Kaffeerunde mit dem einstimmigen Werturteil „Sehr gut!"

Schon am 15. Dezember desselben Jahres steht es dann auch schwarz auf weiß im Dresdner Handelsregister, daß das Ehepaar Melitta und Hugo Bentz jetzt als Inhaber der Firma Melitta Bentz zeichnen. An dieses Weihnachtsfest wird sich die Familie Generationen später immer noch erinnern und sich darüber freuen, zusammen mit Millionen Kaffeegenießern in aller Welt, die zwar die Freude aus vollem Herzen teilen, wohl aber bestimmt nicht mehr wissen, wann ihr satzloser Kaffeegenuß begann.

Warum gerade in Dresden dieses so revolutionäre Verfahren das Licht der Welt erblickte? Nun, für Kenner des schwarzen Genusses kein Geheimnis. Wissen sie doch längst, daß Dresden zu den Hochburgen sächsischer Kaffeekultur zählte. Wurde der dort servierte Kaffee von den Wienern wegen der deutlichen Unterschiede zu ihrem mokkastarken Gebräu als „Blimchenkaffee" verunglimpft, galt er nichtsdestotrotz für den Rest der deutschen Welt durchaus als echter Kaffee. Wenn man nun den Erfindergeist sächsischer Landsleute hinzurechnet, die so bedeutende Dinge schufen wie das Mundwasser Odol und die „gläserne Frau" (ein Modell aus Glas, für den medizinischen Anschauungsunterricht), dann nimmt es nicht Wunder, daß auch die Filtertüte aus dieser Ecke des Reiches kommen mußte. Außergewöhnlich an der Geschichte ist nur, daß die Initiative von einer ausgelasteten Hausfrau ausging, einer wagemutigen Unternehmerin, die in Zeiten traditioneller und allgemeiner Frauenunterdrückung nicht mit den Suffragetten (so hießen die „Emanzen" vor 1914) auf die Straße, sondern zusammen mit ihrem emanzipierten Gatten direkt in die Produktion ging.

Und da wurde sie dann aber auch gebraucht. Denn für die nächsten fast 20 Jahre produzierte, verpackte und verkaufte die Familie ihre immer beliebter werdenden Kaffeefilter. Verbesserung folgte auf Verbesserung, ein Expansionsschritt auf den anderen. Mitarbeiter wurden eingestellt, neue Fabrikgebäude bezogen und 1929 mit der gesamten Unternehmung aus Platzmangel in

Dresden nach Minden in Ostwestfalen umgezogen. Und was einmal in einem Nebenraum der Bentzschen Wohnung ausschließlich mit Familienangehörigen als Mitarbeiter angefangen hatte, konnte sich schon 1939 als Großunternehmen mit über 1.300 Mitarbeitern, ausländischen Filialen, eigener Papierproduktion und Porzellanmanufaktur präsentieren. Und schon damals zeigten der geschwungene Schriftzug und die grünroten Hausfarben weltweit, daß sich nur in der unverwechselbaren Verpackung die berühmten Filtertüten von Melitta befinden.

Heute steht das einst kleine Familienunternehmen in der feinen Gruppe weltweit operierender Konzerne, die sich mit unternehmerischem Mut und rastloser Agilität weiter ihren Weg mit neuen Produkten in immer neue Märkte schaffen. Zur Unternehmensgruppe gehören über 60 Firmen im In- und Ausland mit 7.300 Beschäftigten und einem konsolidierten Umsatz von über 2 Milliarden D-Mark. Voraussetzung für diese kontinuierliche Aufwärtsentwicklung sind Strategien, die heute die Enkel Jörg und Dr. Thomas Bentz vorgeben und mitentwickeln. Eine Unternehmensphilosophie, die sich in den Jahren stetigen Wachstums als erfolgreich erwiesen hat. Was sind nun aber die Bausteine für den beispiellosen Erfolg? Wie muß ein Unternehmen agieren, um für einen so langen Zeitraum so eklatant beim Verbraucher präsent zu sein? Welche markenpolitischen Überlegungen müssen angestellt, welche Ziele verfolgt werden?

Lassen wir hierzu die Verantwortlichen persönlich zu Wort kommen. Jörg und Dr. Thomas Bentz, heute als persönlich haftende Gesellschafter im obersten Managementunternehmen der „Melitta Unternehmensgruppe Bentz KG“ federführend für Planung und Zielsetzung, binden den Erfolg ihrer Marke Melitta – und natürlich auch aller anderen Produkte aus ihrem Hause – an folgenden Kriterien fest:

„Man muß erstens dafür sorgen, daß ein funktionierendes Führungsmodell durch alle Ebenen des Unternehmens Anwendung findet. Die wesentlichen Elemente dabei sind klare, für alle verständliche Zielsetzungen, offene, rück-

haltlose, gegenseitige Information, Delegation anfallender Arbeiten und Verantwortungen, Miteinbeziehung der Mitarbeiter in Entscheidungsprozesse und regelmäßige Kontrolle der Zielerreichung auf allen Ebenen. Wenn also die gesamte Mannschaft partnerschaftlich und loyal in dieselbe Richtung zieht, ist der Grundstein für eine erfolgreiche Geschäftsentwicklung gelegt."

Auf dieser Basis kann jetzt ein Produkt wachsen, das im Markt nicht nur besteht, das nicht nur vom Käufer akzeptiert, sondern durch seine Markentreue sogar institutionalisiert wird. Wie das erreicht werden kann? Dazu einen interessanten Kommentar aus dem 1991er Geschäftsbericht der Unternehmensgruppe Melitta. Da schreibt der Designer Thomas Gerlach unter der Überschrift „Design als Dialogstrategie":

„Bei all unseren Strategien müssen wir, wie bei der Melitta Designstrategie, den Menschen wieder in den Mittelpunkt stellen, ihn nicht mehr als Verbraucher sehen, sondern als Kunden ernst nehmen und sein Herz suchen und ansprechen."

Dieses zeitgemäße Ansprechen des Kunden als Partner in einem Problem-Problemlöser-Verhältnis zeigt interessante Parallelen zu der Zeit, als Frau Melitta Bentz den Kaffeefilter erfand. Schon damals hat sie intuitiv das Richtige unternommen. Sie hatte in ihrem Damenkränzchen ihren prospektiven Kunden das Problem „unerwünschter Kaffeesatz in der Tasse" vor Augen geführt, eine innovative Lösung vorgestellt und auf gleichem sozialen Niveau angeboten. Kein borniertes Hersteller-Abnehmer-Verhalten, sondern ultramoderne Hersteller-Kunden-Kooperation. Modernes Marketing schon 1908? Zweifellos. Denn Frau Bentz hatte instinktiv das Herz ihrer Kundinnen angesprochen und erreicht. Ein an Momentum gewinnender Trend, der erst wieder in heutiger Zeit Raum greift. Offensichtlich aber schon ein „alter Hut“ bei Melitta.

Der Beweis, daß sich Melitta – natürlich am offensichtlichsten bei den Filtertüten – von dieser Zielgruppenansprache nie hat abbringen lassen, liegt in der permanenten Aktualität der Melitta-Produkte im Erlebnisumfeld „Kaffee-Genuß“. Und auch wenn sich in den Jahren der Expansion zum ursprünglichen Produkt eine ganze Palette hinzugesellte, mit Produkten auch aus anderen Erlebnisbereichen, sorgt die einmal eingeschlagene, konsequent verfolgte Strategie auch dort für stetiges Wachstum. Die Beispiele: GRANINI, eine Eigenmarke unter dem Melitta-Dach, verzeichnet kontinuierliches Wachstum. SWIRL, die Marke für kompetente Sauberkeit im Haushalt, wird gerade für einen Angriff auf den Europa-Markt fit gemacht, verzeichnet aber schon heute zweistellige Zuwachsraten. ACLIMAT, die Marke für eine bessere Wohnumwelt, rüstet sich ebensfalls zum internationalen Erfolg. TOPPITS, die Marke für Frische und Geschmack, ist schon unangefochtener Marktführer in seinem Bereich. CILIA will auf dem Tee-Sektor das werden, was Melitta schon im Kaffee-Bereich ist, mit steigenden Verkaufszahlen und Marktanteilen bei Tee-Filtern.

Unter dem Melitta-Dach haben sich also in den vergangenen Jahren Eigenmarken profiliert, die ihren individuellen Weg erfolgreich gehen werden und keine Unterstützung mehr von der „Muttermarke“ benötigen. Strategischer Hintergrund für diese konsequente Diversifikation: Im Hinblick auf die modernen Konsumverhalten und Erlebnisfelder, aus denen heraus Kunden sich für ein Produkt entscheiden, muß für die Verbraucher klar ersichtlich sein, für welchen Bereich das jeweilige Produkt Kompetenz beansprucht. Da wäre es im Sinne einer klaren Informationspolitik und exakter Definition des Produkt-Leistungs-Segmentes für die Stamm-Marke Melitta sogar schädlich, unter diesem Namen zum Beispiel Staubsaugerbeutel anzubieten. Hier wurde ganz gezielt der Weg zur Eigenständigkeit einer neuen Marke gewählt, die nun in ihrem klar umrissenen und zum Verbraucher hin kommunizierten Umfeld eigene Käufer sucht und findet.

Natürlich waren die Erfolge der reinen Melitta-Produkte die Voraussetzung, andere Segmente und Marktnischen mit maßgeschneiderten Produkten zu bedienen. Warum ist nun aber Melitta im Bereich Kaffee-Genuß so erfolgreich? Was unter-scheidet Melitta-Filter und -Filterpapier, Melitta-Kaffee, Melitta-Kaffee-Maschinen und -Kannen von den Mitbewerbern?

Wo liegt das Erfolgsrezept?

Es sind drei Säulen, auf denen der Marktführerpokal ruht: Da ist zuerst die Tatsache, daß Melitta als einziger Hersteller auf der Welt ein komplettes Produktsortiment für vollendeten Kaffee-Genuß anbietet. Da ist zum zweiten die Tatsache, daß auch nach 80 Jahren Verkaufserfolg die Marke Melitta immer wieder aufs neue in der Lage ist, sich veränderten Verbraucherwünschen oder Verbraucherverhalten anzupassen oder sogar diesen Änderungen kreativ und innovativ mit Lösungen vorauszueilen. Zum dritten ist es eine konsequente Corporate-Idendity-Präsentation beim Handel und Verbraucher, die permanent die Kompetenz ins gewählte Marktsegment transportiert, dort aktualisiert und für eine feste Verankerung im Konsumentenbewußtsein sorgt.

Wollen wir nun die einzelnen Säulen etwas genauer unter die Lupe nehmen: Da steht als erstes Bein das komplette Produktsortiment für den Kundenerlebnisbereich Kaffee-Genuß. Und tatsächlich, kein anderer Mitbewerber bietet so umfassend konsequent alles, was dazu gehört:

Fangen wir an beim aromatischen Röstkaffee in sechs verschiedenen Geschmacksrichtungen, vom kräftigen Mocca über hochwertige „Arabicas“ bis zum milden Schonkaffee. Dieser Teil der Melitta-Produktpallette verzeichnet außergewöhnliche Steigerungen und ist mit einer Absatzsteigerung von knappen 30 Prozent in 1991 der Anbieter mit den höchsten Zuwachsraten im Lebensmittelhandel für Röstkaffee.

Melitta-Kaffee muß natürlich zum richtigen Genuß erst einmal durch die richtige Filtertüte. Es gibt sie nicht nur für die unterschiedlichsten Tassenmengen, sondern auch für die verschiedensten Ansprüche an die Umweltverträglichkeit. Alle aber glänzen durch sauerstoffgebleichte oder ungebleichte Zellstoffe, die bei den Zellstoffherstellern die Abwasserbelastung schon reduziert haben. In dieser Richtung investiert Melitta auch weiterhin Millionen. Und kann auf diese Weise natürlich immer wieder ihren Führungsanspruch hinsichtlich Qualität und Umweltschonung weiter ausbauen. Den Bereichen Forschung und Entwicklung fällt hierbei naturgemäß ein immer größeres Gewicht zu. Was natürlich nichts anderes bedeutet, als daß Melitta so innovativ und richtungsweisend wie eh und je auch zukünftig im Markt agieren wird. Und folgt man den Herren in den weißen Kitteln, dann hat diese Entwicklung – gerade im Zellstoff/Papierbereich – erst begonnen.

Ein weiteres Highlight in der Palette der Kaffee-Genuß-Produkte stellen die Kaffee-Automaten für den privaten und gewerblichen Bereich dar. Hier ist es den Kaffee-Experten von Melitta gelungen, den Geschmack von handgefiltertem Kaffee auch bei ihren Automaten zu erreichen. Per Knopfdruck sorgt jetzt I.B.S., das patentierte Intervall-Brüh-System, für schwallweise Wasserzufuhr wie beim Brühen von Hand, durchflutet das Kaffeemehl in einem Aufguß und verwirbelt damit den Kaffee mit ideal temperiertem Wasser gleichmäßig, wobei die volle Ausnutzung und Extraktion der wertvollen Aromastoffe erreicht wird. Doch haben die Erfinder hier nicht halt gemacht. Zusätzlich sorgen zwei getrennte Heizsysteme dafür, daß einerseits das Wasser erhitzt, andererseits durch ein extra Heizelement die Warmhaltung des Kaffees immer gleichbleibend optimal geregelt wird. Nur so ist auch bei kleinen Mengen ein Überhitzen und damit bitterer Geschmack des Kaffees ausgeschlossen.

Auch im gewerblichen Bereich der Kaffee-Maschinen setzt Melitta konsequent auf moderne Marketing-Methoden. Weil Service-Leistungen immer mehr Gewicht bei der Kaufentscheidung haben, hat sich Melitta für die Gastronomie etwas ganz Besonderes einfallen lassen: 365 Tage im Jahr hat der Betreiber die Möglichkeit, sein Melitta-Gerät warten zu lassen. Das heißt, bei Störungen muß er keinen Tag auf den profitablen Ausschank von Melitta-Kaffee verzichten. Diesem Rundum-Service folgen immer mehr Betriebe in der ganzen Welt. Sogar in Peking gibt es schon den Melitta-Kaffee-Genuß aus dem Automaten.

Kaffee-Genuß von A bis Z. Alle Bereiche dieser Erlebniswelt abgedeckt. Somit absolut unverwechselbar für den kaufenden Kunden. Mit übergreifenden Synergie-Effekten der einzelnen Produkte untereinander, die sich gegenseitig unterstützen im täglichen Kampf um die Gunst des Publikums und Marktanteile. Mit der erfolgreichen Besetzung des Kompetenzfeldes Kaffee-Genuß hat sich Melitta eine Position gesichert, die stark genug ist, um auch zukünftige Stürme gelassen zu durchfahren. Denn jede Produktentwicklung im Sortiment, jede Verbesserung, jeder zusätzliche Benefit eines einzelnen

Mitglieds der Melitta-Familie für den Verbraucher wirkt sich zwangsläufig auf die gesamte Gruppe aus. Ein strategisches Meisterstück, ein klarer Fall für das Bilderbuch geschickter und erfolgreicher Produkt-Führung. Kein Wunder also, wenn Melitta zu Recht auf dem Piedestal Platz genommen hat.

Wir kommen zur zweiten Säule des Melitta Erfolges. Zur Fähigkeit, trotz langer Jahre im Markt ewig jung zu bleiben durch Flexibilität, Kreativität und Innovation. Das heißt nichts anderes, als daß ein Unternehmen sein Produkt nie als etwas Abgeschlossenes betrachten darf, sondern immer als etwas, das ständig angepaßt, verändert, modelliert und geschliffen werden muß, um zu jedem Zeitpunkt seines Produktlebens begehrenswert für das Publikum zu sein und zu bleiben. Oder etwas anschaulicher formuliert: Der Charakter des Produktes soll sich nicht verändern, wohl darf es an einer Frischzellenkur teilnehmen, und auch eine Nasenkorrektur kann durchaus angebracht sein, auf jeden Fall aber muß es sich immer nach der Mode kleiden. Melitta hat sich mit dieser Devise schon seit jeher Marktanteile gesichert, die anderen Mitbewerbern auch heute noch immer verschlossen bleiben. Damit haben sich die Melittas ihr Produkt, obwohl schon über 80jährig, immer wieder frech, keck und avantgardistisch erhalten: Ständige Verbesserung der Durchlässigkeit und Umweltverträglichkeit der Filterpapiere. Permanente Optimierung der Aromasicherung und Bedienbarkeit der Kaffee-Automaten. Regelmäßige Kontrolle und Qualitätssicherung verwendeter Kaffeesorten. Kontinuierliche Beobachtung des Kundenpotentials nach Verhalten und Wünschen, um durch geeignete Maßnahmen auf latent vorhandene Trends mit Produkt-Innovationen sofort reagieren zu können.

Die dritte Säule des satten Melitta-Erfolges schließlich umfaßt jenes Gebiet, das man gemeinhin mit Image bezeichnet. Fachsprachlich sollte man den genaueren Terminus bevorzugen, denn er ist aussagekräftiger: Corporate Identity (C.I.). Corporate für: eine Gesellschaft (ein Unternehmen) betreffend, und Identity für: individuelle Persönlichkeit. Frei übersetzt etwa das Wesen, die Persönlichkeit und die Ausstrahlung eines Unternehmens, alles, was dieses Unternehmen ausmacht, seine Darstellung, sein allgemeines, universelles und unverwechselbares Markenbild nach drinnen und draußen. Daß sich Melitta schon recht früh damit auseinandersetzte, zeigt die Tatsache, daß schon seit Anfang der 20er Jahre Melitta-Produkte unter dem prägnanten weißen Schriftzug im roten Feld und in Rot-Grün verpackt wurden und alleine schon damit auch heute noch als Synonym für Kaffee-Kompetenz weltweit gelten.

Visuell und verbal wiedererkennbare Erscheinung bilden aber erst zusammen mit den positiven Erfahrungen der Käufer mit dem Produkt eine eigenständige und unverwechselbare Markenpersönlichkeit in der Ansicht des Verbrauchers, die dann zum gewünschten Kaufentscheid und zur Markentreue führt. Erst durch den Beweis, den sich der Käufer eines Produktes über seine Qualität selbst erbringt, wird ein positives Image der Gesamtleistung des Unternehmens erreicht, die sich danach in einer ebenso positiven C.I. niederschlägt. Melitta ist es gelungen, sich nicht nur für den Filterbereich, sondern für das gesamte Segment Kaffee-Genuß eine C.I. zu schaffen, die nicht nur unverwechselbar und wiedererkennbar ist, sondern auch als dynamisch und fortschrittlich erlebt und bewertet wird. Somit steht Melitta eingebunden in eine eigene Welt, die erfreulicherweise immer wieder die Zustimmung angesprochener Zielgruppen findet, weil sie sich mit den Wertvorstellungen dieser Zielgruppen, natürlich speziell im Bereich Kaffee-Genuß, optimal deckt.

Drei Säulen stehen unverrückbar fest und werden auch für die Zukunft gesunde Basis sein für weitere Erfolge. Denn wer sich über 80 Jahre lang erfolgreich auf den stürmischen Meeren des tückischen Ozeans, der da Markt heißt, behauptet hat, der hat sich nicht nur zum alten, erfahrenen Seebären gemausert, sondern hat sich ebenso zum Nautik-Experten der Spitzenklasse entwickelt, der sicher um Untiefen und Riffe steuert, den auch unbekannte Seen und Taifune nicht mehr schrecken. Der ist zu dem gereift, den ich hier vorzustellen die Ehre hatte: zum Produktstar Melitta!

*„Der Haushalt ist der beste,
worin man nichts Überflüssiges will,
nichts Notwendiges entbehrt."*
(Plutarch, Gastmahl der sieben Weisen)

Um den Haushalt dreht sich's, um den Haushalt geht es. Vom Unternehmen, über das ich jetzt berichten will, kursiert seit den 60er Jahren ein Slogan, der zum Inbegriff für Kompetenz in diesem Bereich geworden ist, der zu einem geflügelten Wort wurde und an so manchem Stammtisch auch heute noch einen derben schwäbischen Witz begleitet. Der Klassiker unter den Werbesprüchen lautet: *Bauknecht weiß, was Frauen wünschen.*

Und das hat das Unternehmen nicht einfach nur so dahingesagt, sondern mit seiner Produktpalette schwäbisch gründlich bewiesen. Und beweist es natürlich auch heute noch. Nur geht es dieser Tage nicht mehr nur um die Hausfrau alleine, es geht vielmehr um die Familie, die Menschen, um unser aller Umwelt. Und wenn *Bauknecht* heute bestrebt ist, das *„soziale Produkt"* anzubieten, dann beinhaltet das genau das, was die im Zitat angesprochenen sieben Weisen gefordert haben. In die Sprache modernen Marketings übersetzt: *Die Produktion erfolgt umweltschonend, energie- und materialsparend. Die verwendeten Materialien werden nicht nur nach wirtschaftlichen, sondern auch nach ökologischen Gesichtspunkten ausgewählt. Der Gebrauch der Geräte ist familien- und kommunikationsfreundlich; sie sind leise, einfach zu bedienen und sparsam im Verbrauch von Wasser und Energie.*

Daß diese Denkweise nahtlos in die Unternehmensphilosophie mündet, daß diese Philosophie schon seit 1919 im Hause *Bauknecht* modern ist, daß diese Einstellung Garant für Wachstum und Erfolg war und ist, will ich auf den nächsten Seiten aufzeigen. Folgen Sie mir also in ein abgelegenes Tal der schwäbischen Alb, dort wo es am höchsten und kältesten ist, besuchen Sie mit mir den kleinen Ort Tailfingen am 30. April des Jahres 1892.

Ein eisiger Wind schnitt durchs Dorf, als in den frühen Morgenstunden *Gottlob Bauknecht* geboren wurde. In der kleinen, abgelegenen Gemeinde bedeutete dies: Es hatte sich wieder ein hungriger Erdenbürger hinzugesellt, den es zu füttern galt. Viel gab es nicht. Karge Landwirtschaft, keine Industrie, so gut wie keine Bodenschätze, die man hätte ausbeuten können. Die Ressourcen und Möglichkeiten waren äußerst begrenzt. Die Menschen der Region mußten zur Sicherung ihres Lebensunterhaltes entweder in die nächsten größeren Städte abwandern, um dort Arbeit und Brot zu finden, oder sie mußten sich etwas ganz Besonderes einfallen lassen.

Nicht umsonst war die Zahl der Tüftler, „Bossler" und Erfinder in dieser Gegend so hoch zu jener Zeit. Schwäbische Unternehmerpersönlichkeiten von hohem internationalem Rang kamen aus dieser rauhen Ecke des heutigen „Musterländles": *Robert Bosch*, *Gottlieb Daimler* und eben auch *Gottlob Bauknecht*.

Die Kopfarbeit unseres Protagonisten manifestierte sich nach Jahren der Lehre und vielfältigem „Herumprobieren" endlich in der Gründung einer elektrotechnischen Werkstatt im Jahre 1919. Der erste Weltkrieg war gerade zu Ende gegangen, unternehmerischer Wagemut und Risikobereitschaft standen nicht gerade hoch im Kurs in jenen Tagen. Trotzdem startete der 27jährige *Gottlob Bauknecht* seinen eigenen Betrieb. Doch für das, was er produzierte, war das Marktpotential in Tailfingen bald erschöpft. Die Chancen standen bedeutend besser in Stuttgart. Und da die Konsequenz immer schon eine seiner vorherrschenden Eigenschaften war, zog er schon kurz nach der Eröffnung seiner Firma in die Landeshauptstadt um.

In schneller Folge expandierte nun sein Unternehmen. Nur wenige Jahre später produzierte er schon in drei Fabriken. Sein Produkt: zukunftsweisende, verkapselte Elektromotoren. Der markante *Bauknecht*-Schriftzug aus den Gründerjahren zeigt deshalb folgerichtig und konsequent den Anfangsbuchstaben seines ausgeschriebenen Namens im stilisierten Statorkranz eines Elektromotors.

Die Firma expandierte stetig, schwäbisch gesund. Bald waren seine Motoren zu unentbehrlichen Helfern in Handwerk, Industrie und Landwirtschaft geworden. Noch so mancher Bauer wird sich an den *„Bauknecht-Landfreund-Motor"* erinnern, der in den 30er Jahren die tägliche Plackerei auf dem Hof um einiges leichter machte. Schon damals wurden die Weichen gestellt für eine Entwicklung, die heute wieder einmal am Beginn einer dramatischen Vorwärtsbewegung steht. Denn schon in den ersten Jahren seiner Unternehmung setzte *Bauknecht* auf eine Überlegung – heute würden wir sagen, auf eine Marketingstrategie – die der jetzige Vorsitzende der Geschäftsführung, *Hubertus G. Krossa*, in der Jahrespressekonferenz 1992 so formuliert: „Wachstum durch Innovation".

Dieses Prinzip der betrieblichen Expansion, dieses Ausweiten von Marktanteilen, diese kontinuierliche Steigerung des Absatzes und der daraus resultierenden Verankerung im Bewußtsein der Verbraucher soll über die Fähigkeit des Unternehmens kommen, immer wieder neue, ungewöhnliche und bessere Produkte auf den Märkten anzubieten. Diese heute schon fast traditionelle Unternehmenspolitik ruft *Gottlob Bauknecht* mit dem schon erwähnten ersten vollverkapselten Elektro-Motor ins Leben. In schneller Folge drängt Innovation auf Innovation in einen Markt, der ständig an Momentum gewinnt. Schon 1933 baut man auch große E-Motoren und hilft mit Mittelfrequenzgeneratoren entscheidend beim Aufbau der landesweiten Stromversorgung. 1938 produziert man kleine, handliche Motoren für Haus- und Küchengeräte anderer Hersteller. Wie für alle deutschen Unternehmen setzt der zweite Weltkrieg eine schwer zu überwindende Zäsur. Es muß wieder von ganz vorne angefangen werden.

In dieser schweren Zeit setzt sich der schwäbische Dynamiker in *Gottlob Bauknecht* durch und steigt langsam aber stetig über alle Hindernisse des Nachkriegschaos. Und nicht nur das, er erweitert auch die Produktpalette und bietet jetzt eigene Haushaltsmaschinen an. Schon 1948 können sich begeisterte Hausfrauen über die erste *Bauknecht* Küchenmaschine freuen. Schlag auf Schlag landet *Bauknecht* in den Folgejahren im Wirtschaftswunderdeutschland: 1951 rollt der erste Kühlschrank vom Band. 1954 Gefriergeräte und die erste Wäscheschleuder. 1955 folgen Waschautomaten, 1958 Ge-

schirrspüler. 1965 kommen Herde dazu. Die Küche ist fast komplett. Im selben Jahr kann die Isolierung von Kühl- und Gefriergeräten durch Ausschäumen entscheidend verbessert werden und bringt fortan spürbare Energieeinsparungen. 1969 sorgen *Bauknecht*-Dunstabzugshauben für die notwendige, klare Luft in der Küche. Denn die Produktion ordnet sich dem schon erwähnten Slogan beweisbar unter: *Bauknecht* weiß eben wirklich, was die Kundinnen wünschen.

Nach dieser Devise entwickelt sich das Unternehmen kontinuierlich weiter. Zur Expansion durch permanente Innovationen kommt die wachsende Zufriedenheit der ständig steigenden Kundenzahl. An prominenter Stelle zählt hier die *Qualität der Produkte* als Garant für die Erreichung der Unternehmensziele. Und die kann sich sehen lassen. Schon in den Anfängen des heutigen Konzerns stehen modernste Technologien, Verfahren und Materialien im Vordergrund aller Neuentwicklungen. Jeder beschrittene Weg wird darauf überprüft, ob er nicht besser, effektiver oder wirtschaftlicher gegangen und heute, auf der Höhe der Umweltschutzdiskussion, natürlich auch umweltverträglicher beschritten werden kann.

Auf diesem Sektor hat *Bauknecht* beispielhaft Zeichen gesetzt und Vorreiterpositionen bezogen. Ziel hier: *Alle Geräte müssen leicht zu bedienen, sparsam im Verbrauch und leise in der Benutzung sein.* Nur so wird gewährleistet, daß die Auflagen und Erfordernisse an sinnvollen Umweltschutz auch wirtschaftlich vertretbar sind und zum Nutzen aller gereichen können. Diese Gratwanderung zwischen möglicher Umwelttechnologie und trotzdem erschwinglichem Herstellungs- und damit Kaufpreis hat *Bauknecht* bisher hervorragend vorgeführt. Das reicht vom verplombten Wasserkreislauf der Fertigung, wo kein Tropfen Brauchwasser in Flüsse oder Bäche gelangt, über die energiesparende Strom-Wärme-Erzeugung mittels Kraft-Wärme-Kopplung bis zu Materialien in der Verpackung, die problemlos wiederverwertet werden können.

Technik um jeden Preis ist „out" bei *Bauknecht*. Denn wer einmal erkannt hat, daß die Grundlage unseres Wohlstandes nicht der Raubbau an unserer Natur sein kann, der weiß auch um die Verantwortung, die ein Unternehmen in diesem Lebenszyklus zu tragen hat. Jetzt nämlich wird Technik ultimativ dazu eingesetzt, die wahren Grundlagen, nämlich unser Wasser, unsere Atemluft und unsere Lebensräume optimal zu schützen, und dabei trotzdem bequem und sicher zu leben. Hier haben wir das „soziale Produkt", das sich als integriertes Glied in unser aller Anstrengungen einfügt, uns im täglichen Leben zu helfen, ohne zu belasten. Diese Art Qualität ist noch nicht allzusehr verbreitet auf der Welt. Doch kann durch das Beispiel, das *Bauknecht* mit jeder neuen Produktentwicklung setzt, allmählich etwas verändert werden. Verantwortung und Wachsamkeit sind dabei einige der Eigenschaften, die wieder populär gemacht werden müssen.

Eine weltweit gerühmte Qualität aber läßt sich nicht herbeiprüfen. Sie muß von verantwortungsvollen Mitarbeitern jeden Tag aufs neue geschaffen werden. In jeder Produktionsphase eines Gegenstandes, der den Namen *Bauknecht* nach draußen tragen soll. Dahinter steht aber auch die erklärte Absicht, den Kunden langlebige, hilfreiche Technik zu liefern und keinen Wegwerfartikel. Das verlangt natürlich außer den ständigen Kontrollen ganz besonders den umfassend ausgebildeten, motivierten und loyalen Angestellten und Arbeiter. Den mitverantwortlichen Chef und Untergebenen. Den Partner im Betrieb, der gesteckte Ziele erreichen hilft. Diese Menschen im Betrieb (alleine in Deutschland sind fast 5000 Mitarbeiter tätig) finden im Unternehmen denn auch den Rückhalt und die Honorierung ihres Einsatzes, der sich in gleichbleibender Qualität aller erbrachten Leistungen niederschlägt. Sei es in der Fertigung, in der Kundenbetreuung, in betriebsinternen Schulungen, bei der prompten Erledigung von Kundenwünschen oder ganz einfach beim freundlichen Umgang miteinander im Unternehmen.

Sind aber die Mitarbeiter mit ihrem Betrieb zufrieden, wird diese Grundeinstellung nach draußen getragen. Über jedes Produkt, über jeden Außendienstmitarbeiter, jeden Händler und jeden Service-Fahrer, der sich innerhalb 24 Stunden um jene Kunden kümmert, die ein Problem haben. *Kundenzufriedenheit* ist demnach eines der ganz großen Unternehmensziele, die man bei *Bauknecht* konsequent ansteuert. Eine stromlinienförmige Struktur des effektiven Kundendienstes gehört ebenso dazu wie ein besonders gutes und vertrauensvolles Verhältnis zum Fachhandel, die sich im Idealfalle harmonisch ergänzen. Und auch in diesen beiden Bereichen ist die *Bauknecht Hausgeräte GmbH* vorbildlich. Nach den Daten einer großangelegten Verbraucherumfrage bewerten 92 Prozent der Kundinnen den Service als schnell, pünktlich, freundlich und beliebt. Eine überzeugende Belohnung des eingeschlagenen Weges: Für den Fall der Fälle muß der Kundendienst mindestens ebenso gut sein wie die Qualität der Produkte. Das bedeutet natürlich nicht nur Reparatur, Wartung und Pflege der Geräte beim Verbraucher, sondern auch die Taktik der kurzen Wege.

Gewährleisten kann *Bauknecht* diesen hohen Anspruch an seinen Service mit rund 20 Schwerpunkt-Kundendienststellen in Deutschland, mit 600 Mitarbeitern im Innen- und Außendienst und mit 500 gut geschulten und versierten Technikern.

Dem Fachhandel wird in der Strategie der Kundenzufriedenheit extrem große Bedeutung beigemessen. Dazu zählen umfassende Information und Beratung der Partner im Handel, damit diese wiederum ihre Kunden optimal betreuen können. In drei internationalen Schulungszentren, eingerichtet mit den modernsten Kommunikationsanlagen, wird neben dem notwendigen Produktwissen auch wertvolle Hilfe in Fragen des Marketing, der Werbung und Verkaufsförderung und der Unternehmensführung vermittelt. *Bauknecht* ist wie jeder verantwortungsbewußte Hersteller der Überzeugung, daß nur derjenige am stetig schärfer werdenden Wettbewerb erfolgreich teilnehmen kann, der sich auf treue Partner im Handel verlassen kann. Diese wiederum können nur dann auch wirklich Treue entwickeln und halten, wenn sie vom Hersteller über Jahre hinweg immer wieder durch die Kontinuität seiner Produkte überzeugt wurden, daß eben nur Produkte und Dienstleistungen aus dem Unternehmen kommen, die qualitativ hervorragend und wirklich optimal in der Leistung sind.

Wenn man sich unter den genannten Aspekten die weitere Entwicklung des Unternehmens betrachtet, (nachdem wir es im Jahre 1969 kurz verlassen haben, um in die Gegenwart zu wechseln), fällt auf, daß sich die Konsequenz, mit der die Unternehmensphilosophie umgesetzt wurde und wird, tatsächlich kontinuierlich mit jeder Novität bestätigt hat. Seit 1972 steht bei *Bauknecht* im Vordergrund, die angebotene Produktpalette im Bereich Haushalts- und

Küchengeräte in Richtung Optimierung von Leistung bei gleichzeitiger Energieeinsparung weiterzuentwickeln.

Eindrucksvoll liest sich die technische Entwicklung der letzten 20 Jahre und wäre eines *Gottlob Bauknecht* würdig:

In diesem Zeitabschnitt konnte der Energieverbrauch bei Elektrohaushaltsgeräten drastisch gesenkt werden. Waschvollautomaten von *Bauknecht* brauchen heute 30 Prozent weniger Waschmittel, 60 Prozent weniger Wasser und mehr als 50 Prozent weniger Strom. Bei Geschirrspülern setzt sich diese Entwicklung fort. Mit 22 Litern Wasser (nur noch 1/3 und 1,6 kWh-gerade noch die Hälfte) Stromverbrauch sind die Betriebskosten deutlich geringer als beim Spülen von Hand.

Die Mikrowellenherde von *Bauknecht* bringen Zeitersparnisse gegenüber der Kochplatte von rund 30 Prozent. Dies alles sind Errungenschaften der Entwicklungslabors und Teststudios, die Firmenziele in Verbrauchervorteile umsetzen, die sich jeder zu einem günstigen Preis/Leistungsverhältnis kaufen kann. *Bauknecht* tat aber noch ein Übriges: Damit sich prospektive Kunden je nach Wahl ihrer individuellen Küche auch mit *Bauknecht* Qualität ausstatten können, passen alle *Bauknecht*-Geräte in die Küchenmöbel aller Hersteller. Mit dieser Maßnahme weitet das Unternehmen seine Zielgruppen noch weiter aus. Jeder, der sich nun für eine Einbauküche entscheidet, ist automatisch auch ein möglicher Kunde für die „sozialen Produkte" von *Bauknecht*.

Wachstum durch Innovation, erstklassige Qualität, Kundenzufriedenheit und motivierte Mitarbeiter. Das sind die Säulen, die das Gebäude des Produktstars *Bauknecht* tragen. Nun schon seit 1919, als ein mutiger, schwäbischer Macher kräftig in die Hände spuckte und aus dem Nichts ein Weltunternehmen auf den Weg brachte. Dem tut auch die Tatsache keinen Abbruch, daß sich das Unternehmen zur Sicherung internationaler Märkte und zukünftiger Marktchancen mit einem der größten Hausgerätehersteller der Welt verbündete. Im Gegenteil. Denn polyglott waren die fleißigen Tüftler und Schaffer schon immer. Und überall auf der Welt zu Hause eigentlich auch. So freut sich heute die Konzernmutter *Whirlpool Corporation* in Benton Harbor, Michigan/USA über eine Entwicklung, die trotz allgemeiner retardierender Tendenzen im Haushaltsgerätebereich für *Bauknecht* Jahr für Jahr positiv ausfällt. Würdig eines echten Stars eben, der nicht zitternd auf die flüchtige Akklamation einer Matinée-Menge schielt, sondern selbstbewußt täglich vor einem ultrakritischen Premieren-Publikum auftreten könnte, weil er weiß, daß er gut ist.

Wer sich heute das Vergnügen machen würde, die Werke in Schorndorf, Calw und Neunkirchen zu besuchen, der würde diesen Geist der Sicherheit spüren, mit der an der Vervollkommnung einer Leistung gearbeitet wird, die uns allen zugute kommen kann: An der effizienten und dennoch fast unspürbaren Dienstleistung in einem Sektor, der immer noch zu den geheiligtsten Bereichen des Menschen zählt, in seinem Heim, bei ihm zu Hause. Für dieses Refugium hat sich der Altstar seine Spannkraft bewahrt und seine Jugend. Für diese Aufgabe wirft sich der Held jeden Tag aufs neue in die wartende Menge, die Höchstleistungen von ihm erwartet – und erwarten darf.

Denn so hat es damals ein junger Mann gewollt, verwirklicht und seinen Erben im Geiste hinterlassen. Und die befleißigen sich folgerichtig auch weiterhin jener so schwäbischen Tugenden, wie man sie weltweit kennen und schätzen gelernt hat: Zuverlässigkeit in jedem Qualitätsprodukt. Optimale Befriedigung der Verbraucherbedürfnisse. Keine Zugeständnisse an vorübergehende Modeerscheinungen. Eben so viel Aufwand wie nötig, um eine bestimmte Aufgabe bestmöglich zu erfüllen. So betrachtet läßt Plutarchs Zitat nur einen Schluß zu: Er muß ein Schwabe gewesen sein. Oder wenigstens einen gekannt haben.

„Bread is the staff of life."
(Brot ist die Grundlage des Lebens).
(J. Swift)

Es ist schon ein eigenartiges Verhältnis, das wir zum Brot haben. Fast schon ein heiliges Verhältnis. Traditionell gesehen verbinden wir damit das Leben selbst. Also unachtsam damit umzugehen oder gar verschwenderisch, ist eine Sünde. Und wenn wir diesseits des Rheins unser Brot als etwas fast Mystisches betrachten, sehen die Franzosen darin eher eine schlichte Allerweltskost, ein Grundnahrungsmittel eben. Ein braunes Ding in Stangenform, das schon zum Symbol und Wahrzeichen ihrer kulinarischen Lebensart geworden ist. Im slavischen Raum wird Brot noch in rituellen Handlungen verwandt, in England hat es als Sandwich überhaupt nichts mehr Ehrwürdiges an sich. Doch hier hören die Unterschiede auf. Denn in den angebotenen Formen und Rezepten sind wir uns in den zurückliegenden Jahren in Europa immer näher gekommen. Die Weißbrote, Schwarzbrote, Roggenbrote, Vollkornbrote und wie sie noch alle heißen, gibt es auf beiden Seiten des Rheins, hüben und drüben des Kanals, in allen Ländern der Windrose. Von regionalen Spezialitäten natürlich einmal abgesehen. Doch überall wird leider auch mit diesem für uns Menschen so wichtigen Nahrungsmittel nicht in der notwendigen, sorgfältigen Art umgegangen. Da werden zum Beispiel Mehle verwendet, die nur noch wenig an lebenswichtigen Vitaminen, Mineralien und Ballaststoffen enthalten. Da werden technische Verarbeitungsprozesse eingesetzt, die recht unsanft mit unserem „heiligen" Brot umgehen. Daß es auch ganz anders geht, zeigt uns ein Brot, das zwar schmeckt wie ein richtiges Brot, nahrhaft ist wie ein richtiges Brot, aber aussieht wie ein abgegriffener Buchdeckel. Das Knäckebrot eben.

Was hat man nicht schon alles versucht, um Brot haltbar zu machen. In antiker Zeit hat man es zu Fladen ausgeformt und gestapelt an der Luft trocknen lassen. Andere Methoden setzten einen ganz speziellen Sauerteig voraus, der das Brot haltbarer machte und es vor dem Schimmeln schützen sollte. Im alten Ägypten dagegen legte man auf den Brotschimmel ganz besonderen Wert, wurde er doch von den hochkundigen Ärzten jener Kultur zur Wundbehandlung und Infektionsverhütung benötigt (interessant in diesem Zusammenhang: Penizillin, das ungefähr 6.000 Jahre später zum selben Zweck erfunden wurde, wird aus einem Schimmelpilz gewonnen).

Zum Brotbacken fanden und finden in der Regel zwei Getreidesorten Verwendung, Roggen und Weizen.

Der Roggen.
Er steht an erster Stelle in der Wasa Produktion. Vor ca. 6.000 Jahren gelangte er aus Südwestasien immer weiter nordwärts und wurde zur Brotfrucht des Nordens. Roggen ist weniger anfällig, ist witterungs- und frostbeständig. Der kräftige, naturnahe Brotgeschmack und die ernährungsphysiologisch höherwertigen Proteine (als beim Weizen) verschaffen ihm seine große Bedeutung.

Der Weizen.
Schon vor 9.000 Jahren haben frühe Bewohner des Dorfes Dscharmo am Fuße des Zagros-Gebirges im Irak primitive Weizensorten angebaut. Im Laufe der Jahrtausende entwickelte sich aus dem einfachen Einkornweizen der gegen kalte Winter und regnerische Sommer resistente Brotweizen. Über die Balkanländer und Südrußland kam er in unsere Breiten.

Die Leute in den nördlichen Regionen unseres Europa nutzten hauptsächlich den Roggen und hatten sich zur Lagerung und Haltbarkeit etwas ganz Besonderes ausgedacht: Sie buken ihre Brote rund, plätteten sie zu Fladen, schnitten ein kreisrundes Loch in die Mitte und „fädelten“ die Brote auf einen langen Stock auf, den sie über die Feuerstelle hängten. So hatten sie ihr Grundnahrungsmittel immer diebstahlsicher, haustiersicher und knusperhart zur Verfügung. Und weil sie dieses Brot von der Stange brechen, schwedisch

„knäcka" mußten, wurde es auch bei uns unter diesem Namen bekannt und mittlerweile berühmt. Die Rede ist natürlich vom natürlichen Knäckebrot aus Schweden. Den Hersteller braucht man hierzulande auch nicht extra zu erwähnen. Er ist überall auf der Welt zu einem Synonym geworden für frisches, knuspriges und naturgesundes Knäckebrot: Wasa.

Schon im Mittelalter buken die norwegischen, schwedischen und finnischen Familien ihre trockenen Köstlichkeiten selbst, zu Hause. Diese Tradition hat sich bis zu Beginn unseres Jahrhunderts erhalten. Ums Jahr 1919, während in den zentraleuropäischen Staaten der erste Weltkrieg gerade verklungen war, begann ein dynamischer Jungunternehmer, Karl Edvard Lundström, mit der gewerbsmäßigen Fertigung der Knäckebrote. Er nannte seine Firma zu Ehren des gleichnamigen schwedischen Adelsgeschlechts Wasa. Und als er 1931 zur vollmechanisierten Herstellung überging, stand einer Entwicklung nichts mehr im Wege, die wie ein Sturm über Europa und dann um den ganzen Globus fegte. Heute ist Wasa die größte Knäckebrotfabrik der Welt mit fünf Produktionsstätten in Schweden, Finnland und Deutschland. Über die Hälfte der Produktion geht in über 30 Länder, in den meisten ist Wasa auf seinem Sektor inzwischen marktführend. Wie war ein solcher Siegeszug möglich? Was zeichnet ein Produkt aus, das innerhalb kürzester Frist zum Verkaufsschlager wurde? Was muß ein so einfaches Produkt aufweisen, um so lange so populär zu bleiben? Die Antwort ist einfach. Und sie hat sehr viel mit Vernunft zu tun.

Im Deutschland des beginnenden Wirtschaftswunders lernte man zu Beginn der 50er Jahre das Knäckebrot als eine Delikatesse kennen. Hatte der herrschaftliche Haushalt bisher seinen Kaviar, seinen Lachs und die Anchovis auf Pumpernickel gebettet, die zwar exquisit schmeckten, aber doch, einmal geöffnet, leicht verdarben, wandte man sich nun begeistert dem neuen Flachstück zu. Der Belegleidenschaft waren nun keine Grenzen mehr gesetzt, denn was man an Masse mit dem neuen Brot sparte, konnte durch die Dicke der Auflage mehr als kompensiert werden. Dachte man wenigstens. Denn zu jenen denkwürdigen Zeiten schielte noch niemand auf Kalorientabellen. Die Zeit der Spezialität ging 1967 zu Ende, als sich in Celle die erste Knäckebrotfabrik außerhalb Schwedens etablierte. Langsam, aber stetig wuchs das Knäckebrot in einen Markt hinein, der sich zwar immer noch nicht allzusehr um gesunde Ernährung kümmerte, doch mit Hilfe der Wasa Produkte immer wieder Denk-

anstöße erhielt. Man kann also mit Fug und Recht behaupten: Noch bevor die Gesundheitswelle in Deutschland anrollte, noch bevor sich jeder übereifrig auf ihr davontragen ließ, kümmerte sich Wasa schon um die Basisarbeit einer breiten Aufklärung der Öffentlichkeit. Mit massivem Werbe- und Verkaufsförderungseinsatz. Ziel: Dem Verbraucher sollte überzeugend dargestellt werden, daß man sich mit Wasa Knäckebrot vernünftig und damit gesund ernähren könnte. Erinnern Sie sich noch an den Fernsehspot der frühen 70er Jahre, als die verschiedensten Lebensmittel auf eine Schnittbrotscheibe und ein Wasa Knäckebrot gehäuft wurden, bei gleichzeitiger Einblendung eines mitlaufenden Kalorienzählers? Eine überzeugende Umsetzung des Produktvorteils.

Immer mehr Verwender entschieden sich in der Folge für dieses neue Brotvergnügen. Neue Sorten kamen hinzu, neue Zutaten fanden Verwendung. Doch in einem veränderte sich das Angebot nie: Die Grundstoffe blieben immer dieselben, die Philosophie hinter dem Produkt blieb konstant. Und sie ist es heute noch. Sie steht für gleichbleibende Qualität, gleichbleibende Frische und gleichbleibenden Geschmack (Frische und Geschmack haben ihr hohes Niveau dem hohen Vitamin-E-Anteil im Korn zu verdanken). Wer diese

Features auf Dauer garantieren kann, der kann sich auch über dauerhaften Produkterfolg freuen.

Doch bei Wasa ging man noch einen Schritt weiter: Ständig wurde und wird die Qualität verbessert, der Geschmack verfeinert. Und gerade in einer Zeit, wo gesunde Ernährung und gesteigertes Umweltbewußtsein zu Kaufentscheidern ohnegleichen geworden sind, bewies Wasa wieder einmal seine Kompetenz auf diesem Gebiet. Von der Vernunft diktiert, nicht von einer wechselnden Modeerscheinung, unterstützte und förderte Wasa alle Bestrebungen verantwortungsbewußter Roggenbauern, besonders hochwertige Getreidequalitäten mit Erzeugergarantie zu produzieren und dabei gleichzeitig eine umweltschonende Anbaumethode zu entwickeln. 1986 entstand aus diesen Ansätzen der „Förderverein für bedarfsgerechten und kontrollierten Pflanzenanbau e.V." mit Sitz in Walsrode. Inzwischen gehören dem Verein über 500 Mitglieder an. Aus diesem kontrollierten Anbau bezieht Wasa seine Rohstoffe, deren Qualität im internationalen Getreidehandel schon als geflügeltes Wort zu Hause ist: Man spricht dort eindeutig klassifizierend von den „Wasa-Terms", den Wasa-Bedingungen.

Überragende Qualität, und die auch noch permanent, das ist eines der Erfolgsrezepte von Wasa. Zwischen Anbauer und Verbraucher sind deshalb zahlreiche Prüfungen geschaltet, die diese Qualität auch auf dem ganzen Wege sicherstellen. Das beginnt schon am Halm, wenn das Getreide reift. Um es widerstandsfähig und gesund wachsen zu lassen, erhält jede einzelne Pflanze mehr Platz zur Entwicklung. In dieser reduzierten Anbaudichte werden im Gegensatz zum herkömmlichen Anbau statt 400 Samen pro Quadratmeter nur noch 100 Samen in die Erde gebracht. Während das Korn der Ernte entgegensprießt, erfolgt eine bedarfsgerechte, ausgewogene Pflanzenernährung, dabei verzichten die Wasa-Landwirte auf Fungizide (Pilzbekämpfungsmittel), Insektizide, Herbizide (Unkrautbekämpfungsmittel) und Klärschlamm.

Durch regelmäßige Boden- und Pflanzenuntersuchungen wird aber nicht nur festgestellt, ob das Getreide optimal gedeiht, sondern ebenso wird sichergestellt, daß den Pflanzen nur soviele Nährstoffe zugeführt werden, wie sie aufnehmen können, der Boden also praktisch keine Belastung erfährt. Ein wichtiger Beitrag zur Reinhaltung unserer Grundwässer wird so geleistet. Auch finden im Bereich der Schädlingsbekämpfung ihre natürlichen Feinde Verwendung. Denn wenn das biologische Gleichgewicht stimmt, nimmt auch keine Plage überhand. Störende Eingriffe ins Öko-System werden so vermieden oder überflüssig gemacht.

Ist die Erntezeit gekommen, werden die Bauern vom Wasa Erntedienst auf den bestmöglichen Zeitpunkt hingewiesen. So können der Vitamingehalt, die Reinheit und Enzymaktivität am ehesten erreicht werden, Werte, die bei Wasa als Standard vorgeschrieben sind. Im Jahre 1989 war es zum ersten Mal möglich, den gesamten Roggenbedarf der Celler Knäckebrotfabrik aus kontrolliertem Anbau zu decken.

Je sorgfältiger die Auswahl der Sorten, desto aromatischer der Geschmack. Ein weiterer Grund für den Wasa-Erfolg. Jede Sorte hat ihren typischen Eigengeschmack, von mild und mürbe über knusprig-nussig bis zu herzhaft-würzig. Nach original schwedischen Rezepten wird heute wie damals aus frischgemahlenem Vollkornmehl Knäckebrot gebacken. Das heißt: Schale und Keim bleiben enthalten, sowie die köstlichen Aromastoffe des Korns. Hauptsächlich wird Roggenmehl von ganzen, ungeschälten Körnern verarbeitet. Das Korn ist reich an Mineralien, Ballaststoffen, Proteinen, Kohlenhydraten und ungesättigten Fettsäuren, die erst ein gesundes Vollkornbrot möglich machen, ohne die Verwendung fremder Zusätze. Apropos Kohlenhydrate: Sie sind die wichtigsten Energieträger im menschlichen Körper. Wenn er zum Beispiel sportlich gefordert wird, erhöht sich der Bedarf der Muskeln an Kohlenhydraten um das Doppelte. Aber auch für den geistig Schaffenden muß genügend Energie zugeführt werden, damit er „auf der Höhe“ bleibt.

Mit einem weitverbreiteten Vorurteil in diesem Zusammenhang kann ich jetzt auch aufräumen: Man muß weder auf das eigentliche Korn beißen, noch muß das Brot dunkel sein, um es trotzdem ein Vollkornbrot nennen zu können. Wasa verwendet feingemahlenes Vollkornmehl, das vor dem Backen frisch vermahlen wird, nichts wird dabei weggesiebt. Gemahlen wird übrigens in der traditionsreichen Celler Rathsmühle, wo schon seit 600 Jahren Wert auf Sorgfalt und Qualität gelegt wird.

Der eigentliche Backvorgang wird heute vollautomatisch, computergesteuert abgewickelt. Da wird dosiert, gemischt, geknetet, gegoren, ausgebreitet, nachgegoren, gebacken, getrocknet, in Scheiben gesägt und verpackt. Durch ein schnelles, schonendes Backverfahren – in nur sieben Minuten ist das Brot durchgebacken – steigt die Teigtemperatur nie über 100 Grad Celsius und erhält so die wertvollen Vitamine und Vitalstoffe des vollen Korns. Das fertige

Knäckebrot ist deshalb reich an ernährungsrichtigen Inhaltstoffen und arm an Belastungen für den Organismus.

Doch nicht nur Qualität und natürliche Ingredienzien ließen Wasa zum beliebten Brot und damit zu einem Produktstar werden. Ein äußerst wichtiger Aspekt des Knäckebrots kam in jüngster Zeit hinzu: Neue Erkenntnisse in der Medizin über die Bedeutung von Ballaststoffen sprachen eindeutig für diese vernünftige Art der Ernährung. Beim Wasa Knäckebrot stammen die Ballaststoffe aus den wertvollen Randschichten des vollen Roggenkorns oder der reinen Weizenspeisekleie.

Und mit Empfehlungen zur vernünftigen Ernährung hat sich Wasa schon seit der Einführung seiner Knäckebrote hervorgetan. Immer wieder erschienen Tips und Ratschläge, Kaloriensparprogramme und „leichte" Kochbücher, um den Verbrauchern nicht nur das Mittel, sondern auch den Weg zur gesunden Ernährung an die Hand zu geben. Daß sich diese Strategie ausgezahlt hat, beweist eindrucksvoll die Tatsache, daß sich sein selbst etablierter Markt ständig ausweitet. So hat er sich also nicht nur seine Bühne selbst geschaffen, er spielt auch noch immer souverän die Führungsrolle darin.

Mit über 80 Jahren präsentiert er sich heute in den denkbar unterschiedlichsten Rollen. Von der Haferkorn-Variation für den cholesterinbewußten Brotgenuß über die deftige Vorstellung aus Schrot und Korn bis zum königlichen Knäckevergnügen reicht sein Darstellungsvermögen. Und er spielt jede Figur gleich brillant, gleich liebenswürdig, gleich erfolgreich. Natürlich wird er von einem Publikum unterstützt, wie es nur wenige Stars zu ihren Füßen sehen: Millionen Verbraucher in aller Welt genießen seine Produkte; im Stammland Schweden natürlich entsprechend viel pro Kopf und Jahr,

Aber Deutschland holt „knäckig" auf.

Damit zeigt sich aber in der Bewertung des bundesrepublikanischen Marktes, daß sich auch bei uns die Ernährungsgewohnheiten verändert haben. Was noch vor 20 Jahren als normal galt, wird heute zu Recht an den

Pranger gestellt. Der Verzehr von tierischem Eiweiß und tierischen Fetten sowie von geringwertigen Kohlenhydraten geht erfreulicherweise zurück. Der Nachkriegsdrang nach „zu viel und zu fett“ hat sich verflüchtigt. Immer mehr gewinnen die hochwertigen Kohlenhydrate und die verdauungsfördernden Ballaststoffe in Getreide, Gemüse und Kartoffeln an Bedeutung. Einfache, naturnahe Kost setzt sich im Bewußtsein der Verbraucher immer mehr durch. Eine neue Einstellung zum Leben und zur Umwelt greift immer weiter Raum.

Mitten in dieser erfreulichen Bewegung im Markt steht Wasa. Nun schon seit so vielen Jahren mit demselben Produktversprechen, mit derselben Philosophie und mit derselben hervorragenden Qualität. Geändert hat sich nur die Zahl der heute angebotenen Variationen zum Thema. Geblieben ist also das reine Produkt. Ohne mystische Verbrämung, ohne „heiligen“ Beigeschmack. Geblieben ist eine Einstellung zu gesunder Ernährung, die schon seit Urzeiten Gültigkeit hatte. Geblieben ist die reine Vernunft eines alltäglichen Produktes. Die natürlichste Sache der Welt.

„...ein Land, darinnen Milch und Honig fließt."

(2. Mose 3, 8)

Es ist das erste Mal für mich, daß ich eine Story einleite mit einem alttestamentarischen Zitat. Aber bei der Lektüre dieses Artikels wird dem Leser permanent ein „Erstesmal" begegnen, also warum nicht gleich damit anfangen. Zumal der biblische Moses auch noch über ein Produkt kommentierte, für das mein im folgenden beschriebenes Unternehmen international bekannt geworden ist. Er hatte sich damals unter paradiesischen Zuständen in seinem gelobten Land eben jene Güter im Überfluß vorgestellt, die nicht gerade leicht zu haben waren. Heute, gemessen an seinen Visionen, leben wir – nicht nur was diese betrifft – wirklich im Paradies. Und da täuschen auch nicht jene darüber hinweg, die täglich in den Medien räsonieren, wie schlecht es uns doch geht.

Noch nie in der Geschichte, der uns bekannten wenigstens, ist es so vielen Menschen so gut gegangen. Noch nie in der Geschichte konnten so viele Menschen unter so vielen Produkten wählen. Noch nie in der Geschichte konnten sich so viele Menschen auch so viele Produkte leisten. Natürlich gibt es auch Schattenseiten, Unterversorgung und Not. Doch wird auch diese Geißel, politisch oder durch Unternehmerinitiativen, einmal gelöst sein. Fest steht jedenfalls, daß auf diesem Planeten als Ganzes ein Lebensstandard herrscht, der als hoch zu bezeichnen ist. Daß darin aber auch Gefahren liegen, wissen wir nicht erst seit dem wachsenden Bewußtsein unserer Umwelt gegenüber. „Zurück zur Natur" ist nämlich schon einmal dagewesen, doch enthält diese Forderung heute andere geistige Inhalte als zu Zeiten der französischen Revolution. Damals war es eine Laune, eine Modeerscheinung bürgerlicher und adeliger Kreise, heute ist es eine überlebensentscheidende Notwendigkeit.

Von einem Produkt, das sich in diese „zeitgemäße" Forderung schon immer integriert hat, soll nun die Rede sein. Beantwortet werden sollen dabei die Fragen: Wie wird aus einer Idee lokaler Milcherzeuger und -verwerter ein internationaler Produktstar? Wie schafft es ein „Allerweltsprodukt" wie die Milch, Markenartikelansehen zu gewinnen? Welche Maßnahmen sind vonnöten, damit der Star nicht sauer wird, sondern immerfort frisch zum Auftritt bereit ist? Folgen Sie mir zum ersten „Erstesmal".

Im Jahre 1926 geht es in der heutigen schwäbischen Metropole Stuttgart zu, wie es eben in einer schwäbischen Stadt zugeht, die schon seit dem 14. Jahrhundert Residenz ist. Man ist wer, man übt sich im Understatement, man geht der beliebtesten schwäbischen Beschäftigung nach: man schafft. Bosch, Daimler und Bauknecht sind die unternehmerischen Lokalmatadoren, und in der Rosensteinstraße eröffnet der Milchhof Stuttgart. Soweit noch nichts Außergewöhnliches. Doch dann schließen sich die für den Milchhof liefernden Molkereien 1930 zur *Württembergischen Milchverwertungs AG* zusammen. Ziel und Gegenstand dieser Vereinigung: „Die Förderung der Produktion von Milch und Milcherzeugnissen in Württemberg, die Verbesserung der Absatzverhältnisse in der Württembergischen Milchwirtschaft sowie die möglichst zweckmäßige Versorgung der Bevölkerung mit Milch und Molkereierzeugnissen und alle damit zusammenhängende Geschäfte".

Das liest sich schon recht modern. Und in der Essenz hat sich daran auch bis heute nichts geändert. Bis auf die Strategie natürlich, denn die ist heute weit weg vom Vorgehen jener Tage, da es für die Gesellschaft noch nicht um so aktuelle Begriffe ging wie Nischenmarketing, Markenpflege oder Positionierung. Damals stand die Versorgung der unmittelbaren Umgebung im Mittelpunkt. An bundesweite, ganz zu schweigen von internationaler Distribution war da noch nicht zu denken. Doch das Grundprinzip der Gründerväter hat sich fast unverändert bis heute erhalten. Heute wie einst können nur Milcherzeuger und Molkereien stimmberechtigte Namensaktionäre werden. Auch wenn es seit 1990 frei käufliche Vorzugsaktien gibt, ist doch am Prinzip nicht gerüttelt worden: Die Milcherzeuger sollen nach wie vor direkt mit dem Unternehmen verbunden bleiben, einmal über das Kapital, zum anderen über bindende Lieferverträge. Dieses Anliegen der heute multinational operierenden *Südmilch AG* ist noch immer Garant für eine profitable Unternehmensentwicklung. Zum ersten Mal machte sich also eine Interessengemeinschaft auf, Produkte zu vermarkten, um über ihre Produktpalette zum anerkannten Produktstar zu wachsen. Nicht wie bei berühmten Markenartikeln üblich, war es der Ideenreichtum und die Zielstrebigkeit einer einzelnen Person, sondern der gemeinsame Wille eines Gremiums, von nun an gemeinsam unter einem Dach für die jeweiligen Einzelinteressen ertragreich zu wirtschaften.

Alle Beteiligten dieser Gemeinschaft gaben der *Südmilch AG* grünes Licht, als sie in den 60er Jahren daran ging, nicht mehr nur einfache Molkerei- und Interventionsprodukte wie Butter und Milchpulver zu *verkaufen*, sondern jetzt auch verstärkt ein wachsendes Sortiment unterschiedlichster Produkte zu *vermarkten*.

Die Voraussetzung für diesen konsequenten Sprung in die Welt der Markenartikler waren natürlich vorher geschaffen worden: Die Forschungs- und Entwicklungsabteilung arbeitete auf Hochtouren, neue, bessere und schonendere Produktionsverfahren waren erfunden und installiert, Markenkonzepte erdacht und verabschiedet worden, und last but not least stand ein Mitarbeiterstab zur Verfügung, bereit, motiviert, diese neuen Ziele zu verwirklichen.

Gab es in der Liste der Produkte, die im Sinne einer Marketingkonzeption in den Handel und zum Verbraucher kamen, immer noch so einfache Artikel wie Milch, Butter und Joghurt, so kamen in der Folge eigenständige Marken in die Regale, die weitere „Erstemals“ verzeichnen konnten. Erinnern Sie sich noch an die Einführung des „Kännchens“?

Es hatte sich in den kaffeetrinkenden Haushalten ein Problem gezeigt, das als solches akzeptiert war, weil man keine bessere Lösung dafür gefunden hatte: Wer Sahne oder Kondensmilch in seinen Kaffee haben wollte, mußte entweder den Dosenöffner in Reichweite haben oder die Sahneflasche öffnen. Beide einmal offen, begannen darüber auch gleich sauer zu werden. Ein Dilemma für Kaffeekränzchen ebenso wie für Büropausen und Singlehaushalte. Bis die *Südmilch AG* mit einer genialen Lösung aufwartete: Sahne und Milch aus einem kleinen, wiederverschließbaren Kännchen! Die Produkte *Sahne Kännchen* und *Leichtes Kännchen* traten über ganz Europa einen Siegeszug an, der beispiellos war und heute noch anhält. Mit rund 60 Prozent bundesweiter Bekanntheit und einer gewichteten Distribution von 80 Prozent (Sahne) und 60 Prozent (Leichtes Kännchen) können sich die Marketingstrategen von *Südmilch* gratulieren. Das war eine Meisterleistung.

Im Konzert der erfolgreich lancierten Artikel, alle auf dem Weg zum selbständigen Markenartikel, finden wir so bekannte Namen wie *Fruttis*, ein buntes Sortiment vorzüglicher Fruchtjoghurts, im attraktiven Multi-Set. Da gibt es *Fruttis Sahne* für Genießer, *Leicht & Fruchtig* für den Ernährungsbewußten, *Junior* mit wichtigen Aufbauingredienzen für die Kleinen, *Mild* mit wertvollen Bioghurt Markenkulturen und *Light* für Kalorienzähler und Diabetiker. Heute werden schon über 40 Prozent der Produktion ins europäische Ausland geliefert. Ein weiteres Aß im Spiel der Marken ist die Serie *Puddis*, ein Sortiment feinster Dessertprodukte, exakt zugeschnitten auf den hochwertigen Markt. Im Bereich Milchpudding ohne Sahne ist *Puddis* die stärkste Einzelmarke der Bundesrepublik. Im Joghurt-Segment wartet eine weitere Spezialität. Nach schweizerischen Rezepten hergestellt, paßt *Emmi* ideal in den hartumkämpften Markt der qualitativ hochwertigen Joghurts, der Premium-Fruchtjoghurts. Ohne Konservierungsstoffe und künstliche Farbstoffe hergestellt, konnte *Emmi* aus dem Stand jährliche Zuwachsraten von über 20 Prozent erzielen.

Das „pièce de résistance“ jedoch, das Sahnehäubchen auf der *Südmilch* Marketingtorte, soll etwas ausführlicher erläutert werden. Denn anhand dieses Beispiels kann man erkennen, wie sich Südmilch von den anderen in diesem Buch vorgestellten Produktstars abhebt. Ist der Star in allen anderen Fällen das Produkt selbst, ist er im Falle von *Südmilch* und seinen verschiedenen Produkten die Basis, auf denen jene erst gedeihen können. Der Produktstar *Südmilch* ist dem Mentor vergleichbar und dem Mäzen, der mit Rat und Tat und dem nötigen Kapitaleinsatz dafür sorgt, das sein Zögling sich nach geraumer Zeit bis nach ganz vorne an die Rampe im Marketingtheater spielen kann. Freuen Sie sich auf ein weiteres „Erstesmal“.

Mit Hilfe des technischen Know-hows, verschiedenste Milchprodukte mit längerer Haltbarkeit herstellen zu können, die auch außerhalb des Kühlregals plaziert werden konnten, eröffnete sich der *Südmilch AG* mit Beginn des Jahres 1972 der Markt, den Südmilch danach auch konsequent bediente. In den *Kühlregalen* aber war man bundesweit, außer in den Stammgebieten Nielsen 3a und 3b, nicht vertreten. Als Spezialist für qualitativ hochwertige Frischmilchprodukte waren andere Hersteller im Markt etabliert und schwer zu verdrängen. Hier galt es, Zeichen zu setzen, wollte man an diesem immens großen Marktsegment nicht ganz vorbeigehen. Mit 497 Millionen Kilogramm war das 1980 ein zu gewichtiger Topf, um nicht erfolgreich daran partizipieren zu können. Eine gute Idee natürlich vorausgesetzt.

Von den wenigen eigenständigen Marken in diesem Segment abgesehen, tummelten sich im Kühlregal weit über 100 Produkte, die sich gegenseitig nur noch über Preiskämpfe behaupten konnten. Doch an eben diesem „Gerangel" wollte man sich auf Seiten der *Südmilch* natürlich nicht beteiligen. Eine eigene Marke mußte her. Eine mit hohem Qualitätsanspruch. Ein glaubwürdiges Produkt mußte entwickelt werden. Hilfreich bei diesen Überlegungen war ein ausklingender Trend, der Ende der 70er Jahre in zwei Wogen über den Markt schwappte: Die Schlankheits- und Genußwelle. Nach dieser relativ kurzfristigen Modeerscheinung änderte sich das Konsumverhalten deutlich merkbar in Richtung Vernunft. Die Verbraucher wollten bessere, natürlichere, umweltfreundlichere Produkte, weniger und recycelfähige Verpackungen und insgesamt mehr Ehrlichkeit bei Hersteller und Handel. Die Zeit war reif für *Südmilchs* „Lead Product", für einen Star aus dem eigenen Hause. Und wieder, nun schon fast traditionsgemäß, passierten die „Erstenmale" in rascher Folge.

Dem profillosen Markt der Milchfrischprodukte wurde ein markantes Konzept entgegengesetzt. Zum ersten Mal für Produkte im Kühlregal. Zum ersten Mal wurde eine Produktreihe ins Rennen geschickt, die nur zusammen, als aufeinander abgestimmtes Sortiment, vom Handel geordert werden konnte. Zum ersten Mal profilierte sich ein bis dato unbekanntes Produktsortiment am Kühlregal mit einem eigenständigen, wertvollen und zum Verkauf stimulierenden „Shop-in-the-Shop-System". Zum ersten Mal passierte im Kühlregal etwas, was allen anderen Mitbewerbern den Regalplatz zu heiß werden ließ.

Heute erwirtschaftet dieser Schwabenstreich der *Südmilch AG* schon 20 Prozent vom Gesamtumsatz des Unternehmens. Wie heißt nun diese Produktreihe? Was macht sie so erfolgreich? Die Antwort für beide Fragen liegt in einem Wort. In einem Wort voll Emotion und Sommerfrische, voll Bauernhof und Frühlingsweide:

Dem Wunsch der Verbraucher nach hochwertigen, natürlichen, gesunden und ursprünglichen Produkten entsprachen die *Südmilch* Experten mit der

Produktserie *Landliebe*. Ziel der Strategen: *Landliebe* sollte dem modernen Verbraucher die Vollmundigkeit und Vollwertigkeit des Naturproduktes Milch in zeitgemäßer Form nahebringen, die Milch und ihre Produkte sollten geschmacklich wieder so erlebt werden wie früher, damals auf dem Bauernhof. Folgerichtig verkündeten es die Anzeigen und Plakate, die Radios und Fernsehboxen: „*Landliebe* schmeckt so rahmig-frisch wie damals".

Von der Ausstattung über die Werbung, von den Rohstoffen bis zum Pricing, von der Plazierung bis zu den Handelskonditionen setzte sich die Idee dieser Marke durch, entwickelte schnell eine Eigendynamik und steht heute international als erfolgreiches Sortiment in seinem Segment hoch in der Gunst der Verbraucher. Kein Wunder auch: Ist doch in *Landliebe* wirklich auch das enthalten, was die Werbung verspricht: Im Fettgehalt naturbelassene Milch von ausgewählten und kontrollierten Bauernhöfen bildet die Grundlage für das *Landliebe*-Sortiment aus Landmilch, Joghurt, Land-Quark, Schichtkäse und Rollenbutter. Alle Produkte der Range (Produktpalette) zeichnen sich aus durch hohe Qualität, ständige Kontrollen, natürliche Zusatzstoffe und Minimierung der technischen Verarbeitung, also schonendste Herstellung. Die Produkte enthalten keine der durchaus erlaubten Bindemittel/Stabilisatoren, Konservierungsstoffe, Farbstoffe oder naturidentische Aromen. Die ausgewählten Früchte sind aus heimischem Anbau, auserlesen und qualitativ hochwertig.

Worauf der Erfolg von *Landliebe* zurückzuführen ist? Auf den Erfolg der *Südmilch AG*. Denn unser Produktstar hatte nur angewandt, was er sich in Jahren des wachsenden Erfolges angeeignet hatte, und er hatte nur umgesetzt, was an Konzepten und Strategien aus dieser Erfahrung resultierte. Vier Eckpfeiler sind es, die *Südmilch*, und damit jedes Produkt unter diesem Dach, sicher auch weiter in die Zukunft tragen.

Da ist zuerst einmal der Pfeiler mit Namen *Marktbeobachtung*: Am Beispiel *Landliebe* konnte so schnell eine Trendwende vorhergesagt und ausgenutzt werden. Die Ausrichtung des Verkaufsverhaltens hin auf Umweltbewußtsein und gesunde Ernährung konnte damit erfolgreich für die Neueinführung und Etablierung der neuen Produktserie umgesetzt werden. Die Hand am Puls seines Marktes ist also ein Garant für positive Ergebnisse.

Der zweite Pfeiler heißt *konsequentes Marketing*. Nach Erstellen der Konzeption erfolgte die Implementierung ohne Wenns und Abers. Das eigenständige, unverwechselbare Produkt- und Markenprofil wurde durchgesetzt, ohne auf halbem Wege anzuhalten, um eventuell hier und da noch etwas anzugleichen oder gar zu verändern. Viele Marken sind an einer wankelmütigen Umsetzung schon gescheitert. Das Geheimnis liegt wirklich in der Konsequenz einer einmal eingeschlagenen und vereinbarten Richtung.

Der dritte Pfeiler heißt *Positionierung*. Nur wenn das Produkt auf die richtige Ecke, Nische oder das richtige Segment des Marktes zugeschnitten wird, kann es sich erfolgreich verkaufen. Am Beispiel *Landliebe* wird die Positionierung auf die europäische Spitze getrieben: In Italien fragt man unter demselben Namen danach, in England unter „Country Love", in Holland unter „Landliefde" und in Frankreich unter „Le doux pays". Wahrlich eine Positionierung, die überall dieselbe Bedeutung hat. Träumen sich doch alle Menschen gerne zurück in die Zeit der ländlichen Idylle, wo alles noch gesund, offen und ehrlich war. So jedenfalls stellen wir uns das vor.

Kommen wir zum vierten Pfeiler erfolgreicher Unternehmungen, der *Distribution*. Was wäre ein Produkt, wenn man es nirgends kaufen könnte? *Südmilch* hat in diesem Bereich hervorragende Arbeit geleistet. Fünf Verkaufsniederlassungen in Deutschland, Tochtergesellschaften in fünf und Auslandsvertretungen in acht Ländern sorgen mit eigenem Frischedienst für eine pünktliche Versorgung der Kunden. Jeden Tag.

Damit also bei den Millionen Verbrauchern im In- und Ausland „Milch und Honig" fließen können, müssen sich jeden Tag rund 1.700 Mitarbeiter der *Südmilch AG* anstrengen, um diese gewaltige Aufgabe auch reibungslos zu erfüllen. Denn die Produkte der *Südmilch* sind trotz höchsten Bekanntheitsgraden eben doch Allerweltsprodukte in dem Sinne nämlich, daß sie alle Welt täglich braucht. Der Säugling und der Heranwachsende zum gesunden Aufbau des Körpers, der Jugendliche und Student zur Unterstützung seiner mannigfaltigen Aktivitäten, der Erwachsene zur Erhaltung seiner Gesundheit und Spannkraft und der Greis zur schmackhaften Labsal. Milch ist so wichtig wie das täglich Brot. Wenn aber schon flüssige Ernährung, dann bitte schön vom Allerfeinsten: Bei meinem nächsten Einkauf werde ich am Kühlregal nach einem Produkt aus der *Landliebe*-Edition greifen. Mit einem Löffel Honig veredelt, kann mir dann sogar das Paradies keine Lockungen mehr bieten. Es sei denn, *Südmilch* weitet seine Distribution dorthin aus. Was, wie ich dieses junge alte Unternehmen kenne, zu erwarten ist.

„Großer Erfolg setzt ein Mehr an Können, Fleiß und Willenskraft voraus."
(Grete Schickedanz)

Warum machen die einen aus Nichts Tand, die anderen Geld? Warum sagt man diesem eine goldene Nase oder die berühmte Gärtnershand nach, jenem dagegen zwei linke Hände? Was ist der Grund, warum die einen berühmt, die anderen berüchtigt werden?

Diesen Fragen bin ich nachgegangen, um über den Stoff zu berichten, aus dem die „unglaublichen" Geschichten gewebt sind. Jene Stories, die jeder solange für unmöglich hielt, bis sie von einem aus der eigenen Mitte entgegen der allgemeinen Meinung realisiert wurden. Geschichten von Taten, die jeder „Vernünftige" zu Beginn der Unternehmung als „unglaublich" abtat, um sie nach erfolgtem Leistungsbeweis mit dem Satz zu kommentieren: Das kann ja nicht mit rechten Dingen zugegangen sein. Berichte von Leuten also, die eben niemals das taten, was die anderen für machbar, vernünftig oder möglich hielten. Menschen eben, die immer das taten, was sie sich in den Kopf gesetzt hatten.

So wie der „Vater" einer deutschen Institution, der bei ihrer Gründung im Jahre 1927, trotz reichlich vorhandenem Weitblick, von ihrer heutigen, europaweiten Bedeutung wohl selbst überrascht worden wäre. Sein Name:

Gustav Schickedanz. Sein Werk: Die *Quelle*. Folgen Sie mir nun auf der Suche nach den Erfolgsrezepten des größten Versandhauses in Europa, besuchen Sie mit mir die Anfänge des Großversandhauses Quelle in Fürth, Mitte der 20er Jahre.

Fürth, jeder kennt es als Endstation der ersten Eisenbahn in Deutschland 1835, stand vielleicht im Schatten des berühmten Nachbars Nürnberg, doch mußte es sich wirtschaftlich nicht hinter ihm verstecken. Zwar waren die Zeiten rauh und hart, so kurz nach dem ersten Weltkrieg, zwar gab es noch überall wenig Lohn und damit Brot, doch konnte man am Horizont schon einen kleinen Silberstreif wahrnehmen, der auf ein beginnendes Wirtschaftswachstum, damit Abbau der Arbeitslosigkeit und einen bescheidenen Wohlstand hoffen ließ. Einer, der die Nase ständig am Puls der Zeit hatte, spürte die künftigen Möglichkeiten und begann vorsichtig, sich darauf einzustellen.

Ganze 24 Jahre war er alt, als er 1919 aus dem Krieg in die Heimatstadt zurückkehrte. Zuerst als Angestellter, dann als Teilhaber bei einem renommierten Einzelhändler, machte er sich 1922 als selbständiger Großhändler für „*Kurz-, Woll-, Weiß- und Hartwaren*" auf, die Zeichen der Zeit für sich zu nutzen. Seine Kunden waren die Einzelhändler auf dem Lande und reisende Hausierer, die von Tür zu Tür oder auf Jahrmärkten die bei ihm erstandenen Waren feilboten. Das waren vor allem Haus- und Arbeitskleidung, Wäsche und Waschmittel, Näh- und Strickwaren, einfaches Werkzeug für Haus und Garten, Lederwaren, sowie Artikel zur Körperpflege. Bekam er von den Händlern noch den Gegenwert für seine Ware, mußte er auf die Bezahlung der Fieranten (italienisch *fiera = Jahrmarkt*) oft monatelang warten, wenn diese in Schlechtwetterperioden weniger Umsätze tätigen konnten. Hier galt es, schnell für Abhilfe zu sorgen. Er mußte an Endverbraucher verkaufen. Und preiswerter und damit attraktiv für seine Kunden konnte er nur anbieten, wenn er seine Ware in großen Mengen einkaufte und beim Kauf auch gleich bar bezahlte. Diesen Wettbewerbsvorsprung galt es zu erreichen. In diese Richtung mußte er sein junges Unternehmen entwickeln. Mit den bestehenden Kunden aber konnte er dieses Ziel nicht erreichen. Andere Zielgruppen mußten gefunden werden, es mußten Voraussetzungen geschaffen werden, daß Bezahlungen dieser neuen Kunden sofort verwendet werden konnten, um unverzüglich wieder große Mengen bei seinen eigenen Lieferanten und Herstellern bezahlen zu können. Es galt, eine harte Nuß zu knacken.

Die schlagartige Ausweitung des Kundenpotentials konnte nur über folgende Kanäle erfolgen: Erstens über Filialen überall in Deutschland, mit den hiermit verbundenen Problemen; zweitens über einen Versandhandel, mit den damit verbundenen Schwierigkeiten. Zuallererst aber galt es, sich ein Bild über die Bedürfnisse seiner landesweiten Zielgruppe zu verschaffen. So reiste Gustav Schickedanz kreuz und quer durch Deutschland, besuchte die Industrieviertel an Rhein und Ruhr, in Schlesien, Thüringen und Sachsen. Er unterhielt sich mit Arbeitern und kleinen Angestellten ebenso wie mit Beamten und Angehörigen der höheren Stände über Sorgen und Wünsche, über das, was nötig gebraucht wurde und über jenes, was als Luxus noch in weiter Ferne erreichbar war. Denn er wollte sich von Anbeginn sein Kundenpotential nicht einschränken lassen durch Herkunft, Ausbildung, Verdienst oder Vermögen. Alle Teile der Bevölkerung sollten von seinem Unternehmen profitieren. Nach eingehenden Untersuchungen und Abwägungen entschied er sich 1927 für den zweiten Weg: Die *Versandhaus Quelle GmbH*.

Jetzt konnten alle Bürger des Landes zu Großhandelskonditionen einkaufen, mußten aber nicht die dort üblichen Mengen beziehen, um den günstigen Preis zu erhalten. Den hatte vorher Schickedanz für sie mit seinen Zulieferern ausgehandelt. In einem Lande mit extrem hohem Nachholebedarf an allem, was es zu konsumieren gab, wirkte diese neue Versorgungsquelle wie eine Oase in der Wüste. Äußerst anziehend. Und obwohl die Idee des Versandhandels nicht neu war, obwohl es in Deutschland schon einige etablierte große Häuser mit dieser Art der Warendistribution gab, stürzte sich Schickedanz totzdem überzeugt auf diesen Wirtschaftszweig. Warum?

Preiswert und gut gab es von nun an einfache Waren des täglichen Bedarfs ebenso wie Luxusartikel für den verwöhnten Feinschmecker in einer Auswahl, wie man es bis dato nicht gekannt hatte. Der Erfolg lag in der Auswahl des Warenangebotes: Für jeden Geschmack etwas, für jeden Geldbeutel etwas. Jeder fand das Passende im Angebotskatalog des Versandhauses. Hatten die anderen Versandhäuser sich auf wenige Artikel spezialisiert, hatten sie sich auf wenige Einkommensgruppen beschränkt, bot Quelle allen etwas, deckte also das gesamte Spektrum der Konsumentenwünsche ab. Das war einmalig in Deutschland. Das schaffte sofort die Alleinstellung, das sorgte für den einzigartigen Produktnutzen, von dem die Verbraucher profitieren konnten. Nur bei Quelle profitieren konnten. Heute spricht man in diesem Zusammenhang vom USP, von der *Unique Selling Proposition,* der *einzigartigen Verkaufseigenschaft* des Produktes, die es einmalig gegenüber Mitbewerbern macht. Der USP des Gustav Schickedanz hieß also schlicht und erfolgreich: *„Fundgrube für jede Familie"*, oder *„Führer durch die Sorgen des täglichen Lebens"*. Konsequenterweise schrieb er diesen USP sogleich auf seine Kataloge.

Zu diesen Katalogen muß eine Zäsur erlaubt sein. Wer heute durch die Kataloge der ersten Jahre bis zu den heutigen und in den vielen Sonder- und Spezial-Prospekten und -Broschüren blättert, der findet nicht nur interessante Lektüre über die Produktentwicklung fast eines Dreivierteljahrhunderts, sondern er erfährt lebendige Zeitgeschichte. Damals wie heute repräsentiert „der Katalog" Zeitgeist, Kultur, Kunst, Notwendigkeiten und Bedürfnisse des Lebens, ist Spiegelbild der Menschen, die sich Artikel daraus bestellen und nach Hause schicken lassen. Und heute wie damals haben sie dabei das Gefühl, daß derjenige, der „das Programm" zusammengestellt hat, ihre Sprache spricht, sie versteht und daran interssiert ist, sie zufriedenzustellen. Dieses Vertrauen in die Leistungsfähigkeit und Lauterkeit des Angebotes hat sich über die Jahrzehnte erhalten. So gesehen ist der Quelle-Katalog auch heute noch Beweis dafür, daß unternehmerische Integrität und Kundenvorteil Hand in Hand gehen können, daß von unternehmerischem Können und Fleiß beide Seiten des Geschäfts profitieren: Der Anbieter und der Kunde. Eine bessere Partnerschaft kann man sich in unserer modernen Konsumgesellschaft nicht vorstellen.

„Das Programm muß stimmen". Mit diesem Satz charakterisierte Gustav Schickedanz selbst noch Jahre später den Grundstein für den Erfolg des Angebotes. Und das ist bis heute so geblieben. Denn zu der Universalität des Leistungsspektrums kam auch der Beweis der zuverlässigen Qualität. Quelle-Produkte mußten in harten Gebrauchstests erst einmal bewiesen haben, daß sie „katalogfähig" waren. Hatte man sich also einmal für ein Produkt aus dem Quelle-Angebot entschieden, konnte man sicher sein, aus welcher Preisklasse man auch immer gewählt hatte, optimale Qualität eingekauft zu haben. Mit dieser Garantie verschaffte sich Schickedanz zusätzliches Goodwill bei den Konsumenten und etablierte und verankerte ein positives Image, das sein Unternehmen sicher durch die Fährnisse der Zeit navigierte. Duch eine permanente Ausweitung der Auflagen fand sein Katalog immer breitere Streuung. Schon 1936, drei Jahre vor dem zweiten Weltkrieg, fanden sich über eine Million Stammkundenadressen in der Kundenkartei, und noch kein Jahr der Firmengeschichte hatte Stagnation gebracht. Im Gegenteil: Trotz massiver Reglementierungen, Boykottmaßnahmen, Hetzparolen und Repressalien während der Naziherrschaft konnte Schickedanz, geschickt taktierend und manövrierend, sein Unternehmensschiff auf einem steten Erfolgskurs halten. 1938 erreichten die „Neuesten Quelle Nachrichten" die Rekordauflage von zwei Millionen. Der Jahresumsatz erreichte im selben Jahr ebenfalls eine Rekordmarke: 40 Millionen Reichsmark. Erwirtschaftet mit rund 600 treuen Mitarbeitern, die tatkräftig zum Erfolg beigetragen hatten. Getreu dem Motto der Quelle-Firmenphilosophie: „Vom kleinen Gewinn zum großen Nutzen für möglichst viele Menschen".

Im Brennpunkt also blieb (und bleibt) für Quelle die Familie. Auch wenn gerade sie Ziel der Partei war, die den engen Familienverband für nicht wünschenswert hielt, da seine „gegenseitige Rückenstärkung" nicht vereinbar war mit der totalen Kontrolle, die der Apparat ausüben wollte, und man mit Individuen besser und leichter befehlend verfahren konnte. In den folgenden Jahren wurde diese Familie dann auch noch durch Kriegseinsätze von Männern wie Frauen und Kindern erst recht auseinander gerissen. Trotz dieser gegen die Partei laufenden Richtung versuchte Quelle immer wieder, den Menschen im gequälten Deutschland das Leben leichter und angenehmer zu machen. Nicht nur durch preiswerte Angebote, nicht nur durch Strick- und Handarbeitsanleitungen, nicht nur durch Tips für sparsames Haushalten, sondern mit „Quelle Jahrbüchern", die rasch den Ruf wahrer „Volksbücher" erlangten. Machten sie doch im „gleichgeschalteten" Deutschland keinen Hehl aus ihrer christlichen Tradition und veröffentlichten dementsprechend nicht gerade gern gesehenen Lesestoff. Sie trugen natürlich zu Ansehen und Bedeutung der Quelle wesentlich bei.

Mit Beginn des zweiten Weltkrieges versuchte Schickedanz, nun „erst recht" zu zeigen, daß trotz Krieg und allgemeinem Wahnsinn noch nicht mit dem Allerschlimmsten zu rechnen war. Bis zum Spätsommer 1943 konnte er mit schwindender Mitarbeiterzahl und sich als fast unmöglich erweisender Artikel-Beschaffung trotzdem sein Angebot aufrechterhalten. Seine langjährige Einkäuferin Grete Lachner muß dabei eine mehr als wichtige Rolle gespielt haben, denn am 8. Juni 1942 berief er sie in die Geschäftsleitung: Vor dem Traualtar in Fürth; neben einem besorgten Gustav Schickedanz; unter einem Himmel, der sich dunkel nun auch über ihrem Unternehmen zusammenbraute.

Am 11. August 1943 kam die Katastrophe: Ein Bombenteppich der Alliierten legte die Betriebsanlagen in Schutt und Asche. Zwar versuchte ein nimmermüder Notdienst noch auszuliefern, was noch an Lieferbarem auszuliefern war, doch versiegte auch diese „Rest-Quelle“ bald. Und als dann im Mai 1945 die Befreier durch Fürth zogen, gingen bei Plünderungen nicht nur die letzten Lagerbestände in fremde Hände über, sondern auch noch die wertvolle, in vielen Jahren mühsam aufgebaute Kundenkartei mit Millionen Adressen in Flammen auf. Quelle war am Ende. Am Ende?

Gustav und Grete wären nicht Schickedanz gewesen, hätten sie jetzt aufgegeben. Zum eingangs erwähnten Können und Fleiß gesellte sich jetzt die Willenskraft, gleich in doppelter Ausführung. Wie stark dieser Wille war, läßt sich heute aus einem Brief an seine Angestellten erlesen, den Schickedanz im Mai 1945, nach der deutschen Kapitulation und der Besetzung seines Betriebes, schrieb: „...und hoffe, Sie bei dem Wiederaufbau meines Geschäftes wieder in meine Dienste zu nehmen.“

Grete Schickedanz konzentrierte sich dabei auf das, was sie konnte wie keine andere: Organisieren. Beschaffen. Verkaufen. Aus einem winzigen Laden in Hersbruck, 35 km vor Fürth, entstand durch ihre Tatkraft der Grundstock für die moderne Quelle. Mit Hilfe der Besatzer versorgte sie nicht nur diese, sondern die gesamte notleidende Bevölkerung mit dem dringendst Benötigten. Und während sich ihr Mann um den Wiederaufbau des Versandgeschäftes kümmerte, war sie wiederum an vorderster Beschaffungsfront. Alte Lieferantenbekanntschaften mußten erneuert und neue Versorgungskanäle erschlossen werden. Sie brachte im Nachkriegsdeutschland das Kunststück fertig, schon 1948 mit einem Katalog präsent zu sein, der mit einer Auflage von erstaunlichen 10.000 Stück schon wieder 64 Artikel vorstellen konnte. Die Quelle lebte.

Doch hatte sie nicht mit der Resonanz unter der Bevölkerung gerechnet. Schon während der Jahre bis zur Wiedereröffnung hatten viele Menschen in Fürth unter der alten Adresse nach Waren nachgefragt und gehofft, beliefert zu werden. Diese Adressen, zusammen mit Adressen eines befreundeten Unternehmens, bildeten den Stamm der Nachkriegskundschaft. Als dann noch durch Mund-zu-Mund Propaganda vom Erscheinen des neuen Kataloges berichtet wurde, kam die Quelle mit Lieferungen nicht mehr nach. Erst nach Wochen des Wartens konnten alle Besteller befriedigt werden.

Jetzt ging es Schlag auf Schlag. Anfang Februar 1949 erschien ein vierseitiger Prospekt mit 30.000er Auflage und schon im April desselben Jahres der erste, wirkliche Quelle-Katalog nach dem Krieg: Auf 16 Seiten prangten Textil-, Woll-, Weiß- und Kurzwaren, Bettwäsche, Haushalts- und Toilettenartikel, Spiel- und Lederwaren und einfache Schmuckartikel. Der Clou in jenem ersten „richtigen" Katalog: Der neue Kugelschreiber für DM 1.75, die sagenhafte Erfindung aus dem Ausland! Dieser Katalog zeigte die ordnende Hand von Grete Schickedanz, die von nun an für das Angebot und dessen Darstellung verantwortlich zeichnete. Jedes Jahr gab es von nun an mehrere Auflagen. 1955 waren es schon sieben, mit einem Herbst/Winter-Hauptkatalog von 112 Seiten in einer Auflage von 2,2 Millionen! Ergänzt wurden diese Kataloge durch Sonderaussendungen und Beilagen mit einer Gesamtauflage von 22 Millionen Exemplaren. Fast 9.000 Einzelpositionen waren im Angebot, die Kundenadressen überstiegen die Zwei-Millionen-Grenze, die Zahl der Mitarbeiter stand bei 3.000, und der Umsatz hatte sich über die 200 Millionen-Grenze katapultiert. Da wollte Gustav Schickedanz wieder einmal etwas Neues wagen.

Quelle stand in jenen Jahren in direkter Konkurrenz mit den wiedererstarkten Kaufhäusern und Einzelhandelsketten. Hinzu kamen die Preisbindungen der Markenartikler, die ihre Produkte nicht über die sogenannten „Billigheimer", den Versandhandel also, vermarkten wollten. Um aus dieser Schere herauszukommen, stieß Quelle nun selbst in den Bereich Markenartikel vor. In rascher Folge stellte das Unternehmen Waschmaschinen, Wäschetrockner und Kühlschränke (Quellux, später Privileg) aber auch Haus- und Naturheilmittel (St. Paul) vor, die unter eigenem Namen weit unter den sonst üblichen Preisen angeboten wurden. Die Presse hatte ihre Sensation, die Neider das Nachsehen und die Quelle-Kunden wieder einmal den Beweis für die Leistungsfähigkeit und Qualität „ihres" Versandhauses. Und dieses Versandhaus machte sich auf, noch intensiver und detaillierter auf die Wünsche der Verbraucher einzugehen:

Aus der Nachfrage nach Vorfinazierung großer Einkäufe entstand 1956 der Versuch der Quelle, dieses Angebot mittels eines Kreditinstituts zu testen. Einige Jahre später hatte sich aus diesem Pilotprojekt eine eigenständige Vollbank entwickelt, die Noris Bank GmbH.

Im Jahre 1957 schlägt die Geburtsstunde des Kamera- und Fotoversandes. Foto-Quelle ist in sich selbst eine Revolution. Vergleichbar mit der Erschließung des Marktes mit eigenen Fernseh- und Radiogeräten.

Für die vielen GI's, die während ihrer Stationierung in Deutschland mit Quelle Bekanntschaft gemacht hatten, eröffneten sich neue Perspektiven und das erste Quelle Auslandsbüro in den Staaten, in New York.

Damit ist der Startschuß zur Internationalität gegeben. Während in Österreich moderne Quelle-Waren- und Kaufhäuser eröffnen, breitet sich über die Bundesrepublik ein dichtes Netz von Sammelbestellern und Bestell-Agenturen. Ein geniales Marketinginstrument, das sich sofort in einer Erweiterung der Zielgruppen niederschlägt und auch heute noch wichtiger Bestandteil des Quelle-Vertriebsnetzes ist.

Die Franzosen können ab 1965 bestellen, die Schweizer ab 1977. Doch wurde den Europäern nicht nur Ware angeboten, es wurde auch Ware bei ihnen eingekauft. Getreu ihrer Maxime, Gutes zu günstigem Preis anzubieten, hatte man schon früh begonnen, seine Fühler in außerdeutsche produzierende Märkte auszustrecken. So ließ man schon seit 1962 in den USA, in Asien und Europa nach eigenen Vorgaben herstellen oder kaufte entsprechende Ware dort ein. Viele Länder wurden durch die Quelle-Aufträge oft erst zum Exportland. Der Importanteil der im Katalog angebotenen Ware stieg ständig.

Eine weitere Sensation bahnte sich 1962 an: Quelle bot Fertighäuser an! Über 500 Zeitungen berichteten über dieses Ereignis. Und als wäre das nicht schon genug, reisten im selben Jahr über 10.000 sonnenhungrige Menschen mit der Reise-Quelle nach Mallorca. Natürlich zu Preisen, die unschlagbar waren: DM 350 für Flug und 14 Tage Vollpension!

Bald gab es keinen Bereich der Bedarfsabdeckung mehr, den Quelle nicht abdeckte. Eigene Kleinbildfilme (unter der Eigenmarke „Revue“) wurden ebenso angeboten wie eine eigene Modekollektion: Der internationale Mode-Couturier Heinz Oestergaard wurde damit zum Begriff für exklusive Mode-Kreationen. Vom Tiefkühlgerät bis zum Betonmischer, vom Jagdgewehr bis zum„Uniropa“ Autoreifen. Es gab nichts mehr, was man bei Quelle nicht bestellen konnte. Folgerichtig hieß auch der Slogan: „Ein Glück, daß es die Quelle gibt!“

Gustav und Grete Schickedanz aber gaben sich damit nicht zufrieden. In einer Zeit der technischen Revolutionen am laufenden Band wollten sie, daß alle ihre Kunden an dieser atemberaubenden Entwicklung teilhaben sollten. Originalton: „Der Fortschritt muß allen zugute kommen!" So schrieb Gustav Schickedanz 1970 prophetisch im Vorwort seines Frühjahr/Sommer-Hauptkatalogs.

Seitdem gab es kaum eine Neuerung auf dem Markt, die man nicht sofort in den Quelle Katalogen fand, und daran hat sich bis heute nichts geändert. Mofas, Mopeds, Farbfernseher, den kleinsten Rechencomputer der Welt ebenso wie die elektrische Schreibmaschine, den Bürocomputer wie den Videorecorder, die HiFi-Anlage und den Gartenhäcksler, Desk-Top-Publishing und Hand-Scanner. Was er versprochen hatte, löste er ein. Für „seine" Kunden, die sich daran gewöhnt hatten und darauf vertrauten, von seinem Unternehmen immer gut bedient zu werden. Sie haben es gedankt und danken es immer wieder.

Als Gustav Schickedanz im März 1977 starb und sein Werk in die Hände seiner Frau Grete übergab, konnte *Quelle* gerade 50jähriges Jubiläum feiern. In seinem Sinne ging es unverändert – unter neuer Führung – weiter auf Erfolgskurs, unter denselben Maximen:

Preiswertes und breites Sortiment mit garantiertem Qualitätsniveau, rationelle Warenbereitstellung und ebensolcher Warenvertrieb, Anpassung an Kundenbedürfnisse in Sortiment, Vertriebsweg und Service. Diese Eckpfeiler geschäftlichen, sozialen und gesellschaftspolitischen Erfolges trugen das weiter wachsende Gebäude der *Quelle* in die internationalen Märkte.

Heute formuliert der Vorsitzende des Vorstandes, Dr. Klaus Mangold, die Ziele des Unternehmens visionär und den modernen Anforderungen gerecht:

„Wir wollen als kundenorientiertes, innovatives und leistungsstarkes Unternehmen im europäischen Handel Waren und Dienstleistungen anbieten und damit die Lebensqualität der Menschen spürbar steigern... Mit dieser strategischen Neuausrichtung bündelt die Quelle Schickedanz AG & Co. ihre Kräfte für die großen Zukunftsaufgaben, die ihr als internationales Handelsunternehmen im neuen Europa gestellt sind."

Die Voraussetzungen stehen dafür denkbar günstig. Im letzten Jahr konnte die Gruppe ihren bisher höchsten Gesamtumsatz erwirtschaften. Fast jeder zweite deutsche Haushalt hatte sich mit Bestellungen daran beteiligt aus Katalogen, die zweimal im Jahr mit über 1.300 Seiten und einer Auflage von weit über 10 Millionen in die Haushalte gelangen. Ergänzt wird der Hauptkatalog durch zur Zeit 21 zielgruppenorientierte Spezialkataloge. Während der Hochsaison verschickt *Quelle* täglich mehr als 250.000 Pakete an Kunden überall auf der Welt.

Bei diesen Riesenmengen stellt sich natürlich sofort die Frage nach den Bemühungen des Unternehmens für den Umweltschutz. Und auch hier konnte die Gruppe mit guten Beispielen aufwarten: Seit Jahren werden energiesparende Elektrogroßgeräte angeboten, seit drei Jahren – als erstes Unternehmen – bietet *Quelle* eine FCKW-Entsorgung bei Kühl- und Gefriergeräten, eine Elektronik-Schrott-Entsorgung für Fernsehgeräte wird den Kunden angeboten, Feldversuche für Mehrwegverpackungen wurden initiiert und durchgeführt. Bis heute konnten 1.400 Tonnen Verpackungsmaterial eingespart werden, weiter geht es auf diesem vernünftigen Weg mit dem Dualen System, und seit Frühjahr 1992 wird der Mini-Katalog auf chlorfrei gebleichtem Zellstoff gedruckt. Der Versuch, das Wachstum der Wirtschaft in Einklang mit ökologischen, ökonomischen und sozialen Interessen der Gesellschaft zu bringen, ist bei *Quelle* schon weitgehend geglückt.

Das Unternehmen hat bewiesen, daß man mit verantwortlichem Handeln, umweltverträglichen Produkten und sozialem Engagement Marktanteile sichern und ausbauen kann. Ein geradezu klassisches Beispiel für dieses ganzheitliche Verständnis eines großen Unternehmens ist sein Engagement in den neuen Bundesländern. Mit über 1 Milliarde Mark Investitionssumme für das „modernste Versandhaus der Welt" leistete *Quelle* einen herausragenden Beitrag zum Aufschwung Ost. Bei der Grundsteinlegung waren dann auch der Bundeskanzler und Sachsens Ministerpräsident gleichermaßen erfreut über

die Schaffung von 3.500 neuen Arbeitsplätzen und der spürbaren Belebung der Wirtschaft. Ganz abgesehen natürlich davon, daß dieses neue Haus Voraussetzung ist für die anvisierte Expansion in neue Märkte. Mit dem technologischen Wunderwerk in Leipzig-Mockau wird *Quelle* dann zu Spitzenzeiten in der Lage sein, bis zu 200.000 Pakete am Tag zu versenden. Wohin?

Nach Ungarn zum Beispiel, das 1985 erschlossen wurde, oder zu den Joint-venture-Partnern in Rußland, nach Spanien oder Italien. In Luxemburg gibt es die *Quelle* schon seit 30 Jahren, in Österreich sogar schon seit 33 Jahren. In Polen und der Tschechoslowakei gibt es seit 1992 eigene *Quelle*-Niederlassungen. Das „Größte Versandhaus Europas“ steht heute mitten im Beginn einer dynamischen Zukunft, für die das Öffnen der Märkte im Osten nur der Anfang ist. Die Integration der dortigen Verbraucher in die freie Gemeinschaft aller Europäer wird nur Übergang sein. Die Ziele sind weiter gesteckt. Doch hat, so gesehen, die *Quelle* Europa schon heute geeint.

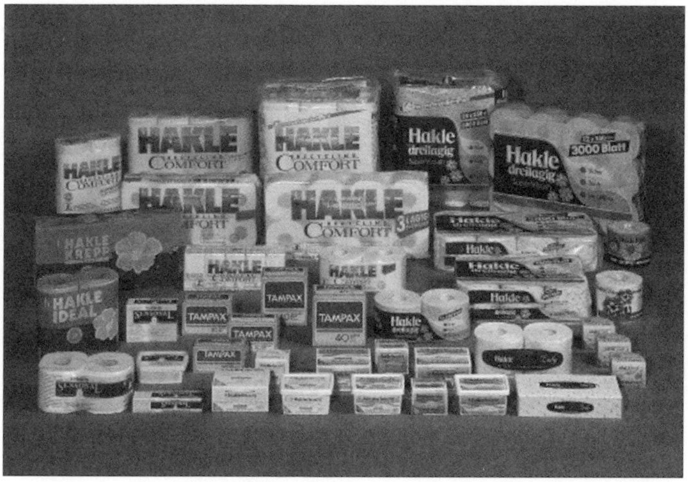

„Ein solch Papier, an Gold und Perlen Statt,
ist so bequem, man weiß doch, was man hat."
(Goethe, Faust II)

In unserer modernen, aufgeklärten Gesellschaft gibt es nichts mehr, was man nicht frank und frei bereden könnte. Mann spricht mit Frau über sexuelle Vorlieben, Junge diskutiert mit Mädchen intime Phantasien, in den Fernsehprogrammen fallen gesellschaftliche Schranken wie angestoßene Dominosteine, zwischenmenschliche Probleme werden in aller Öffentlichkeit bloßgelegt und erörtert, und selbst der Tod ist eine ständige Rubrik in den Gazetten wert. Eine unverletzliche Privatsphäre gibt es nicht mehr. Alles und jeder ist offen für alles und jedes.

Heute, so sagen es wenigstens die Experten, ist auch das Verhältnis des Menschen zu seinem Körper entkrampft und entspannt. Schon im Kindesalter werden die Kleinen auf den selbstverständlichen Umgang mit allen Körperteilen vorbereitet. Das gilt ganz besonders für die Toiletten-Hygiene. Daß sich die Entwicklung in normale Bahnen bewegt hat, ist auch der Verdienst eines Hygiene-Pioniers, der sich schon sehr früh mit der Körperpflege in dieser so wichtigen Körperregion beschäftigt hat. Er hat den Po quasi gesellschaftsfähig gemacht. Und trotzdem:

Noch ist nicht für jeden alles selbstverständlich, was für jeden selbstverständlich sein sollte. So habe ich im Vorfeld meiner Recherchen zum vorliegenden Buch auf dem gesamten deutschen Markt kein Werk gefunden, das sich offen mit allen wichtigen Aspekten des Pos auseinandersetzt. Es gibt zwar viele humoristische Veröffentlichungen, doch eine sachliche Abhandlung konnte ich nirgends finden. Im täglichen Umgang gibt es also keine Probleme, mit der schriftlichen Auseinandersetzung scheint es noch zu hapern.

Wie man es aber auch betrachtet, wichtig ist die gründliche und regelmäßige Reinigung und Pflege. Betrachten wir es einmal so: Nach Schätzungen deutscher Ärzte leidet am Po jeder zweite an mehr oder weniger kleinen und großen Wehwehchen. Probleme, die durch falsche oder mangelhafte Hygienemaßnahmen entstehen, die man oft als frühmittelalterlich bezeichnen muß. Obwohl ein 60jähriger immerhin rund 150 Tage seines Lebens auf der Toilette zugebracht hat, obwohl rund 70 Prozent aller Menschen Probleme beim Stuhlgang haben, hat die Reinigung und Pflege in diesem Bereich noch immer nicht die Priorität auf der Körperpflegeliste, die ihr zukommen sollte.

Ein Unternehmen, das sich um die Verbreitung von Toiletten-Hygiene und vernünftiges Verhalten in diesem Bereich ganz besonders verdient gemacht hat und macht, möchte ich jetzt vorstellen. Das Unternehmen heißt *Hakle* und hat sich seit 1928 auf den Toilettenpapiermarkt konzentriert und spezialisiert. Dabei habe ich mich gefragt, was war denn vor diesem denkwürdigen Datum? Wie wurde gereinigt, wenn überhaupt, gepflegt? Wie ging man zu Werke? Blenden wir ein wenig in die Historie zurück, so weit dies überhaupt möglich ist.

Über das Putzverhalten unserer höhlenbewohnenden Vorfahren läßt sich leider nichts mehr rekonstruieren. Entweder gab es für die damaligen Höhlenmaler schon bekannte Tabus, oder aber die Verrichtung und Beseitigung der vom Körper entsorgten Rückstände war deshalb nicht erwähnenswert, weil man ja beim nackten Sitzen auf rauhen Fellen sowieso schon fast automatisch sauber blieb. Jedenfalls werden sie sich des Grases oder Strohs bedient haben – genauso wie die meisten ihrer Nachfahren noch bis ins neunzehnte Jahrhundert hinein, darunter solche Genies wie Galileo Galilei und Wolfgang Amadeus Mozart. Die vielzitierten alten Römer benutzten zuerst schlicht die eigenen Finger, danach ein kleines Stöckchen, an dessen Ende sie endlich einen Schwamm befestigten, um sich so, und unter Zuhilfenahme von Salzwasser, gründlich zu reinigen. Im Mittelalter fanden Stoffetzen und Abfälle aus der Flachs- und Hanfverarbeitung Verwendung. Die buchstäblich besser betuchten Schichten der Bevölkerung wischten mit Samt und Seide, und die berühmte Mätresse Dubarry hatte sogar eine ausgesprochene Vorliebe für Spitzentüchlein.

Vom siebzehnten Jahrhundert an setzte sich das immer mehr Verbreitung findende Papier als Wischmedium durch. In all seinen Publikationsformen fand es sich schlußendlich immer auf irgendeinem Örtchen, wo es handlich geschnitten oder gerissen am Nagel zur Verfügung stand. Erst im letzten Jahrzehnt des neunzehnten Jahrhunderts kamen vorausschauende Geschäftsleute auf die Idee mit dem abgepackten, zugeschnittenen „Closetpapier“. Es wurde nach Gewicht verkauft und fand bevorzugt bei den Bürgern der Großstädte wohlwollende Aufnahme.

Bis in die „Goldenen Zwanziger“ dieses Jahrhunderts hinein sah es auf den Häuschen und Örtchen, auf den Klos und Toiletten recht trist aus. Entweder bediente man sich stückchenweise der schwarzweißen Tageszeitung oder rauhte sich die Haut mit bräunlichem Papier. In diese Öde brachte ein gerade mal volljährig gewordener, gelernter Bankkaufmann Bewegung. Seine Idee: Toilettenpapier mit garantierter Blattzahl, von der Rolle. Sein Name: Hans Klenk.

In einen gemieteten Raum des Ludwigsburger Proviantamtes stellte er seine Umrollmaschine und produzierte den ersten Markenartikel für dieses Marktsegment. 400 Blatt Kreppapier garantierten die ersten Rollen und brachten dem Jungunternehmer, dessen Namen abgekürzt seine Produkte schmückte, Hans Klenk, unter dem Markenzeichen *Hakle* bis heute geschäftlichen Erfolg. Denn als schwäbischer Tüftler begnügte er sich nicht mit den stetig steigenden Verkaufszahlen seiner Rollen, sondern dachte wie kein anderer nach, wie man die hygienischen Verhältnisse, die Zustände und Pflegesituationen auf den Toiletten dieser Welt entscheidend verbessern, vereinfachen oder einfach nur bequemer machen konnte.

Den ersten spektakulären Erfolg, der weit über die normale Entwicklung des laufenden Geschäftes hinausragte, landete er mit einem marketingtechnischen Geniestreich, als 1932 die Rolle mit garantierten 1000 Blatt im Markt wie eine Bombe einschlug. Denn nicht nur seine schwäbischen Landsmänninnen erkannten den Spareffekt gegenüber den schon damals gegenwärtigen

Mitbewerbern. Der Abverkauf war entsprechend, die Bekanntheit der Marke wuchs rapide. Und was bislang undenkbar gewesen wäre, war akzeptiert: Hatte man bisher Toilettenpapier nur im Buchhandel erstehen können, fand man nun *Hakle* Toilettenpapier in jedem besseren Lebensmittelladen. Der unternehmerische Mut des Hans Klenk hatte sich ausgezahlt.

Nach dem Krieg freuten sich die Menschen nicht nur über den Frieden und den weltweit bewunderten Wiederaufbau im bundesdeutschen Wirtschaftswunder, sie waren auch froh über die kleinen alltäglichen Umwälzungen, die das Leben um vieles angenehmer machten. Hatte man zum Beispiel früher in Wohnblocks die sogenannten Etagentoiletten als ausreichend angesehen, wurde jetzt für jede, auch noch so winzige, Wohneinheit eine eigene Toilette gebaut. Die mußten natürlich mit entsprechenden Pflege- und Reinigungsmitteln versorgt werden. *Hakle* war – wie sollte es anders sein – von der ersten Stund' an wieder voll mit dabei. Und um dem beginnenden Trend gleich die Krone aufzusetzen, brachte *Hakle* das weichere, zweilagige Papier und auch sogleich Farbe in den Markt: Entsprechend der Einrichtung im Badezimmer oder Toilette konnte man zum Beispiel zwischen den Farben weiß, rosa und beige des Toilettenpapiers wählen. Das Geschäft entwickelte sich mehr als stürmisch. Die Produktion konnte fast nicht mit der Nachfrage schritthalten.

Wie es so ist im Leben: Der Mensch strebt immer nach Besserem, Schönerem, Bequemerem. Warum also nicht auch im Bereich der Toiletten-Hygiene. Das Haus *Hakle* machte darin keine Ausnahme. Als Marktführer bei Toilettenpapieren führte man 1972 das erste dreilagige Toilettenpapier ein. Mit *Hakle dreilagig* hielt ein bis dahin nie gekannter Komfort Einzug auf den Toiletten. Bald beherrschte dieses Marktsegment 25 Prozent Anteil vom Gesamtmarkt, 1991 schon 40 Prozent. Viel wichtiger aber: Seit 1972 behauptet sich *Hakle dreilagig* als die Nummer 1 im 3-/4-Lagen Tissue-Markt. (Quelle: Nielsen KNI 1991) Das 20jährige Jubiläum wurde sowohl mit den Verbrauchern als auch mit dem Handel gefeiert, denn für *Hakle* dreilagig gilt: Qualität, der man vertrauen kann. *Hakle* dreilagig hat raumsparend 250 Blatt auf jeder Rolle, und es gibt sie in drei dezenten Farben, weiß, beige und rosa, passend zu allen derzeitigen Toiletten und Bädern.

Doch damit nicht genug. Im Zuge der allgemeinen Hinwendung zu deutlich verstärktem Gesundheitsbewußtsein und Komfortdenken machte sich auch *Hakle* auf, noch mehr in diesem Sinne zu forschen und zu entwickeln. Und wenn die Konkurrenten gedacht hatten, im Bad und WC sei alles O.K., bestätigte *Hakle* wieder einmal deutlich seinen Innovationsanspruch: 1977 wurde ein revolutionäres Produkt in der Toiletten-Hygiene vorgestellt und auf Anhieb erfolgreich im Markt plaziert. Untersuchungen hatten gezeigt, daß immer mehr Verbraucher das Gefühl schätzen, nach einem entspannenden Bad oder einer erfrischenden Dusche ihren Körper zu pflegen, sich einzucremen, sich ganz einfach rundherum wohl zu fühlen. Für diese Zielgruppe gehört zum unverzichtbaren persönlichen Wohlgefühl die Reinheit und die Pflege. Heute ist dieses *Hakle*-Produkt schon in vielen Haushalten zur selbstverständlichen Körperpflege wie Handcreme oder Körperlotion geworden. Nämlich *Hakle feucht*, ein feuchtes Toilettenpapier, das mit einer milden Reinigungslotion ohne Alkohol getränkt ist (in drei Varianten, alle klinisch getestet und auch für empfindliche Haut geeignet) und die Reinigung und Pflege richtig rund macht. Erst trocken, dann feucht ist die Devise. Denn erst dann fühlt man sich sauber, wie frisch gewaschen. Für immer mehr Menschen wurde vom Start weg *Hakle feucht* zum selbstverständlichen Bestandteil ihres täglichen Körperpflege-Programms. Unterstützend wirkt dabei die Tatsache, daß es für jeden Hauttyp die richtige, saubere und pflegende Lösung gibt: *Hakle feucht Classic* für die normale Haut, *Hakle feucht Haut-Balance*, hypoallergen und ph-neutral für die besonders empfindliche Haut und *Hakle feucht Kamille* mit den besonderen, wohltuenden Eigenschaften der Kamille. Alle Produkte aus dem *Hakle feucht*-Programm gibt es natürlich auch für unterwegs, jedes Toilettentuch einzeln, versiegelt verpackt.

Der Hygieneanspruch der Verbraucher wuchs trotz des Booms bei *Hakle* dreilagig, und so entwickelte *Hakle* 1982 *Hakle Lady*, ein vierlagiges Qualitätsprodukt, extrem dick und zartweich, für die schonendste Reinigung und Pflege. *Hakle Lady toilet-tissue* eroberte schnell die Badezimmer.

Wie schon erwähnt, leiden nach Erfahrungen der Mediziner etwa 50 Prozent der Bevölkerung unseres Landes unter Problemen im Analbereich. Solche Erkrankungen gehören natürlich in ärztliche Behandlung. Der Arzt wird als begleitende Therapie stets eine sorgfältige Hygiene empfehlen. Die Reinigung und Pflege erfordert hier noch sanftere und pflegendere Produkte. Die *Hakle*-Forschung hat dafür ein Novum in der Toilettenpapier-Hygiene entwickelt: *Hakle Sensonal*, das erste sanfte, umfassende Hygiene-System.

Um den unangenehmen und oft recht schmerzhaften Entzündungen in diesem Bereich vorzubeugen, hat *Hakle* die Hautverträglicheit und Pflegeeigenschaften seiner Produkte auf höchstes Qualitätsniveau gestellt. Und ist durch unsachgemäße Körperpflege der Schaden schon entstanden, kann *Hakle* trotzdem helfen. Die System-Pflege *Hakle Sensonal* wirkt dabei umfassend: Zur Reinigung wird ein besonders weiches, vierlagiges Toilettenpapier verwandt. Anschließend erfolgt die Pflege mit dem feuchten Tuch, das mit einer schonenden Lotion (Auszüge aus Rotheilwurzel, Roßkastanie und Hamamelis sowie hautpflegendes Calendula- und Jojoba-Öl) getränkt ist . Zur Vorbeugung wird dann eine cremige Lotion aufgetragen, die durch ihre hochwirksame, spezielle Rezeptur aus pflegenden Ölen und schützenden Kräuterauszügen für einen intensiven Schutz der sensiblen Haut sorgt.

Natürlich gilt das Interesse der *Hakle*-Forschung auch der Umweltverträglichkeit der *Hakle* Produkte. Das *Hakle RC Comfort* – Sortiment aus 100 Prozent Recycling-Papier (bestehend aus zwei- und dreilagigem Toilettenpapier, Küchen- und Taschentücher), ist dafür Beweis.

Denn nichts ist so wertvoll wie eine intakte Umwelt. Eine Umwelt, in der sich verantwortungsvolle Unternehmen wie *Hakle* Gedanken machen über Produkte, die den Verbrauchern wirklich nutzen, die ihnen helfen oder die das Leben leichter und angenehmer gestalten. Produkte, die gebraucht und gewünscht werden. *Hakle Recycling Comfort* zum Beispiel ist hautfreundlich (klinisch getestet), obwohl es zu 100 Prozent aus Altpapier hergestellt ist. Nach Gebrauch löst es sich im Abwasser schnell und rückstandslos auf.

Für die persönliche Hygiene und Körperpflege hat sich *Hakle* schon seit seiner Gründung im Jahre 1928 beständig eingesetzt. Dabei sind Produkte entstanden, die durch Qualität und Nutzen immer wieder überzeugt haben und immer wieder überzeugen. An der Verbesserung der Umweltbedingungen wird weiter intensiv gearbeitet. Als Ziel steht dabei im Vordergrund, notwendigen Fortschritt nicht auf Kosten, sondern im Einklang mit allen Beteiligten zu verwirklichen. Fortschritt, der uns allen dient.

In diesem Sinne forscht, produziert und vermarktet Hakle, so wie es sich für einen verantwortungsbewußten Hersteller gehört, dessen Produkt *Hakle Toilettenpapier* zu einem Produktstar geworden ist, dessen zukünftige Produkte mit dieser Philosophie entwickelt werden. Und wie bei einem ganz Großen der Produktwelt nicht anders zu erwarten, wird man auch in den kommenden Jahrzehnten noch einiges von ihm zu sehen, zu hören und zu fühlen bekommen. Sanft wird es sein und pflegend bestimmt auch, gemäß dem Firmenmotto:

„Ein Kind ist ein Buch, aus dem wir lesen und in das wir schreiben sollen."
(P. Rosegger)

Es gibt einen Mann in Pfaffenhofen, der es sich zur Aufgabe gemacht hat, seinem Arbeitgeber etwas zu beweisen. Er arbeitet akriebisch daran, seinen Arbeitgeber zu stoppen. In den Räumen seiner Firma untersucht er detailliert, minutiös und peinlichst genau alles, was seinen Dienstherrn aufhalten könnte. Sein Ziel: Er will die Produktion lahmlegen. Sein Arbeitsplatz: Das Labor in der Qualitätsicherung. Sein Name: Lembacher.

Über ihn kursieren in der Fachwelt die erstaunlichsten Gerüchte. So soll er, sagt man in wissenschaftlichen Kreisen, in seiner Alchimistenküche chemische Spritzmittel im Volumen eines Würfelzuckers noch im Chiemsee nachweisen können. Mehrmals am Tag schickt er seine Helfer durch die Produktionshallen, um Proben zu nehmen: bei den Rohstoffen, während des Produktionsprozesses, bei der Sterilisation und natürlich vom Endprodukt.

Ständig suchen die Frauen und Männer um Herrn Lembacher nach winzigen Spuren unerlaubter, ungesunder und unnötiger Substanzen. Sein Labor steht an der Spitze der Analayse-Detektive, seiner Fahndungsapparatur entgeht nichts. Insgesamt kann dieses Team erfahrener Chemiker eine Vielzahl schädlicher Stoffe nachweisen, könnte man sie nur finden.

Dem Arbeitgeber des Herrn Lembacher machen diese Analysen nicht die geringsten Sorgen: Er sorgt natürlich dafür, daß die Rohstoffe, die Herr Lembacher zur Untersuchung bekommt, schon von Anfang an keine solchen Stoffe enthalten, die für seine äußerst empfindlichen Kunden nicht verträglich wären. Denn sein Produkt heißt: Babynahrung. Und sein Name ist: *HiPP*.

Ich stelle vor: Ein Familienunternehmen, das sich um die Belange und das Wohlergehen seiner kleinen Kunden sorgt, das sich in verantwortungsvoller Weise um seine Mitarbeiter kümmert und auch im sozialen Umfeld seiner Tätigkeiten dieselbe Einstellung vertritt und verteidigt, die sie sich ins Firmencredo geschrieben hat: *„HiPP ist ein Familienunternehmen, das auf lautere Weise Erfolg haben will. Christliche Verantwortung soll unser Handeln prägen."*

Daß dieses Prinzip gelebt wird, erfährt jeder, der sich im Stammhaus des Unternehmens in Pfaffenhofen umsieht. Man spürt es auf den Gängen, man hört es in der Kantine, man erfährt es beim Gespräch mit Mitarbeitern. Hier ist jeder am Produktionsprozeß Beteiligte stolz, ein Produkt herzustellen, zu verwalten oder zu vermarkten, das mit einem Höchstmaß an Qualität unseren Kindern beim Aufwachsen hilft. So gesehen wird bei *HiPP* viel im eingangs erwähnten Kinderbuch gelesen und seit Jahrzehnten auch kräftig hineingeschrieben.

Es ist jetzt hundert Jahre her, daß diese Sicherheit für ein gesundes Wachstum unserer Kinder genutzt werden kann. Vorher gab es in weiten Teilen der Bevölkerung nur Einheitskost, Unterernährung, und auch die hygienischen Verhältnisse ließen um die Jahrhundertwende noch sehr zu wünschen übrig. Als Folge davon erreichte die Kindersterblichkeit Höchstwerte. Familien lebten ständig in Sorge um ihre Kleinsten, und man konnte als Vater oder Mutter erst wieder aufatmen, wenn die Kinder aus dem Gröbsten heraus waren und einigermaßen fit ins Leben entlassen werden konnten.

In einer solchen prekären Situation befanden sich auch Josef Hipp und seine Frau in Pfaffenhofen, deren eigene Kindheit von Entbehrung, Armut und Leid gekennzeichnet war. Sie hatten noch die fatalen Folgen dieser erbärmlichen Zustände in Erinnerung, um mit allen Mitteln dafür zu sorgen, daß solches Unheil ihre eigene Familie nie heimsuchen sollte. Als daher Maria Hipp Schwierigkeiten beim Stillen der zweitgeborenen Zwillinge hatte, mußte sich der Vater etwas einfallen lassen, um das Überleben der beiden zu sichern. Und er tat das so erfolgreich, daß sich nach diesem dabei gefundenen Rezept noch fünf weitere Kinder gesund im Familienkreis entwickeln und heranwachsen konnten. Was war nun sein Wundermittel? Mit welchen Ingredienzien schaffte er den Ausgleich für defizitäre Ernährung? Welcher Mittel bediente er sich?

Die Antwort liegt wie so oft in der Einfachheit. Keine aufwendigen Mischungen und Zutaten waren notwendig, sondern allein ein Produkt, mit dem er als Bäcker und Konditor täglich zu tun hatte: Zwieback. Er mahlte diesen zu feinem Mehl und hatte in Verbindung mit Milch oder Wasser einen Zusatz geschaffen, der den Kindern die überlebensnotwendige Ergänzungsnahrung bieten konnte. Das prächtige Wachstum seiner Zwillinge zeigte nicht nur ihm und seiner Familie die Wirksamkeit des neuen Produktes, bald kamen auch die Nachbarn, dann andere Pfaffenhofener Familien mit ähnlichen Problemen zu ihm, um sich mit dieser gesunden Säuglingskost einzudecken. Und schon bald war die kleine Bäckerei zu eng, um die steigende Nachfrage zu befriedigen. Eine kleine Manufaktur entstand, in der J. Hipp's Kinderzwiebackmehl hergestellt, in die bald bekannten gelb-schwarzen Packungen abgefüllt und über die Grenzen der Region hinaus verkauft wurde.

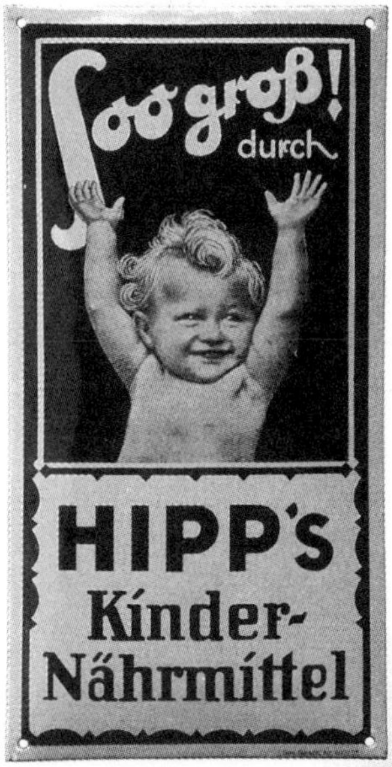

In der Folgezeit spezialisierte sich einer der Söhne, Georg Hipp, ausschließlich auf Kindernährmittel. Um seine Ziele aber verwirklichen zu können, war ihm die elterliche Manufaktur, der Handwerksbetrieb, zu klein. Er gründete kurz entschlossen 1932 eine eigene Firma und stellte fortan das schon bekannte Zwiebackmehl und andere Kindergetreide-Nährmittel her. Die *HiPP*-Werke, wie wir sie heute kennen, konnten damit anfangen, sich einen Namen zu machen.

Wie wird man nun zum anerkannten Versorger von Familien mit Säuglingen, Stramplern und Krabbelkindern? Wie schafft man es, in einem Feld von Mitbewerbern ein eigenständiges Profil aufzubauen? Vor allem in einem so sensiblen und emotionsgeladenen Umfeld wie dem unseres Nachwuchses? Lassen Sie mich dazu einmal einen kurzen Blick in die Entwicklungsgeschichte der *HiPP*-Produkte werfen. Vielleicht liegt hier der Schlüssel für den großen Erfolg der Marke *HiPP*.

Schon zu Beginn der Produktion findet sich eine Richtlinie, die sich bis heute wie ein roter Faden durch alle Anstrengungen des Unternehmens zieht: Absolute Spitzenqualität zu liefern. Um dieses hohe Ziel immer zu erreichen, ging man schon sehr früh recht ungewöhnliche und beschwerliche Wege. Von Anfang an war beste Rohstoffqualität oberstes Gebot. Deshalb hat man bereits bei der Auswahl der Landwirte darauf geachtet, daß man nur Verträge mit Bauern machte, die nachweislich besonders zuverlässig und dafür bekannt waren, nur beste Qualität zu liefern. Doch das war noch nicht genug. In Zusammenarbeit mit Dr. Hans Müller (dem Begründer des organisch-biologischen Anbaus) begann Georg Hipp schon Mitte der 50er Jahre mit dem Bio-Anbau und legte damit den Grundstein dafür, daß *HiPP* heute auf eine über 30jährige Erfahrung zurückgreifen kann. Die Methoden des biologischen Landbaus hat der Sohn Claus Hipp also schon sehr früh gelernt: Seit 1959 bewirtschaftet er seinen eigenen Hof, den Ehrensberger Hof, nach diesen Grundsätzen.

Wenn Claus Hipp auch heute noch in direktem Kontakt zu seinen Landwirten steht, wenn er heute noch täglich in der Produktion nach dem Rechten sieht, wenn er wie jeden Tag „in die Töpfe guckt“ und auch probiert, dann geschieht das aus einem einzigen Grund: Er garantiert und bürgt für die schon traditionelle Spitzenqualität seiner Produkte mit seinem Namen. Diese Verquickung von persönlicher Integrität und Verantwortung für seine Produkte schaffen draußen im Markt das Vertrauen und die Sicherheit, die viele Millionen Mütter in die Marke *HiPP* setzen.

Denn die Verbraucher können sich zum einen auf die herausragende Qualität aller Produkte aus dem Hause verlassen, zum anderen können sie unter einer breiten Produktpalette wählen, die in sich ein geschlossenes, komplettes Ernährungsprogramm für Babys darstellt: Vom ersten Fläschchen bis zum fertigen Kindermenü auf Basis biologischer Rohstoffe gibt es alles, was das Kind zum gesunden Wachstum braucht. Die Entscheidung für dieses umfassende Angebot wurde schon früh in die Tat umgesetzt:

Vom Ahn der Produktlinie, dem Kinderzwiebackmehl, habe ich schon berichtet. Bis in die frühen 50er Jahre hinein wurde es auf dem deutschen Markt angeboten. 1957/58 folgten vier Artikel in Dosen, Babykost in zwei Gemüse- und zwei Menü-Sorten. Zum ersten Mal wurde Babykost industriell produziert und angeboten. Schon bald folgten hygienische Glasverpackungen. Von Säften über Junior-Kost bis zu Fleischzubereitungen, von Kinder-Desserts über Kinder-Menüs bis zu Vollkorn-Früchte-Breien. Und immer breiter wurde die Palette der *HiPP*-Produkte. Heute steht ein komplettes Angebot an Babykost bereit, um die Ernährung der Kleinsten sicherzustellen und ausreichend zu gewährleisten. „Unser Tip, fürs Baby *HiPP*!" ist der Werbeslogan der frühen 60er Jahre und beschreibt griffig das Leistungsangebot der Firma.

Ganz außer Frage steht damit eine zweite Säule für den Erfolg von *HiPP*: Ein komplettes Ernährungsprogramm. Eine komplette und breitgefächerte Palette der unterschiedlichsten Sorten löst nicht nur die Problematik des ungesunden Ernährungseinerleis, sondern bereichert den Speisezettel damit auch mit den unterschiedlichsten und lebensnotwendigen Mineralien, Ballaststoffen und Vitaminen.

Alle *HiPP*-Produkte werden nach der konsequent umgesetzten Unternehmensphilosophie hergestellt: Spitzenqualität im Einklang mit gesunden, biologisch kontrolliert angebauten Rohstoffen und natürlich im Einklang mit der Natur. Dabei steht der *HiPP*-Bio-Anbau im Mittelpunkt.

Der beginnt schon bei der Bodenuntersuchung. Nur wenn die Beschaffenheit der Anbauflächen den strengen Anforderungen von *Hipp* entspricht, sind sie für den Bio-Anbau geeignet. Die Felder müssen weitab von stark befahrenen Straßen liegen, sogar die allgemein vorherrschende Windrichtung wird mit in die Bewertung einbezogen. Durch aufwendige und strengste Kontrollen wird also sichergestellt, daß nur die besten Felder zur Bepflanzung ausgewählt werden.

Das Saatgut erhalten die *HiPP*-Landwirte aus den *HiPP*-Labors, die zuvor getestet haben, daß die Saatkörner nicht chemisch behandelt wurden, also ungebeizt sind.

Anbauberater von *HiPP* kommen in die landwirtschaftlichen Betriebe und überwachen ständig den Fortgang der *HiPP*-Kulturen. Von der Aussaat bis zur Ernte arbeiten sie mit den Landwirten eng zusammen und gewährleisten durch umfangreiche Kontrollen höchste Sicherheit für *HiPP*-Produkte und Umwelt.

Ganz besondere Sorgfalt widmen sie dabei der Schädlingsbekämpfung. Hier kommen ausschließlich natürliche Methoden zur Anwendung. So werden zum Beispiel Zwiebeln zwischen Karotten gepflanzt, um die Möhrenfliege fernzuhalten. Oder es wird in windoffenen Lagen angepflanzt, damit die Schädlinge buchstäblich vom Blatt geweht werden.

Da chemische Spritzmittel verboten sind, müssen auch Unkräuter auf natürlichem Wege beseitigt werden, und zwar traditionell-mechanisch: Von Hand! Das ist zwar aufwendig, langwierig und teuer, entspricht aber nur so den *HiPP*-Ansprüchen an Produktqualität und Umweltschutz.

Aber die Sorgfalt hört nicht bei den Produkten auf. *HiPP* kümmert sich auch um die Umwelt, in der die Produkte reifen. Durch entsprechende Fruchtfolge wird die natürliche Bodenfruchtbarkeit und das ökologische Gleichgewicht der Äcker erhalten, durch Verzicht auf treibende Mineraldünger wird eine organische Pflanzenernährung gefördert und die Gesundheit von Boden und Gemüse gesichert.

Geerntet wird zu ganz bestimmtem Zeiten, genau auf das Wachstum der Pflanze abgestimmt. So können die Rohstoffe erntefrisch und nahezu ohne Nährstoffverlust weiterverarbeitet werden. Ein äußerst wichtiger Aspekt, wenn man bedenkt, daß sonst in der Lebensmittelindustrie lange Wege vom Rohstoff zum Produkt die Norm sind und damit viel Zeit vergeht, bis verarbeitet werden kann. Also auch hier bei *HiPP* die Sorge um eine optimale Produktionskette, die jedes Glied in ständig kontrolliertem Zustand hält und somit dafür garantieren kann, daß auch das Endprodukt immer noch den äußerst strengen Qualitätsnormen des Unternehmens entspricht. Über 260 Kontrollen durchläuft ein Produkt, bis es in den Handel kommt.

Was bei den Pflanzen gilt, trifft natürlich auch auf die Tiere zu, die auf gesunden Weiden die richtige Nahrung finden, um sie zu ebenso gesunder Milch für die Herstellung der Säuglingsmilchnahrung abzugeben. Die organisch-biologisch gepflegten Weiden sind von den *HiPP*-Fachleuten nach strengen Kriterien ausgesucht worden. Die Tiere leben in artgerechter Haltung, das heißt, es sind nur jeweils so viele Kühe auf einer Weide, daß ihre Fütterung mit hofeigenem Futter gewährleistet ist. Wobei natürlich auch ihr Futter ohne Dünger und Spritzmittel gewachsen ist. Was aber tun, wenn Umweltkatastrophen auftreten?

Als nach dem Tschernobyl-Desaster die Regierung endlich mit dem Grenzwert 370 Bequerel für unbedenkliche Nahrungsmittel an die Öffentlichkeit trat, hatte sich Claus Hipp schon Wochen vorher für seine Produkte eigene Maßstäbe gesetzt: Ganze 5 Bequerel galten ab sofort als Grenzwert. Alles was darüber lag, wurde von der Produktion ausgeschlossen und entsorgt. Eine klare Feststellung sei hier erlaubt: Kaum ein Lebensmittel wird gründlicher und zuverlässiger kontrolliert als *HiPP* Babykost. Das hat überzeugend ein unabhängiger Sachverständiger festgestellt, der wochenlang im Unternehmen prüfte und forschte, suchte und untersuchte, um dann am Ende mit der Beurteilung aufzuwarten: „*Auch bei Anlegen strengster Maßstäbe hinsichtlich Anbaumethode, Flächenauswahl, Anbaukontrolle, Boden- und Produktanalysen, Deklaration und Dokumentation übertreffen die von mir begutachteten HiPP-Produkte nicht nur alle an sie gestellten gesetzlichen Anforderungen voll und ganz, sondern können auch für weite Teile dessen, was am Markt für Bio-Produkte üblich ist, als vorbildlich gelten*".

Die Verantwortung für die Gesundheit seiner kleinen Kunden ist für *HiPP* also mehr als nur Verpflichtung. Sie tritt aus der reinen Hersteller/Verbraucher-Verantwortung heraus, die sich nur um die rechtlichen und medizinischen Unbedenklichkeiten kümmert, und manifestiert sich jetzt in einer gleichgestellten Partnerverantwortung, die den Hersteller zusammen mit den Eltern einbindet in der gemeinsamen Sorge um das leibliche Wohlergehen eines jeden Kindes.

Hier finden wir die dritte große Säule, die *HiPP* erfolgreich macht: Das nachvollziehbare und glaubwürdig erwiesene Streben des Unternehmens und seiner Verantwortlichen nach immer besseren Produkten für gesundes Wachstum und gesunde Entwicklung unserer Kinder.

Zusammen also kann man feststellen, daß HiPP es geschafft hat, über seine hervorragenden Produkte ein Vertrauen bei den Käufern aufzubauen, das immer wieder durch wechselseitige Bestätigungen gestärkt wird. Dazu haben die Verbraucher aber auch allen Grund. Schon zu Beginn der Unternehmung distribuierte *HiPP* nur über Drogerien und Apotheken, verteilte Produkte in Kinderstationen der Krankenhäuser und konnte so schon von Anbeginn der Herstellung seiner Produkte auf die Erfahrung dieser wissenschaftlichen Fachleute zurückgreifen. Medizinisch-wissenschaftliche Erfahrung konnte abgeschöpft und im Laufe der Zeit in wertvollen Anregungen in die Produktion mit eingebaut werden. Über die Jahre hin ist damit ein Know-how entstanden, das auf dem höchsten Stand der Forschung steht.

Doch dieses Wissen und die daraus resultierende Verantwortung muß von allen Mitarbeitern getragen und vorgelebt werden. Mit ihrem ständigen Bemühen, aus Überzeugung Bestes zu leisten und weiterzugeben. Dafür hat man bei *HiPP* die Weichen gestellt. Und jeder Mitarbeiter strebt diesem Ziel zu. Dem Unternehmensziel, das zum Slogan der Öffentlichkeitsarbeit geworden ist: „Das Beste aus der Natur, das Beste für die Natur". Hinter diesem Bio-Anspruch steht das gesamte Unternehmen. Mit Maßnahmen, die beispielhaft für alle gelten sollten: Weißblechdosen wurden durch recycelfähige Faltschachteln ersetzt, Verpackungsmaterial auf ein Minimum reduziert, auf PVC-Folien wurde ganz verzichtet, Laborflüssigkeiten werden gesammelt und vom Hersteller umweltgerecht entsorgt, sämtliche Abfälle werden umweltschonend entsorgt, HiPP-Gläschen bestehen zu 70 Prozent aus Altglas, Broschüren und Etiketten werden auf chlorfreies Papier gedruckt, der Wasser- und Energieverbrauch in der Produktion wurde um 30 Prozent gesenkt. 1992 erhielt Claus Hipp die Auszeichnung der *Arbeitsgemeinschaft selbständiger Unternehmer e.V.* für umweltbewußte Unternehmensführung.

Doch nicht nur Umwelt und Produkt erfahren Sorgfalt und Pflege. Im täglichen Miteinander steht der Mensch, der Mitarbeiter, der Kollege im Mittelpunkt aller unternehmerischen Entscheidungen. Er ist eingebunden in die Gesamtverantwortung. Daß sich *HiPP* deshalb auch in der Zukunft auf dem ersten Platz befinden wird, steht für Claus Hipp außer Zweifel. Auf meine diesbezügliche Frage, warum *HiPP* so erfolgreich im Markt ist, gab er lächelnd zur Antwort: „*Wegen meinen Mitarbeitern*“.

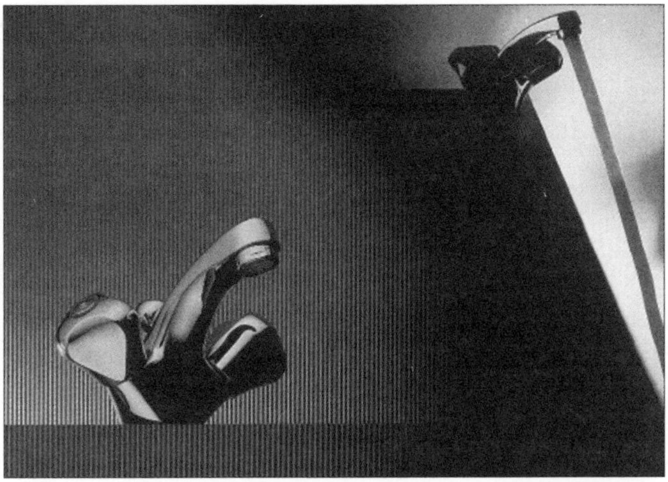

„Made in Germany ist ein Synonym für Präzision. Präzision ist ein Synonym für GROHE."
(Friedrich Grohe)

Als Journalist bin ich unterwegs. Viel unterwegs. International unterwegs. Bei so vielen wechselnden Szenarien, bei so vielen wechselnden Eindrücken, ist es für mich beruhigend zu wissen, daß ich, wo immer ich gerade bin, Annehmlichkeiten wiederfinde, an die ich mich gewöhnt habe. Dazu zählen so profane Dinge wie mein bevorzugtes Pils oder meine Frankfurter Tageszeitung, aber auch so wichtige Dinge wie das Taxi mit dem guten Stern oder die örtliche Filiale meiner Kreditkartenfirma. Und dann gibt es noch Dinge, die ich in den Nobelhotels dieser Welt ebenso vorfinde wie in den Häusern meiner internationalen Geschäftspartner. Produkte, die mich am Ende einer Reise erwarten, um mir Entspannung zu bringen. Im Badezimmer zum Beispiel. Diese weltweit verbreiteten Produkte sind omnipräsente Botschafter für Qualität, Zuverlässigkeit und Funktionalität. Ihr Hersteller: *Grohe*. Ihre Bezeichnung: Armaturen.

Zwischen der Handpumpe im Hof, dem Zuber in der Waschküche und dem Standventil über dem Ausguß einer Gemeinschaftszapfstelle bis zum hochmodernen Wannenthermostaten mit Öko-Taste und Temperatur-Feineinstellung liegen nur wenige Jahrzehnte. Heute ist der Komfort von anspruchsvoll gestalteten Einhandmischern, mehrfach verstellbaren Brausen und wassersparenden Thermostaten zur Selbstverständlichkeit geworden. Warum diese Entwicklung sehr eng mit dem Unternehmen *Friedrich Grohe* verbunden ist, warum *Grohe* daran einen so gewaltigen Anteil hat, warum ihre Produkte zum Inbegriff für Armaturen wurden, das alles soll Gegenstand unserer nun folgenden Erfolgsgeschichte sein.

Seit 1911 gab es einen *Grohe* Vorläufer, der relativ unauffällig produzierte und verkaufte, in einer Zeit, als technischer Fortschritt extrem ‚en vogue' war. Seine Wunderwerke zeugten landauf, landab vom Erfindungsreichtum und den bisher nicht gekannten Fähigkeiten des modernen Menschen. Technische Revolution und Innovation war das Gebot, mehr und mehr Unternehmen betraten mutig die Weltbühne. Unser Unternehmen, die Berkenhoff & Paschedag Metallgießerei in Hemer, fertigte ohne große Konkurrenz Klavierbeschläge und Lampen.

Nach dem ersten Weltkrieg kamen Armaturen hinzu. Und jetzt wurde der Betrieb für einen Mann interessant, der für seine Ideen eine Betriebsstätte gesucht und in dieser Anlage gefunden hatte. Kurzerhand übernahm also *Friedrich Grohe* im Jahre 1936 die Metallgießerei. Was seine Idee war, fragen Sie? Wozu er eine komplette Metallgießerei mit Werkzeugbau und allem was dazugehört brauchte? Ganz einfach, er wollte ein altes Übel beseitigen.

Schon im antiken Rom kannte man den Wasserhahn, der das wertvolle und lebenswichtige Naß nicht nur spenden und dosieren, sondern es damit auch sparen helfen konnte. Nicht erst seit heute wird Wasser unüberlegt verschwendet. Doch waren die gesamten wassertechnischen Anlagen jener Zeit aus Materialien gefertigt, die man nicht unbedingt als für den Menschen gesundheitsverträglich bezeichnen konnte. Diese oft fatale Tatsache aber hatte sich in den Jahrhunderten danach nicht wesentlich geändert. Noch immer nutzte der Mensch Metalle zur Leitung, Distribution und Dosierung des Wassers, die der Gesundheit nicht gerade zuträglich waren. Und die Armaturen jener Tage sahen zudem nicht nur dürftig aus, sie verrichteten ihren Dienst noch nicht einmal wasserdicht. *Friedrich Grohe* hatte es sich daher zum Ziel gesetzt, qualitativ hochwertige, einfache und dabei gesundheitsunbedenkliche Armaturen zu fertigen und zu verkaufen. Armaturen, die für das kostbarste aller Lebensmittel, das Wasser, ein passendes Äquivalent darstellen sollten. Er war sicher, dafür einen wachsenden Markt zu finden. Doch bevor er dieses Unternehmen so richtig zur Blüte führen konnte, setzte der zweite Weltkrieg allem ein Ende. Vorläufig jedenfalls. Denn *Friedrich Grohe* wäre nicht der dynamische Unternehmer gewesen, hätte er resigniert. Im Gegenteil.

Getreu seinem Leitspruch: „An seinen Produkten soll man *Friedrich Grohe* erkennen!" startete er gleich nach dem Krieg in die erste Phase des später als beispiellos titulierten deutschen Wirtschaftswunders. Entgegen der damals gerne gezeigten Verfahrensweise der schnellen Bedarfsbefriedigung, setzte *Grohe* auf genauestens überwachte Qualität. Eines seiner Produkte beweist diese Philosophie noch heute deutlich: Die Armaturenserie „Atlanta" zählt mit mehr als 50 Millionen verkauften Exemplaren noch immer zum Bestseller in diesem Produktbereich und ist damit die meistverkaufte Armatur der Welt. Diese Armatur, ein echter *Grohe*-Produktstar, zeigt eindrucksvoll, nach welchen Merkmalen produziert wurde und wird. Als Armatur der ersten Stunde flog sie sogleich der Konkurrenz davon. Und das ist wörtlich zu nehmen. Denn die Form ihres Trecorn-Griffes stammte von einem Designer, der aus dem Flugzeugbau kam und einen Propeller zum Vorbild nahm. Das Geheimnis ihres Erfolges spiegelt auch das der gesamten Unternehmensgruppe wider. Denn wie das einzelne Produkt verkörpert auch das Gesamtunternehmen ganz besondere „Charaktereigenschaften", die es auf den internationalen Märkten eigenständig, unverwechselbar und damit zu einer ganz besonderen Persönlichkeit formen.

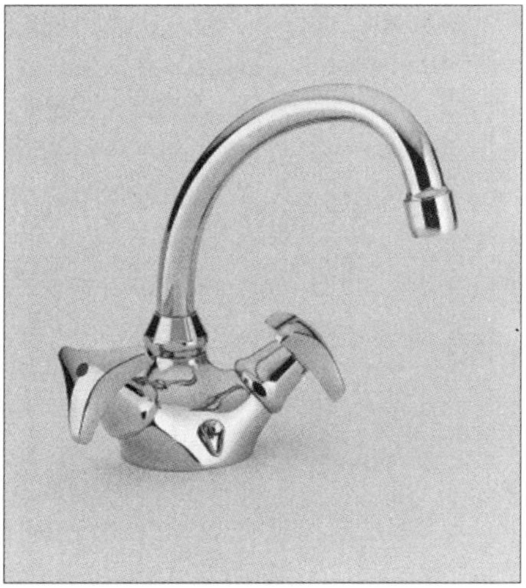

Wenn heute „Atlanta" immer noch problemlos in aller Welt funktioniert, dann zeigt das vor allem eines: Lange Lebensdauer eines Produktes ist machbar. In der „Wegwerfgesellschaft" unserer Tage ist dies ein Vorteil, den Verbraucher durch Markentreue honorieren. Denn sie haben gelernt, daß sich *Grohe*-Erfahrung im Armaturenbau in jeder seiner Armaturen wiederfindet. Der neueste Aspirant auf den Titel Produktstar ist dafür ein Paradebeispiel:

Die Linie *Chiara* zeigt eindrucksvoll, was heute im Armaturenbau möglich ist. In der Zuverlässigkeit, in der Technik, in der Oberflächenqualität und natürlich im Design. Übrigens wieder eine Glanzleistung des mehrfach international ausgezeichneten *Grohe*-Design Teams. Mit *Chiara* wurde für *Grohe* ein „top-of-the-line"-Programm entwickelt, das allerhöchsten Ansprüchen genügt. Zum zeitlos eleganten Design kommen technische Features, die außergewöhnlich sind: Es sind nicht nur die Einhandmischbatterien für Waschtisch und Bidet, sondern auch die Thermostate für Wanne und Dusche, die durch Form und Ausstattung bestechen. Außergewöhnlich ist auch die Möglichkeit, die Durchflußmenge zu bestimmen, und damit ökologisch verantwortlich Wasser zu sparen, ohne auf Komfort zu verzichten.

Es ist diese Qualität bis ins Detail, dieser fast schon legendäre Wille, nur beste Produkte anzubieten, die *Grohe* den entscheidenden Vorsprung im Markt ebenso „legendär" sicherte. Das geht heute in den *Grohe*-Werken so weit, daß trotz Automation und computergesteuerter Fertigungsanlagen noch immer die handwerkliche Kunst gepflegt wird. Mit dem Feingefühl eines Uhrmachers wird zum Beispiel der Thermostat Automatic 2000 aus über 80 Präzisionsteilen von Hand zusammengesetzt. So wird modernste Technik wo immer möglich, Handwerk aber immer da, wo nötig, eingesetzt. Aber Qualität geht noch viel weiter: Wo viele Mitbewerber aus Kostengründen auf eine Grundvernickelung verzichten, erhält bei *Grohe* jedes Teil diesen schützenden Überzug. Und auch bei den Farben werden höchste Maßstäbe angelegt. Nicht nur, daß Kunststoff- und Metallteile im lackierten Zustand optisch wirklich gleich aussehen, bei jeder Beleuchtung, werden die Farbaufträge erst dann für gut befunden, wenn sie die Qualität einer Verchromung erreicht haben. Denn nur das sichert ihr langes Leben. Bei *Grohe* ist also noch nach vielen Jahren die Farbe dran, und nicht der Lack ab. Mit dieser Produktionsphilosophie hat sich *Friedrich Grohe* fast schon ein Denkmal geschaffen. Ein Denkmal in Millio-

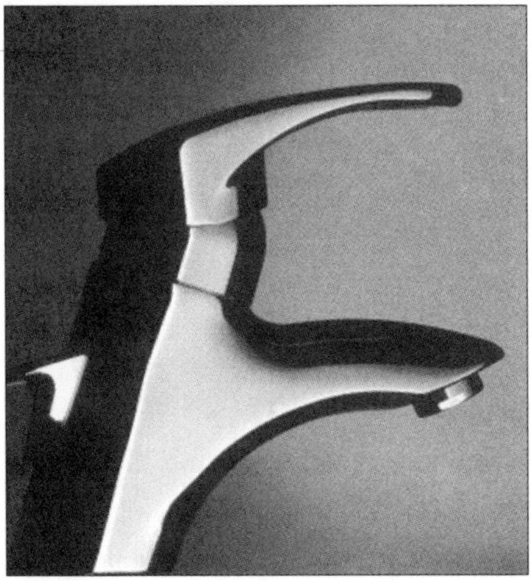

nen Haushalten dieser Erde, wo auch noch nach Jahrzehnten die *Grohe*-Armaturen ihre Dienste verrichten, als seien sie eben erst installiert worden. Mittlerweile weiß man in 140 Ländern, daß *Grohe* überragende Qualität anbietet. Muß sich das Unternehmen doch in all diesen Ländern nach den unterschiedlichsten Norm-Anforderungen richten und sie natürlich alle erfüllen, wenn das Produkt auch verkauft werden soll.

Daß solche kontinuierliche Qualität nur erreicht werden kann, wenn sie permanent überwacht wird, ist eine Selbstverständlichkeit. *Grohe* hat für diesen so wichtigen Bereich die subtilsten und härtesten Testverfahren entwickelt, die es für Sanitär-Armaturen gibt. Über 60 Prüfschritte muß ein Grohe Produkt durchlaufen, bevor es in den Markt gehen darf. In einem hauseigenen Testlabor in Lahr, am Fuße des Schwarzwaldes, werden die neuen *Grohe*-Produkte getestet. In Lahr deshalb, weil dort das härteste Wasser der Bundesrepublik fließt und sich damit ideal für einen Härtetest eignet. Da wird zum Beispiel ein Wasserhahn 500.000 mal geöffnet und geschlossen, ehe er in die Serienfertigung geht (das entspricht der rund-um-die-Uhr-Benutzung einer vierköpfigen Familie, 10 Jahre lang) und hat damit bewiesen, daß er im täglichen Gebrauch gut ist für jahrelanges klagloses Funktionieren. Zu diesen mechanischen Prüf- und Testverfahren kommen natürlich die modernsten elektronischen und galvanischen Methoden. Nichts wird dem Zufall überlassen. Alles ist unter Kontrolle. Auch wenn man dazu Armaturen aus der Serie nehmen und sie aufsägen muß, um die Qualität des Messinggusses und die Präzision des Innenlebens zu überprüfen.

Die Qualität eines Produktes ist die Manifestation einer Unternehmensphilosophie, die zu Hause bei jedem Verbraucher zum Tragen kommt, der es gekauft hat und damit zufrieden ist. Die Qualität ist das Aushängeschild. Doch bis aus einem Allerweltsprodukt der gefeierte Produktstar reift, sind viele Voraussetzungen interner Natur zu schaffen, sind Mitarbeiter nötig, die sich verantwortungsbewußt und motiviert für die Ziele des Unternehmens einsetzen, weil sie damit auch eigene Ziele verwirklichen können. Auch hier geht *Grohe* wieder beispielhaft voran.

Vorausschauende Manager und überzeugte, selbstbestimmte Mitarbeiter sind der Garant für hervorragende Produkte. Eine solche Spezies Mensch wächst aber nicht auf Bäumen. Deshalb wartet man bei *Grohe* nicht, bis sich eines dieser raren Exemplare zum Vorstellungsgespräch meldet, sondern stellt schon intern die Weichen. Das Zauberwort hier: IMPULSE. Hinter diesem Pseudonym verbergen sich *Grohe*-Mitarbeiter eines firmeninternen Arbeitskreises, der die Mitarbeiter- und damit die Unternehmensentwicklung fördert. Mit Seminaren und Vorträgen, mit Ideen-Pools und Brainstormings werden nicht nur Verantwortung und Einsatzbereitschaft initiiert und gesteigert, sondern sehen sich Mitarbeiter plötzlich in der Lage, aktiv an der gemeinsamen Zukunft mitzuwirken. So wird trotz einer vertikalen Unternehmensstruktur horizontal durchlässig, vorbereitende Arbeit geleistet. So werden Ziele vorgedacht und auf den Weg gebracht, finden neue Ideen und Methoden frühzeitig Chancen zur Realisation. Und wenn nicht Ideen, was sonst sollte ein Unternehmen permanent an der Spitze seines betreffenden Marktes halten?

Eine bedarfsgerechte Produktpalette ist hier der Schlüssel zum Erfolg. Was wird draußen im Markt gewünscht? Was will der Verbraucher? Die richtige Beantwortung dieser Fragen ist das Geheimnis für positive Unternehmensergebnisse. Doch müssen neue Produktideen natürlich erst einmal daraufhin „abgeklopft" werden, ob sie sich überhaupt realisieren lassen. Und wenn, ob sie dann auch noch wirtschaftlich produziert und abgesetzt werden können.

An besonders wichtiger Stelle in der Unternehmensphilosophie steht deshalb der hochspezialisierte Bereich der Forschung. Bei *Grohe* arbeiten interdisziplinär Experten aus den Bereichen Marktforschung, Marketing, Konstruktion, Design und Technik eng zusammen. Sie sehen sich nicht nur bei sporadischen Meetings, sondern sind permanent in Kontakt und stellen mit ihrer gemeinsamen Erfahrung sicher, daß ein einmal eingeschlagener, untereinander abgestimmter und empfohlener Weg die größtmöglichen Chancen mitbringt, eine Straße des Erfolges zu werden.

Daß diese Verfahrensweise Früchte trägt, zeigt sich am Beispiel der Waschtisch-Armatur mit herausziehbarer Handbrause. Bevor sie zum Siegeszug in die Bäder der Verbaucher aufbrechen konnte, war vorher bei marktpsychologischen Umfragen unter 600 Verbrauchern festgestellt worden, daß sich über 60 Prozent der Frauen ihre Haare im Handwaschbecken waschen. Und weil über die Hälfte der Verwender eine Armatur gut finden, die einen Anschluß für Zahnbürste mit Mundddusche hat, wurde ein solcher Anschluß gleich mit in die neue Armatur integriert. So macht sich für *Grohe* der halbjährliche Kontakt mit mehr als 10.000 Verbrauchern bezahlt, die – nach repräsentativen Gesichtspunkten ausgewählt – nach den Kriterien „Bedürfnisse und Kaufverhalten bei Armaturen für Küche und Bad“ befragt werden. Weitere Innovationen, von Verbrauchern gewünscht, fanden ihren Niederschlag in der kindersicheren Temperaturbegrenzung, in vierfach verstellbaren und völlig problemlos zu entkalkenden Brausen oder auch in einer Öko-Spartaste für die ökonomische Nutzung von Wasser und Energie bei Thermostaten.

Hier waren es also die Marktforscher des Unternehmens, die Konsumentenwünsche aufspürten, sie an die Techniker und Designer weitergaben mit dem Auftrag, dieses gewünschte Produkt herzustellen. Die Marketingstrategen konnten also davon ausgehen, daß das neue *Grohe*-Produkt nicht nur einen Markt finden würde, sondern sie konnten in ihren Rentabilitätsrechnungen auch schon sicher voraussetzen, daß sich eine ganz bestimmte Anzahl davon problemlos im Markt plazieren ließe. Die Gesamtmannschaft hatte wieder einmal gezeigt, wie Kooperation im Betrieb funktionieren muß, um gemeinsame Erfolge zu verzeichnen.

Grohe setzt also in der Gemeinschaft auf jeden einzelnen Mitarbeiter und seine Bereitschaft, im Kontext mit Kollegen und Vorgesetzten mitverantwortlich dafür zu sorgen, daß die Zukunft des Unternehmens, und damit seine eigene Zukunft, gesichert wird und bleibt. Dazu notwendig ist natürlich in erster Linie ein hoher Ausbildungsstand aller Beteiligten. Und auch hier verläßt sich *Grohe* nicht auf das Umfeld. Im eigenen Betrieb, sowie in externen Veranstaltungen, werden eigene Leute ständig geschult, ausgebildet, weitergebildet und mit aktuellen Techniken und Methoden vertraut gemacht. Mit dem hauseigenen *Grohe*-Bildungsprogramm steigern Mitarbeiter ihre Fähigkeiten, um damit den täglich wachsenden Herausforderungen moderner Unternehmen gewachsen zu sein.

Die Verantwortung von Grohe für seine Produkte endet nicht mit der Auslieferung. Deshalb bietet das Unternehmen auch seinen Marktpartnern maßgeschneiderte Fortbildungsveranstaltungen an. Und das seit 25 Jahren. In dieser Zeit nahmen ca. 350.000 Mitarbeiter der Kunden an den überwiegend technisch-handwerklich ausgerichteten Veranstaltungen teil. Doch auch Themen aus den Bereichen Marketing und Verkauf wurden behandelt. Denn hier hat Grohe aufgrund seiner Forschung und weltweiten Präsenz ein Informationspotential, das das Unternehmen seinen Partnern vermitteln will. Zum gemeinsamen Nutzen.

Dieser Bereich des produktbegleitenden Services wird weiter ausgebaut. Dazu nimmt Grohe in Lahr (Schwarzwald) ein nach modernsten Gesichtspunkten ausgestattetes Technikum in Betrieb. Weitere vergleichbare Einrichtungen am Sitz der anderen Werke werden folgen.

Qualität als kontinuierliche Herausforderung an die Verlängerung der Produktlebensdauer, Innovation in Funktionalität und Design und hochmotivierte Mitarbeiter, die solche Ziele umsetzen. Das sind starke Säulen, die das Unternehmen sicher tragen und es befähigen, ebenso sicher weiter zu expandieren. Hierbei wird von Grohe nichts dem Zufall überlassen. Nach über zweijähriger Vorbereitungszeit wurde auf der Basis bereits praktizierter Qualitätssicherungsmaßnahmen ein umfassendes Qualitätssicherungssystem nach DIN ISO 9001 implementiert. Für *Grohe* ergeben sich daraus die besten Zukunftsperspektiven, wenn dazu noch eine ebenso innovative wie schlichte Global-Strategie kommt: „Wer für den Weltmarkt produziert, muß die nationalen Märkte kennen."

Und die kennt man bei *Grohe* ganz genau. Aus elf internationalen Tochterfirmen und zahlreichen Vertretungen laufen in der Zentrale in Hemer die Informationsfäden zusammen, die dort ausgewertet und umgesetzt werden in lokale Strategien und übergreifende Konzepte. Mit modernster Informations- und Nachrichtentechnik steht *Grohe* somit direkt am Puls jedes Marktes und kann schnell und damit optimal auf sich verändernde Gegebenheiten reagieren, oder ebenso schnell neue Trends in den jeweiligen Märkten veranlassen und festigen. Ein Beispiel sei hier besonders hervorgehoben. Mit *Eurotrend* verwirklichte *Grohe* eine Idee, die latent bei den Verbrauchern schlummerte und nur darauf wartete, umgesetzt zu werden. Die Idee nämlich, Badezimmer komplett in einem einheitlichen Farbton auszustatten. Bisher hatte man zwar ähnliche Töne oder Grundfarben zur Verfügung, die mehr schlecht als recht zusammenpaßten, mit *Eurotrend* dagegen schaffte *Grohe* das Kunststück, nun wirklich alle Badezimmer-Armaturen, -Accessoires, -Textilien und -Keramikteile in einer einheitlichen Farbe anzubieten. Möglich wurde dieses europäische Angebot, in dem sich *Grohe* der Mitarbeit kompetenter Partner versicherte, die nach *Grohe* Qualitätsmaßstäben die jeweiligen Farben für ihre eigenen Produkte bereitstellen und produzieren. Dieses „Coordinated Design" wurde 1989 eingeführt und wird heute von nicht weniger als sieben Partnern europaweit angeboten. Inzwischen hat sich *Eurotrend* zu einer Idee mit Eigendynamik entwickelt, die zeigt, daß im Hause *Grohe* über die Grenzen des eigenen Produktbereiches hinaus gedacht, geplant und implementiert wird, zur Freude der Kunden in aller Welt. Mit dieser Denkart, die schon in der Vorstandsetage beginnt, etabliert sich *Grohe* als eigenständige Marke, deren Glaubhaftigkeit und überragende Qualität von jedem Produkt bewiesen wird, das seinen Namen trägt.

Wenn sich deshalb draußen in der Welt der Begriff „Made by Grohe" fest etabliert hat, dann liegt das auch an der weltweiten Akzeptanz der *Grohe*-Produkte, die nun schon seit über einem halben Jahrhundert für Komfort in Bad und Küche sorgen. Die Referenzliste liest sich wie ein „Who's Who" der Edelkonsumenten: Die berühmtesten First-Class-Hotels der Erde sind darunter, die Royal Airforce der britischen Königin gehört ebenso dazu wie die Navy Ihrer Majestät, die Konzerthalle in Amsterdam und der Flughafen in Moskau finden sich darauf und auch an Bord der MS Astor, dem hierzulande berühmten „Traumschiff" der gleichnamigen Fernsehserie, zeigen die Armaturen das unverwechselbare *Grohe*-Design. Doch abgesehen von solchen repräsentativen Namen ist *Grohe* natürlich millionenfach in nicht weniger wichtigen Häusern vertreten: In den Wohnungen zufriedener Verbaucher überall auf der Welt, die ihre unverwüstliche *Atlanta* auf- und zudrehen wie eh und je.

Der Produktstar hat damit geschafft, was nur Wenige erreichen. Er hat sich schon zu Beginn seiner Karriere in die erste Reihe gespielt und hat sich bis heute unangefochten in dieser ersten Reihe behauptet. Mit eiserner Disziplin, mit immer neuen Ideen und der Kunst zur Verwandlung, mit dem schon traditionellen tiefen Wunsch, immer wieder dem Publikum zu gefallen. Jeden Tag auf's Neue. Wie mir zum Beispiel. Denn:

Ich bin viel unterwegs. International unterwegs. Ich habe bei meinen Reisen den *Grohe*-Komfort schätzen gelernt. Und wenn ich morgen früh meinen Flieger besteige, um in Atlanta die ersten Fühler in das Riesenland USA auszustrecken, dann freue ich mich auch schon ein wenig darauf, daß ich im Flughafen von Atlanta von einem guten Bekannten erwartet werde: Wenn ich mich nach der Fliegerei erfrische, wird es eine Grohe-Armatur sein, der ich als erster dort die Hand gebe.

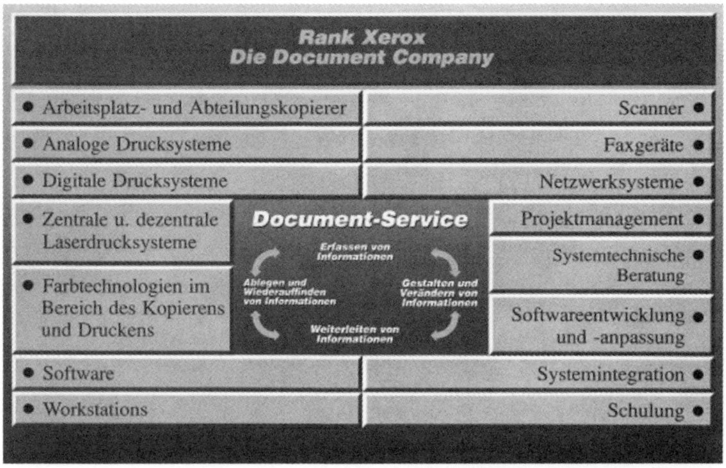

„Geschäft ist mehr als Geld.
Ein Geschäft, das nichts als Geld verdient,
ist kein Geschäft."
(Henry Ford I)

Zum Auftakt dieser Produktstory möchte ich einmal völlig unkonventionell mit Ihnen, lieber Leser, ein Quiz veranstalten. Sie sind natürlich völlig mit den dafür in Frage kommenden Spielregeln vertraut. Ich kann also sofort beginnen.

Erste Frage:	Wem verdanken wir die alles vereinfachende Fenstertechnik mit der Maus in der Bedienung von Arbeitsplatzcomputern?
Zweite Frage:	Wer verursachte mit dem Schreibrad eine Revolution in kugelköpfigen und typenhebligen Schreibmaschinen?
Dritte Frage:	Von wem stammt die erste funktionierende Faxmaschine?
Vierte Frage:	Welchen Firmennamen trug der erste Laser-Printer der Welt?
Fünfte Frage:	Wer baute den ersten Kopierer, der auf Normalpapier übertrug?

Sie dürfen die Fragen jetzt noch einmal durchlesen, haben danach für jede Frage 20 Sekunden Zeit zur Beantwortung und können dabei – die richtige Antwort vorausgesetzt – eine Reise für Ihre Person ins Büroland Ihrer Träume gewinnen. Die Uhr läuft.

Erstaunlich! Um ganz ehrlich zu sein, ich mußte bei vier der fünf Fragen passen. Die letzte war kein Problem: ***Xerox*** natürlich. Daß Sie diesen berühmten Namen aber auch allen anderen Fragen als die richtige Antwort zuordneten, das ist wirklich, wie schon gesagt, erstaunlich. Denn viele andere Hersteller von Büromaschinen und -geräten sind mit diesen Erfindungen oft bekannter geworden als der Vorreiter selbst. Aber die Leute von der ***Xerox Corporation*** haben sich um solche Ungereimtheiten nie geschert. Getreu der Lebensphilosophie des Erfinders der Xerografie (aus dem griechischen xeros = trocken und graphos = schreiben) Chester Carlson. „Meine Erfindung soll ein positiver Beitrag für die Gesellschaft und für meine persönliche Lebenslage sein.“ Frei und ins Moderne übersetzt heißt das für ***Xerox*** heute: An erster Stelle steht der Wunsch, dem arbeitenden Menschen seine Arbeit mit Dokumenten aller Art so einfach und so zeitsparend wie möglich zu machen. Erst an untergeordneter Stelle kommt das Streben nach Gewinn. Offensichtlich hat sich diese Einstellung, dieses Fokussieren auf den prospektiven Kunden, für die Gesellschaft in hohem Maße ausgezahlt: ***Fortune*** listet die ***Xerox Corporation*** 1992 an zweiundzwanzigster Stelle unter den 500 größten Unternehmen der Welt.

Jetzt könnte man natürlich annehmen, daß das ja kein Wunder sei, bei einer so langen Firmengeschichte. Zugegeben, die erste Fotokopie auf dieser Erde wurde in Atlanta auf Long Island im amerikanischen Bundesstaat New York in einem zum Labor umfunktionierten Zimmer über einer Bar schon am 22. Oktober 1938 hergestellt. Der schon erwähnte Chester Carlson und sein Helfer Otto Kornei feierten dieses Ereignis natürlich gebührend. Doch trotz ihrer beider Euphorie wollte niemand etwas von dieser revolutionären Erfindung wissen. So müssen wir also noch einige Jahre warten, bis sich die Neuheit eine Firma gesucht hatte, die das xerografische Verfahren zu vermarkten bereit war. Aber der Reihe nach.

Die Idee zu einer solchen Maschine kam dem jungen Chester während eines Teilzeitjobs zur Studienfinanzierung und wurde zur fixen Idee bei seiner Beschäftigung in der Patentabteilung im Büro der P.R.Mallory Company.

Seine Ausbildung zum Physiker hatte ihn zum Forschungsingenieur einer New Yorker Firma, ihn aber kein Stück glücklicher gemacht. Deshalb, und weil er dachte, in der Patentabteilung näher am Puls neuer Entwicklungen und Erfindungen zu sein, wechselte er dorthin und ließ sich nebenher durch die enge Verknüpfung von Erfindungen mit daraus entstehenden Rechtsproblemen auch noch zum Anwalt ausbilden.

Trotz nicht gerade rosiger finanzieller Verhältnisse aber schaffte er es doch, durch Fleiß und Durchsetzungsvermögen und immer sein Ziel vor Augen, das schier Unmögliche zu erreichen. Am Abend jenes legendären 22. Oktobers 1938 lag vor den staunenden Augen der beiden Physiker ein erstes Zeitdokument, die erste fertige trockene Kopie einer Buchstaben- und Zahlenreihe, die man heute im Smithonian Institut der USA bewundern kann: „10.-22.-38 ASTORIA“ stand auf der Glasplatte, die als erstes Trägermaterial diente. Die Versuchsanordnung ihres Experimentes hört sich recht primitiv an. Doch, wie schon erwähnt, niemand versprach sich von den Ideen des Herrn Carlson damals etwas Gewinnbringendes. Und noch heute werden gewisse ehemalige Vorstände von IBM oder Kodak dieser entgangenen Jahrhundertgelegenheit nachsinnen.

Doch zurück zur Versuchsanordnung. Hier will ich Chester Carlson im Original zu Wort kommen lassen: „Ich ging zum Labor, wo Otto gerade eine frische Schwefelschicht auf einer Zinkplatte erzeugt hatte. Wir versuchten, nun ein sichtbares Bild herzustellen, indem Otto mit Tusche auf ein Mikroskopglas die Buchstaben 10.-22.-38 ASTORIA schrieb. Wir verdunkelten dann den Raum so gut wie möglich, wonach Otto die Schwefeloberfläche kräftig mit einem Taschentuch rieb, um eine elektrische Ladung auf der Schicht zu erzeugen. Nachdem die Glasplatte auf der Schicht plaziert war, brachte Otto die Anordnung für einige Sekunden unter eine helle Glühlampe. Er entfernte das Mikroskopglas und streute Bärlappsamen über die Schichtoberfläche. Durch vorsichtiges Blasen wurde das lose Pulver entfernt, so daß auf der Oberfläche ein nahezu perfektes Duplikat der Schriftzeichen auf der Glasplatte in Erscheinung trat. Wir wiederholten den Versuch noch mehrmals, um uns zu bestätigen, daß kein Zufall vorlag und übertrugen dann auch einige Puderbilder auf Wachspapier und fixierten sie durch Erwärmung der Wachsschicht. Darauf gingen wir zum Essen und feierten das Ereignis.“

Soweit O-Ton Chester Carlson. Und noch immer kein Sponsor in Sicht. Aber die Kämpfernatur gab nicht auf. Unentwegt wurde weiter geforscht und erprobt, bessere Platten mit höherer Lichtempfindlichkeit getestet, die ganze Anordnung zum Patent angemeldet. Ein Demonstrationsmodell wurde gebaut und potentiellen Herstellern vorgeführt. Nur, oft wollte das Ding gerade dann nicht funktionieren, wenn es darauf ankam. Die Wirkungsweise der Maschine läßt sich nach heute noch vorliegenden Unterlagen leicht nachvollziehen. Verblüffend ist dabei nur eines: Die vorgestellten Prozeßschritte für die Kopienerstellung findet man heute noch genau so in jedem Kopiergerät, natürlich modifiziert und bei weitem effizienter.

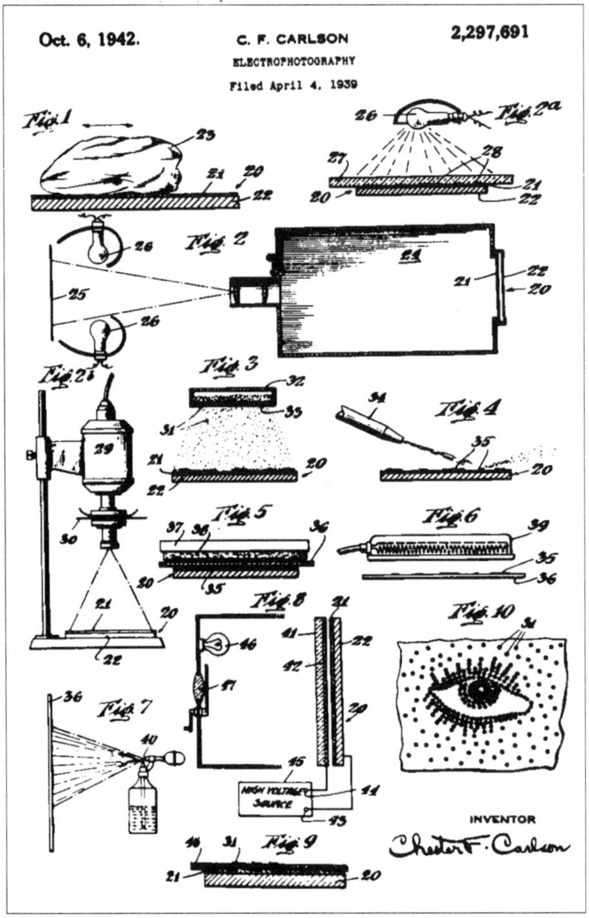

Unermüdlich war Carlson unterwegs, um seine Erfindung für die kommerzielle Nutzung anzubieten. Staatliche Stellen ließen ihn abblitzen, Unternehmen zeigten ihm die kalte Schulter, nicht einmal große Elektrofirmen erkannten den Nutzen seiner revolutionären Entdeckung. Dies blieb einem Forscherteam des Battelle-Memorial-Instituts in Ohio vorbehalten. Sie stellten sich hinter den genialen Erfinder und machten sich an die Arbeit, zusammen mit ihm die Xerografie technisch zu verbessern und für eine Vermarktung reif zu machen.

Endlich, 1946, kam es zu einem Lizenzvertrag mit einer kleinen Fotogeräte- und-Papierfirma in New York. Die ***Haloid Company*** entwickelte Carlsons Maschine zur Serienreife und stellte schon 1948 im Walldorf Astoria Hotel einer staunenden Öffentlichkeit das erste Xerografiegerät der Welt vor. Über Nacht waren die Namen Carlson und Battelle berühmt geworden. Über Nacht waren die Büros nicht mehr das, was sie einmal waren. Was ein gewisser Herr Zuse mit seiner ersten programmgesteuerten Rechenanlage mit Speicher ab 1941 für die Datenverarbeitung in den Büros der Erde dramatisch verändert hatte, schaffte nun Carlson für den Bereich der Dokumente, die in diesen Büros für den Datenfluß sorgten. Er hauchte damit jedem Büro, jeder Amtsstube, jedem Kontor und jeder Kanzlei frischen Atem ins System. Denn was sind schriftliche Dokumente anderes als der dynamische Puls des Lebens, der ein Büro erst zu einem lebendigen Ganzen macht. Jedes Dokument verbindet Menschen, die miteinander planen, arbeiten und Ideen entwickeln, und macht es somit zum lebensnotwendigen Kreislauf im Organismus einer Unternehmung. Für Millionen Organismen auf dieser Welt wurde an diesem Tag im Walldorf Astoria eine neue Zeit eingeläutet.

Hatte sich Carlson noch darüber geärgert, daß mit dem bislang üblichen Durchschlagpapier immer die sprichwörtliche eine Kopie mehr benötigt wurde, als die Sekretärin getippt hatte, mußte er noch den Aufwand und die Kosten beklagen, die eine Kopie verursachten. Von nun an konnte buchstäblich jedermann im Handumdrehen eine Ablichtung herstellen. Anfang 1949 konnte die erste Maschine käuflich erworben werden, das ***Modell A***. Doch bis es tatsächlich dann zum großen internationalen Durchbruch kam, mußten wieder einige Jahre ins Land ziehen.

Langsam, aber stetig formierte sich das Unternehmen um die Produktion von Kopierern. Es wurde weiter verbessert, weiter entwickelt, weiter geforscht. Die Erfahrung um diesen Bereich der Bürotechnik wuchs und wuchs. Wertvolles Know-how sammelte sich in immer größerer Zahl. Damit wurde schon damals der Grundstein gelegt für eine Kompetenz, die auf der Erde ihresgleichen sucht.

Schon 1953 wagte man den Sprung aus der Nationalität in die Internationalität. Eine kanadische Tochter versorgte nun auch die Brüder und Schwestern im Norden des Kontinents mit Kopiermaschinen. 1956 gelang der Sprung über den großen Teich, und als Ergebnis sorgte von Stund an ein Jointventure mit der Rank Organisation PLC für die Verbreitung der Produkte in

Europa unter dem Namen ***Rank Xerox Ltd.*** 1958 paßte sich der Firmenname dem Produkt an und schrieb sich nun ***Haloid Xerox Inc.***

Ein Jahr später konnte man wieder einen Meilenstein feiern: Der erste Kopierer der Welt mit Normalpapier zeigte wieder einmal einer staunenden Weltöffentlichkeit, was man an einem guten Produkt noch verbessern konnte. Und als man dann 1961 den inzwischen international bekannten Firmennamen nun endgültig in ***Xerox Corporation*** festschrieb und der Gang an die New Yorker Börse am 11. Juli für Aufregung im Lager der Anleger sorgte, stand das Unternehmen an der Schwelle einer neuen Ära. Hatte man bislang alle Anstrengungen und alles technische Know-how in die Weiterentwicklung von Kopierautomaten gesteckt und die Ziele des Unternehmens darauf ausgerichtet, begann der Konzern nun in alle Bereiche der Dokumentenverarbeitung, vom Erfassen und Gestalten über das Speichern und Wiederauffinden bis zum Weiterleiten, hineinzuwachsen. Denn in anderen Bereichen der Bürowelt waren in Teilbereichen Verbesserungen erreicht worden, zum Beispiel bei der Maschinenautomatisierung. Das alles aber hatte die Produktivität in einem Büro nicht signifikant erhöht. Es fehlten immer noch ganzheitliche Lösungen, ganzheitliche Konzepte für eine integrierte Dokumentenverarbeitung. Hier sieht ***Xerox*** heute seine primäre Aufgabe.

Unzählige Firmen wurden in der Folge übernommen, um dem großen Ziel, der weltweite Spezialist für Bürokommunikation zu werden, den nötigen Unterbau zu verschaffen. In Amerika und Europa, in Japan und Indien sorgten sich nun die jeweiligen Töchter um eine Produktpalette, die den arbeitenden Menschen in aller Welt helfen, noch effizienter zusammenzuarbeiten mit Hilfe von ebenso effizienten Maschinen. Heute stehen in den Büros Kopierer,

Faxgeräte, Laser-Drucker, Scanner, Workstations, Netzwerk Systeme und die dazu notwendige Software und ein umfassender Service unter dem Namen ***Xerox***, ***Rank Xerox***, ***Fuji Xerox*** (Tokio) und ***Modi Xerox*** (Neu Delhi) bereit, um alles am Laufen zu halten. Niemand auf der Welt weiß besser Bescheid, kennt sich besser aus, kümmert sich mehr um das beschriebene und bedruckte Dokument als die Menschen, die heute für das Unternehmen arbeiten, das die Bürowelt in diesem Bereich revolutionierte. Denn was sich damals Chester Carlson hatte einfallen lassen, sorgte für Auswirkungen, die wir auch heute, nach über 55 Jahren, noch nicht alle kennen. Über ein halbes Jahrhundert nach der Erfindung der Xerografie beeinflußt sie bis jetzt alle Neuentwicklungen im Bereich der Reprografie, der Druck- und Datentechnik.

Der Markt verlangt nicht nur zeitgemäße Produkte, er verlangt auch innovative Lösungen. Wer sich hier auf das reine Absetzen seiner Produkte verläßt, ist verloren. Nach ganzheitlichen Lösungen suchen die prospektiven Kunden, nach Problemlösungen aus einer Hand, nach partnerschaftlicher Zusammenarbeit bei der Bewältigung von Aufgaben. Bei *Xerox* sind die Kundenbedürfnisse deshalb Maßstab für Forschung, Produktion, Marketing und Vertrieb. Nach einem Baukastensystem werden integrierte Lösungen angeboten, Lösungen von der Idee bis zur Realisation. Immer im Mittelpunkt: Die kreative Gestaltung von Dokumenten unter Zuhilfenahme von Geräten, die mehr als nur alltägliche Funktionen ausführen. Geräte von *Xerox* eben. Mit dieser umfassenden Leistungskonzeption bietet *Xerox* ganz speziell mittleren und großen Unternehmen äußerst interessante Möglichkeiten. Kopierer sind zwar immer noch die tragende Säule des Unternehmens, aber immer mehr verschieben sich die Forderungen der Kunden in Richtung gesamtheitliches Angebot.

Soviel zum Produkt, das mit Recht zum Star wurde. Soviel zur Vision eines Mannes, der mit Zielstrebigkeit und Beharrlichkeit, mit Ausdauer und Sturheit daran gearbeitet hat, den arbeitenden Menschen auf der Welt die Arbeit zu erleichtern, und natürlich auch, um damit Geld zu verdienen. Doch, und darauf muß mit beiden Fingern gedeutet werden, die finanzielle Seite seiner Erfindung war für ihn eher ein Zusatznutzen denn eine primäre Motivation. Und hier liegt auch der Erfolg begründet, der die Nachfahren und Nutznießer seines Schaffens heute und in die Zukunft hinein auf Erfolgskurs halten wird. Denn seine geistigen Erben haben sich seinen Traum zu eigen gemacht, haben ihn ausgebaut, ausgestaltet und immer wieder aktualisiert. Der Traum von der Arbeitserleichterung in der täglichen Bürohektik ist heute vielgestaltiger denn je, berührt Bereiche, an die Carlson noch nicht einmal wagen konnte zu denken, und umschließt Bereiche, die nur noch entfernt mit der Bürokommunikation auf Papier und Datenträger zu tun haben. Immer aber sind es die Menschen, die den Nutzen davon haben. Sie stehen im Mittelpunkt, ob als Mitarbeiter im Unternehmen oder als Anwender draußen im Markt. Sie sind Maßstab und Ziel. Die Weichen hierzu wurden schon recht früh gestellt.

Schon im Jahre 1960 erkennt man bei Xerox, daß sich nur durch optimale Voraussagen über die sich rapide ändernden Anforderungen an ein funktionierendes Büro wirkliche Ergebnisse erzielen lassen. Dazu muß man aber selbst mitten im Arbeitsleben stehen und zusätzlich vordenken, vorplanen und Visionen in Realitäten gestalten. Das erste Forschungszentrum in Webster im Staat New York ist daher nur ein bescheidener Anfang. Heute stehen nicht weniger als vier Forschungs- und Entwicklungseinrichtungen mit ihrem Know-how und ihrer Kreativität im Dienste der Gruppe. Hier entsteht heute schon die machbare Zukunft in den Bereichen Bürokommunikation, Desktop-Publishing oder in der faszinierenden Welt der Farben. Über 1,3 Milliarden Mark läßt sich das Unternehmen diese Investition jährlich kosten. Aus diesen Zentren Palo Alto Kalifornien, Toronto Kanada, Webster USA und Cambridge England, kommen die Impulse für Maschinen und Dienstleistungen, die heute mehr denn je nicht nur den ergonomischen Aspekt abdecken müssen, sondern sich in wachsendem Maße auch mit der Umweltverträglichkeit der hergestellten Produkte befassen muß. Und auch hier zeigt sich die ***Xerox*** Philosophie als der richtige Ansatz und Weg.

Vier Prinzipien charakterisieren die Umweltpolitik des Unternehmens und sind Garant für die Umsetzung in Aktionen, die oft über dem Auflagenniveau liegen, das vom Gesetzgeber der jeweiligen Länder gefordert wird:

1) Maßnahmen für eine gesunde und sichere Umwelt sind ökonomischen Erwägungen übergeordnet.
2) Sämtliche Bereiche widmen der Umweltverträglichkeit und dem sparsamen Umgang mit Materialien und Rohstoffen besondere Aufmerksamkeit.
3) Xerox ist sowohl bei der Konstruktion ihrer Produkte wie auch bei der betrieblichen Organisation um den Erhalt wichtiger Resourcen bemüht.
4) Xerox legt großen Wert darauf, umweltfreundliche Produkte herzustellen, die zudem über ein Recycling-Verfahren optimal aufbereitet und wiederverwertet werden können.

Daß das Thema Umweltschutz nicht schon seit der öffentlichen Diskussion im Unternehmen Priorität genoß, zeigt die Entwicklung des Kopierers auf Normalpapier schon 1959. Die beidseitige Kopie verminderte die Zahl der Kopien, der automatische Energiespar-Modus senkte den Stromverbrauch, und die Anwendung der Xerografie in der Druckindustrie sorgte für eine weitere Entlastung. Hinzu kamen chlorfrei gebleichte und Recycling-Papiere. Das am weitesten gehende Konzept aber bietet Xerox mit seinem dreistufigen Materialrecycling-Programm. Hier werden schon in der Produktentwicklung die Weichen hin zu einer maximalen Material-Wiederverwertbarkeit gestellt. Vom Kunden werden dann Verpackung, Verbrauchsmaterialbehälter, Module und die Geräte zurückgenommen. Im Recycling-Zentrum in Venray in den Niederlanden werden Gerätebauteile und Module wiederaufbereitet, Materialien, die nicht unter diese Kategorie fallen werden, entweder recycelt oder umweltschonend entsorgt. Nach dieser Methode sind die heutigen Geräte schon bis zu 80 Prozent aus recyceltem Material hergestellt. Als einziger Hersteller bietet *Xerox* konsequenterweise eine Produktreihe, die ausschließlich aus wiederverwendeten Teilen besteht: die sogenannte *„Green-Line“*. Alle Produkte dieser Reihe kosten keinen Pfennig mehr.

Hinzu kommen Maßnahmen, die weit über die Verantwortlichkeit eines Unternehmens hinausgehen. Und wieder sind sie geprägt von der Ausrichtung auf den Menschen. Diesmal jedoch nicht auf den arbeitenden Menschen im Unternehmen oder Betrieb, sondern auf den Menschen in seiner Freizeit, in seinem sozialen Umfeld. Hier zeigt ***Xerox*** beispielhaft, wie man aus Mitarbeitern begeisterte Mitarbeiter macht.

Das Erbe Carlsons, sich in erster Linie um den Menschen und dann erst um den Gewinn zu kümmern, zeigt deutlich, wie man gerade mit einer solchen Einstellung Gewinne erzielt. Nicht nur stetiges Wachstum ist einer solchen Unternehmung beschert, auch stetig wachsende Anerkennung und internationale Auszeichnungen sind die Folge.

Öffentliche Anerkennung stellt bei Xerox also etwas Wünschenswertes dar, das bisher und im traditionellen Unternehmen eher als störend empfunden wurde. Die Verantwortung für alle am Unternehmen Beteiligten ist dafür Ausgangspunkt. Und mit allen meint Xerox natürlich wirklich alle, also auch jene, die nur sehr peripher mit Produkten oder Dienstleistungen aus dem Hause zusammenkommen. Im Sinne dieser ganzheitlichen Unternehmenskultur steht heute wie zu Beginn der Erfolgsstory der arbeitende Mensch. Als Teil eines Prozesses, der durch Produktion und Leistung motiviert Erfolgserlebnisse schafft, persönliche Gewinne ermöglicht und die Grundlagen zum Leben schafft. So bringt der produzierende Mensch uns Menschen als Gesamtheit weiter.

Dabei zu helfen, daran mitzuwirken, daß dieses Weiterkommen so reibungslos und mühelos geschehen kann, dafür setzt ***Xerox*** seit jeher all seine Kraft ein. Für den speziellen Wirtschaftsfaktor Dokumentenverarbeitung und Dokumentenmanagement ist Xerox dabei in den Jahren seiner Geschichte zum unübertroffenen Experten gereift, zur alleinigen Kompetenz, was Dokumente betrifft. Nicht umsonst ist ***Rank Xerox*** die DOCUMENT COMPANY. Und mit Recht. Das beweisen eindrucksvolle Beispiele:

1) Für optimales Management in allen Bereichen ihrer Tätigkeit erhält Rank Xerox 1992 den erstmals verliehenen European Quality Award von der European Foundation for Quality Management.

Diesen Award erhalten Unternehmen, die in jeder Abteilung, in jedem Produktionsbereich, in jeder Ebene ihrer Organisation nach strengsten Maßstäben Qualität umsetzen. Der Award zeichnet also nicht einzelne Leistungen aus, sondern honoriert die Gesamtleistung eines Unternehmens. Daß diese Leistung nur durch die Mithilfe aller Mitarbeiter möglich war, versteht sich von selbst. Sie alle haben ihr Unternehmen damit auf einen Weg gebracht, der zwangsläufig von weiteren Qualitätsmeilensteinen begleitet sein wird.

2) Für ein beispielhaftes Gesamtkonzept im Bereich Umweltschutz erhält Rank Xerox 1992 das europäische ISO 9002 Zertifikat,

das dann vergeben wird, wenn alle Teile der Produktion und des Recyclings strengsten Auflagen und Grenzwerten entsprechen. Das *Rank Xerox Recycling Center* in Venray, Niederlande, hat die Voraussetzungen für dieses seltene Zertifikat im ersten Anlauf erfüllt und ist damit das einzige Unternehmen, das auf Anhieb in die Liste der berechtigten Antragsteller aufgenommen wurde.

3) Bei den 25. Olympischen Spielen war Rank Xerox asoziierter Partner des olympischen Organisationskomitees für den Gesamtbereich Document-Processing.

Rank Xerox übernahm das gesamte Publishing Center. Mit professionellen Workstations, Servern, Scannern, Laserdruckern, hochvolumigen Kopierern und digitalen Drucksystemen. Damit konnten sämtliche Phasen der Erstellung einer Publikation von der Erfassung der Information über das Editieren bis zum Ausdrucken abgedeckt werden. Während der gesamten Spiele wurden die verschiedenen Wettbewerbsergebnisse (über das *Xerox Elektronic Results Distribution System = XERD*) sofort elektronisch an 52 „elektronische Ablagefächer" (*Xerox Information Points = XIP*) weitergeleitet, wo sich Journalisten aktuell auf dem laufenden halten konnten. Möglich gemacht wurde diese Meisterleistung durch das 20 Kilometer lange Databus-Netzwerk *Xerox Ethernet LAN*, das alle am Info-Zyklus partizipierenden Elemente so miteinander verknüpfte, daß keine Zeitverluste entstanden. Aktuelle Informationen also ohne Umwege und in vier Sprachen, wenn gewünscht, gleich auf Hardcopy, also schwarz auf weiß.

Kein Büro auf dieser Welt würde je eine solche Anlage benötigen, kein noch so großer Konzern könnte die Möglichkeiten ausschöpfen, die das *Xerox* Netzwerk auf der Olympiade bot. Doch ist diese Tatsache unerheblich. Wichtig dagegen ist, daß Sie, würde man Ihnen abschließend die sechste und letzte Quizfrage stellen, garantiert die richtige Antwort wüßten. Die Frage lautet: Welchem weltweiten Unternehmen verdankte die Öffentlichkeit die prompte und immer aktuelle Information über die olympischen Spiele 1992? Richtig. Mit *Xerox* haben Sie schon wieder gewonnen.

In der Idee leben heißt
das Unmögliche behandeln,
als wenn es möglich wäre.
So entstehen Ereignisse,
worüber die Welt vom Erstaunen sich
Jahrtausende nicht erholen kann.
(Goethe)

Jetzt haben Sie sie kennengelernt. Die Stars der Produktwelt, die Ihnen schon in der Kindheit vertraut waren, Berühmtheiten, die schon Ihre Eltern und Großeltern kannten. Noch heute haben Sie Umgang mit ihnen: Täglich begegnen Ihnen ihre Namen, täglich grüßen sie von Plakatwänden, Anzeigenseiten in Tageszeitungen, Illustrierten und Magazinen, winken Ihnen von der Mattscheibe oder der Kinoleinwand zu. In den Läden, Geschäften und Märkten überall auf der Welt präsentieren sich die „Altstars" immer noch strahlend in den Regalen, erfreuen Sie nach dem Kauf mit der Gewißheit, gut gewählt zu haben. Alle vorgestellten Stars der Marktmanege sind längst zu gängigen Haushaltsworten avanciert. Sie sind zu einem nicht mehr wegzudenkenden Bestandteil Ihres und unseres Lebens geworden.

Sie haben nach dieser Lektüre aber auch den Vorhang ihrer Geheimnisse gelüftet, Sie wissen jetzt um die Gründe für ihren ewig jungen Erfolg. Sie wissen, was die Produktstars gemeinsam haben und was sie so lange in der Publikumsgunst gehalten hat. Sie haben gelesen, welche Strategien hinter dem beispielhaften Karriereweg der ganz großen Markennamen stecken. Sie haben den Grundformeln für ihren Erfolg nachgespürt. Sie haben miterlebt, wie es der Newcomer schaffte, über Jahrzehnte hinweg seinen Platz im Kreise der Konkurrenten erfolgreich zu behaupten. Sie haben erfahren, wie sich ein Produkt verhalten muß, um lange in wechselnden internationalen Märkten führend zu bleiben. Sie haben entdeckt, wie aus dem unbekannten neuen Produkt ein geflügeltes Wort der Umgangssprache wurde und Sie können jetzt nachvollziehen, was getan werden muß, um aus der heutigen Neueinführung dereinst einen gefeierten Star werden zu lassen.

Lassen Sie mich nun zum Schluß dieser Exkursion ins Land der mächtigen Marken mit ihrer permanenten Prominenz noch einmal zusammenfassen, was hinter ihrer „immergrünen“ Popularität steckt, was sie zu den Evergreens machte, die man beinahe auf der ganzen Welt kennt. Lassen Sie mich nun also jene Fragen im einzelnen behandeln, deren Beantwortung ich Ihnen auf der Umschlagseite dieses Buches versprochen habe.

Was haben Produktstars gemeinsam, das sie so lange in der Publikumsgunst hält?

Es ist unerheblich, aus welcher Branche, aus welchem Wirtschaftszweig das Produkt kommt und welche Bedürfnisse es im Markt befriedigt. Man kann übergreifend feststellen, daß alle vorgestellten Produktstars, und damit vermutlich alle anderen ähnlichen Größen im Markt, eine signifikante Eigenschaft haben, die sie über alle anderen Mitbewerber und Konkurrenten erhebt: Die *Ehrlichkeit der Marke*.

Heute, in einer Zeit, in der viel von der sogenannten Ethik in der Wirtschaft geredet wird, findet man leider nur wenige Marken, die sich dieser Qualität auch wirklich befleißigen. Unsere Produktstars aber gehören ganz bestimmt dazu. Nie auf ihrem Lebensweg wurde versucht, dem Verbraucher einen ungerechtfertigten Austausch zu liefern. Immer war der Gegenwert mehr, als der Konsument erwartete. Dieser Gegenwert kann dabei als guter Geschmack, als optimaler Nutzen, als Langlebigkeit oder als hoher Prestigewert des Produktes definiert werden.

Zu dieser Ethik gehören aber auch Verhaltensweisen, die das produzierende Unternehmen an den Tag legt. Hier muß man feststellen, daß die vorgestellten Produktstars sich einer Politik bedienen, die für alle, Angestellte und Verbraucher, Arbeiter und Händler, dieselbe offene, ehrliche und damit gerechte Zusammenarbeit bringt, die ein partnerschaftliches Miteinander kennzeichnen. Der Produzent ist hier nicht der Ausbeuter von Menschen (Mitarbeiter und Käufer) und Material (bei den Ressourcen zum Beispiel), sondern er ist verantwortlicher „Bedarfsbefriediger“ für gleichberechtigte Verwender, die einen fairen Anteil ihrer finanziellen Möglichkeiten zu bezahlen bereit sind, wenn die Gegenleistung ebenso fair stattfindet.

Keines der untersuchten Produkte ist von diesem ehrlichen Weg abgewichen. Es verfolgt auch heute noch aus guter Erfahrung und damit aus gutem Grund diesen erfolgreichen *ehrlichen* Weg weiter.

Welche Strategien stecken hinter dem beispielhaften Erfolg der ganz großen Markennamen?

Lassen Sie mich zuerst einmal eine Begriffsdefinition des Wortes *Strategie* zitieren. Laut *DUDEN* (Universalwörterbuch) ist eine Strategie ein *genauer Plan des eigenen Vorgehens, der dazu dient, ein ... Ziel zu erreichen, und in dem man diejenigen Faktoren, die in die eigene Aktion hineinspielen könnten, von vornherein einzukalkulieren versucht.* Im Marketing hat man sich angewöhnt, die „termini technici" aus der Militärsprache zu verwenden und benutzt daher zum Wort *Strategie* noch die *Taktik* im Sinne von *Strategie als übergeordnete Planung mit der Taktik als Ausnutzung der Gegebenheiten zur Realisierung von Einzelzielen.*

Für uns bedeutet das die Untersuchung des globalen Zieles unserer Stars. Sehen wir einmal davon ab, daß hierzu unter anderem auch die Begriffe Zielgruppen, Marktchancen, Marktsituation und Konsumverhalten eine Rolle spielen, dann bleibt als omnipräsente Strategie aller untersuchten Produkte die eine, übergreifende übrig: „*Never change a winning team!*" In Englisch deshalb, weil sich die Marketingszene hierzulande gerne der international gebräuchlichen Anglizismen bedient. Frei übersetzt heißt unsere Strategie dann: „Verändere nichts an einem Sieger."

Dies scheint eigentlich eine so offensichtliche Tugend, eine so vernünftige Einstellung zu sein, daß sie von jedem Unternehmen angewandt werden müßte. Doch leider ist diese Binsenweisheit noch nicht zum unternehmerischen Allgemeingut geworden. Unzählige Flops (gescheiterte Neueinführungen) beweisen es. Wie oft wird da die Packung eines erfolgreichen Produktes marginal geändert, nur weil die Konkurrenz etwas ähnliches tat. Wie oft werden Ingredienzien eines beliebten Produktes verändert, um einem wie auch immer auf die Spur gekommenen Zeitgeschmack zu entsprechen, der sich morgen schon wieder anderweitig orientiert. Wie oft werden Werbemaßnahmen auf halbem Wege gestoppt, weil bis dato noch nicht der erwartete Erfolg eingetreten ist. Wie oft werden Strategien verworfen, nur weil man *denkt*, sie hätten noch nicht im Markt gegriffen.

Wer mit absoluter Konsequenz im Markt operiert, hat damit natürlich noch lange keine Erfolgsgarantie gepachtet. Aber es hat sich als erfolgreiche Aktion in langen Jahren der Marktbeobachtung gezeigt, daß es auf lange Sicht besser ist, eine einmal getroffene Entscheidung bis zum Ende durchzuziehen, als immer wieder in kurzen Abständen mit neuen Ansätzen aufzuwarten. Und von der Tatsache abgesehen, daß alle untersuchten Produktstars sich von Anbeginn auf eine lange Lebenszeit eingestellt hatten, ließen sie ihre erfolgreichen Pferde auch immer unter demselben Jockey und mit derselben Verpflegung laufen. Zwar sahen die Satteldecken im Laufe der Zeit etwas anders aus, zwar wurden aus prozessiertem Futter gesunde Naturprodukte, der Geist des Teams aber blieb immer derselbe. Und das hat der Verbraucher durch seine Markentreue immer wieder entsprechend honoriert.

Gibt es eine Grundformel für ihren Erfolg?

Alle großen Marken begannen einmal als kleine, unbekannte, neue Produkte, die irgendein unbekannter Produzent auf den Markt brachte. Sie müssen nicht unbedingt revolutionär gewesen sein, oder ihrer Zeit voraus, oder sensationell neu. Sie können ein „me-too"-Produkt (wörtlich: ich auch, also ein Produkt, das sich von anderen seiner Art nicht wesentlich unterscheidet) gewesen sein im großen Warenangebot ihrer Zeit. Sie müssen also nicht zwingend das Rad neu erfunden haben. Was sie aber alle gemeinsam hatten, war die große Idee am Anfang ihrer Karriere, *vielen Menschen mit diesem Produkt Vorteile zu bringen.* Die Absicht also, den konsumierenden Menschen draußen in den internationalen Märkten das Leben einfacher, angenehmer, schöner oder gesünder zu machen, stand immer im Mittelpunkt der Unternehmung. Keine Frage, mit dem Produkt sollte auch Geld verdient werden, doch prangte als Ziel über allem der Wille, etwas für den Verbraucher, den Käufer zu tun.

Wollte man sich also auf eine Grundformel für den langanhaltenden Erfolg unserer Stars einigen, würde ich die *Nutzen-Idee* anführen, auf der alle weiteren Erfolge sicher ruhen können. Nachweislich hat sie für meine untersuchten Beispiele die entscheidende Rolle gespielt. Heute nennen wir im Marketing-Zirkus diese Idee der Schaffung von Annehmlichkeit, Bequemlichkeit und Wohlbefinden beim Verbraucher „insiderisch" *Convenience,* was in etwa das umschreibt, was alle erfolgreichen Marken beim Käufer als Imagewert entstehen lassen. So gesehen kann man also sicher behaupten, daß je höher der

Grad der *Convenience* eines Produktes sich glaubhaft präsentiert, desto höher seine Akzeptanz beim kaufenden Publikum ist, desto erfolgreicher und länger es sich auch im Markt behauptet.

Convenience ist dabei eine Ansammlung wünschenswerter Eigenschaften, die durch den Kauf des Produktes erworben werden können. Prestigewerte gehören ebenso dazu wie guter Geschmack, optimale Leistung, zeitgemäße Technik, leichte Verfügbarkeit oder einfach nur das gute Gefühl, das richtige gekauft zu haben.

Wie schafft es der Newcomer, über Jahrzehnte hinweg seinen Platz im Kreise der Konkurrenten erfolgreich zu behaupten?

Das Geheimnis der ständigen Präsenz in der Liga der Erfolgreichen liegt in der Fähigkeit des Mitspielers, sich wie ein Chamäleon der Umwelt anzupassen, ohne seine wahre Gestalt wirklich zu verändern. Anders fomuliert: Als erfolgreicher Schauspieler wird man für seine unterschiedlichsten Rollen gefeiert, aber als eigenständiger Charakter verehrt. Genauso liegt die Permanenz der Popularität unserer Stars in der Fähigkeit, unter Wahrung ihrer Persönlichkeit den wachsenden Zeitläufen Tribut zu zollen, sich geschmeidig veränderten Ansichten, Geschmäckern und Moden anzupassen, sich auf Trends und Entwicklungen aber eben nur so tief einzulassen, daß sie nicht wirklich unter die Haut gehen. Wenn ein Produkt es schafft, jeden Tag modern zu bleiben, wird es noch in Jahrhunderten sein begeistertes Publikum finden.

Diese Fähigkeit der Erfolgreichen setzt natürlich voraus, daß sich ein Star niemals auf seinen eben verliehenen Lorbeeren ausruhen darf. Er muß jederzeit wissen, was um ihn herum geschieht, um sich darauf einzustellen, er muß ständig an sich arbeiten, um sich die Publikumsgunst zu erhalten. Nachlassen in dieser ständigen Neuerschaffung von Verbraucherwünschen nach seinen Vorzügen führt unweigerlich und schnell zum Vergessenwerden. Lang anhaltender Erfolg einer Marke ist also kein sattes Genießen erreichter Privilegien, sondern hungriges Streben nach ständiger Akzeptanz.

Wie muß sich ein Produkt verhalten, um lange in wechselnden internationalen Märkten führend zu bleiben?

Ich habe einmal während meiner Werberzeit im Ausland für internationale Unternehmen deren Produkte im mittleren Osten beworben. Genauer gesagt, in Kuwait, Bahrain, Quatar, Jemen, Saudi Arabien und Ägypten. Das Prozedere damals war denkbar einfach: Die Multis schickten uns ihre Kampagnen, die sie in Europa oder den Staaten erfolgreich eingesetzt hatten und baten uns, diese in die jeweilige Landessprache zu übersetzen und zu schalten. Ein Glück, daß die Märkte dieser Länder in jenen Zeiten reine Hersteller-Märkte waren. Wie ein Schwamm wurde vom äußerst potenten Markt aufgesogen, was angeboten wurde. Man brauchte sein Produkt nur zu zeigen, und schon war es gekauft. Doch auch in einem solchen „hay day" für Hersteller gab es Flops, die jedoch in der allgemeinen Euphorie nicht zu Buche schlugen, denn sie konnten schnell durch andere Erfolge kompensiert werden. So dauerte es ziemlich lange, bis sich der einzig richtige *Approach* in diese Märkte durchgesetzt hatte, die Einsicht nämlich, den respektiven Markt mit den Mitteln und Botschaften zu erschließen, die dieser Markt auch verstehen und nachvollziehen konnte, den Markt mit Maßnahmen zu bearbeiten, die aus der Tradition und Kultur des Landes kamen. Nicht Übersetzung hieß danach die Devise, sondern werbliche Adaption. Anpassung an die gegebenen lokalen Verhältnisse also.

Dieser einsichtigen, weil vernünftigen Verfahrensweise befleißigen sich auch die großen Marken. Und sind deshalb auch auf wechselnden Schauplätzen und Weltbühnen ebenso erfolgreich wie vor heimischem Publikum.

Wie wird aus dem unbekannten neuen Produkt ein geflügeltes Wort der Umgangssprache?

Publikumsliebling zu werden und über Generationen zu bleiben, setzt eine Eigenschaft voraus, die im Laufe dieser Zeit, wenn nicht immer besser werden soll, so doch wenigstens nicht schlechter werden darf: Gemeint ist hier das Preis-Leistungsverhältnis, die Qualität des Stars, die Professionalität seines Auftritts also. Alle werblichen, verkaufsfördernden oder Public Relations Anstrengungen würden im Sande verlaufen, wirkungslos verpuffen, hielte das

Produkt nicht den Erwartungen stand. So lange der Verbraucher einen angemessenen Gegenwert für sein Geld erhält, solange der Produktnutzen seinen Vorstellungen entspricht, so lange die Produktqualität sein Vertrauen verdient, so lange wird er bei diesem bleiben, so lange wird er diesem Star in Treue huldigen. Beginnt auch nur ein Zacken aus der Krone zu bröckeln, läßt ein Qualitätsmerkmal zu wünschen übrig, wendet sich der Verbraucher enttäuscht vom bisherigen Star ab, um sich einen neuen zu küren, der seine Bewunderung verdient. Und es gehört beileibe nicht viel dazu, einen Anhänger der Fangemeinde zu verlieren. Da genügt schon eine kleine Preiserhöhung, eine kleine Positionsänderung, ein geänderter werblicher Auftritt. Ganz abgesehen natürlich von nachlassender Qualität oder dem Versinken im nicht mehr „Zeitgemäßen". Hier paßt auch der alte Satz gedienter Marketinghasen: „Über schlechte Erfahrungen mit einem Produkt spricht ein Verbraucher zu elf Bekannten, über gute Erfahrungen nur zu drei Freunden."

Wie wird aus der Neueinführung dereinst ein gefeierter Star?

Die Summe aller erwähnten Qualitäten ist es, die aus einem „grünen" Laiendarsteller den gefeierten internationalen Star reifen lassen. Gepaart mit unermüdlicher Arbeit an sich selbst wächst auch die Kompetenz, die Professionalität, das Selbstverständnis, das von der großen Schar der Bewunderer erwartet wird, soll sie ihm huldigen. Diese Arbeit ist nicht leicht. Das konsequente Durchstehen zeigt dann aber auch Früchte, die nur wenigen zuteil werden. Früchte, die für die meisten anderen, Mitspieler, Sternchen oder Komparsen, viel zu hoch hängen. Unsere vorgestellten Größen des „Showbusineß-Markts" pflücken sie täglich, vergessen dabei aber nie, die früchtetragende Pflanze ebenso täglich zu wässern und zu düngen. In dieses aufregende Leben paßt denn auch ganz besonders das zwar simple, aber wahre geflügelte Wort: „Von nichts kommt nichts".

Wer also meinte, mit einer guten Idee und ihrer Einführung in den Märkten der Welt sei es getan, der weiß es jetzt besser. Wer es schon wußte, so hoffe ich, ist unterhaltsam bestätigt worden. Wer dazu noch keine Meinung hatte, fand bestimmt einige Anregungen zum Nachdenken. Einen Erfolgsfaktor habe ich mir bis zum Schluß aufgehoben. Denn ich weiß selbst noch nicht, ob er als allgemeingültig angesehen werden kann. Aber entscheiden Sie selbst:

Nach den Recherchen zu den vorgestellten Lebensgeschichten berühmter Marken fiel mir eine Gemeinsamkeit direkt vor die Füße, drängte sich mir eine ihrer Eigenschaften förmlich auf, daß nämlich von allen hier präsentierten Marken, mit nur einer Ausnahme, alle einen einzigen geistigen Vater hatten, einen visionären Macher, der mit Zähigkeit und Durchsetzungskraft, mit dem Willen zum Erfolg und dem Ziel größtmöglicher Verbreitung, oft unter größten finanziellen Verlusten und persönlichen Schwierigkeiten, unter dem Gespött der Zeitgenossen oder der Ignoranz benötigter Helfer, seinen einmal eingeschlagenen Weg stur verfolgte und sein Produkt zum spektakulären Erfolg führte. Mögen auch in der Folgezeit andere Familienmitglieder oder sogar fremde Inhaber übernommen haben, in allen, jetzt ohne Ausnahme, wirkt bis heute der Geist der Anfangszeit, der zu Taten drängt. Zu Aktivitäten, die wie dereinst jeden Tag aufs neue dafür sorgen, daß der Star weiterhin am Himmel der Publikumsgunst so hell erstrahlt, wie wir alle es von ihm gewohnt sind, dort, wo wir alle ihn auch gerne sehen und durch unsere Treue belohnen. Belohnen mit jedem Kauf eines Produktes der Hersteller, denen ich hier danken möchte für die Möglichkeit zu diesem Buch: Den Produktstars der Unternehmen Aachener Printen, Bauknecht, Coca-Cola, Dr. Scholl's, Gerolsteiner, Grohe, Hakle, HiPP, Hohes C, Märklin, Melitta, Odol, Pfanni, Quelle, Rank Xerox, Schwarzkopf, Südmilch, UHU, Vivil und Wasa.

Ha. A. Mehler · Anja Tiedemann · Peter P. Talkenberger

Geldanlage 2001

Wie Sie Ihr Geld langfristig gewinnträchtig anlegen
Welche Anlagen langfristig gesehen am intelligentesten sind

In diesem Buch wird der gewagte Versuch unternommen, die Zukunft hochzurechnen – und **optimale Anlage-Chancen vorauszusagen**! Sie fahren natürlich am besten, wenn Ihre Einschätzung der Zukunft so genau wie möglich ist. Wirtschaftliche und weltwirtschaftliche Entwicklungen werden in diesem Buch deshalb ebenso aufgezeigt, wie politische Änderungen, die uns in's Haus stehen. Konkret werden folgende Fragen beantwortet:

- ❑ In welchen Ländern voraussichtlich das **Wachstum** zunehmen wird
- ❑ Wie Sie am **Aufschwung in den neuen Bundesländern** und an Osteuropa **viel verdienen** können
- ❑ In welchen Branchen mit **steigendem Umsatz** zu rechnen ist
- ❑ Was die beiden gewinnträchtigsten Anlagemöglichkeiten sind
- ❑ Wovon Sie im Anlagebereich die Finger lassen sollten
- ❑ Welche **Geheimtips** es gibt bezüglich kommender, hochprofitabler **Immobilien-Standorte**
- ❑ Welche **10 aktuelle Trends** es gibt, die Ihnen helfen, die Zukunft im Anlagebereich sehr viel genauer einzuschätzen.

220 Seiten, Hardcover, Fadenheftung,
farbiger Schutzumschlag, 170 x 240 mm,
ISBN: 3-925127-40-2
Preis: DM 78,–

Auskunft erteilen Ihnen nicht nur ein Bestseller-Autor, sondern außerdem **15 Experten der Spitzenklasse**!

möwe